U0165341

一張張化學與人文交織的歷史

化郵故事

common sense | uncommon chemistry

劉序

很榮幸能拜讀張固剛教授著作《化郵故事》及雲端化學郵票博物館 (Chemophilately Museum: Chemistry on Stamps Exhibition)。張教授曾任國防醫學院生化系教授暨所長，國立陽明大學生命科學系生化教授及生命科學院院長，現自在退休專注於郵文寫作，是國內傑出的生化學家、著名酵素動力學專家，更是一位提攜後進的教育家及郵票歷史科學專業作家與收藏家。

微觀角度上，郵票的外觀設計彰顯藝術家對文物觀察、歷史、地理、科學內涵表述、更可能是人文、科技發展及人物紀念；巨觀角度上，郵票的內涵更可代表國家、時代、世界與宇宙的宏偉與驕傲。張固剛教授收集世界化學郵票及集郵諾貝爾得主親筆簽名真跡，實之不易，主要來自於兩位過世學者：

壹、為化學郵票研究社前社長 Duane Zinkel。
貳、為密西根州立大學化學教授 John Funkhauser 兩人畢
　　生珍藏。

另著作集郵還包含中國歷史文物與台灣生活點滴有價化學郵票收集與註釋。

張固剛教授以其科學專業與科學寫作嚴謹態度、追求真、善、美的人生理想，收集彙整化學郵票專題集郵，涵蓋歷史上重要的化學人物、故事、生活、化學歷史、化學科學觀念、化學結構解析、重大科學技術突破、化學推展與醫藥化學等，包含實證與真跡，收集之廣可謂經典之作，「化郵故事」是本值得收藏的化學專題集郵郵票作品，其獨特堪稱華人世界「化郵聖經」。

全書區分三大部份，二十四篇：

第一部古典化學
1 鑽木取火；2 絲路郵驛；3 大禹治水；4 青銅寶劍；5 葛洪煉丹；6 鹽田滄桑；7 竹林減碳；8 鑽石久遠。

第二部生活化學
9 化學革命；10 洞票週期；11 稀土大戰；12 鴉片戰爭；13 肥料革命；14 葡萄美酒；15 運動化學；16 綠色化學。

第三部生命化學
17 生命之泉；18 化學大師；19 分子木馬；20 智取胰島；21 管制固醇；22 麻醉故事；23 萬病之王；24 阿茲海默。

二十四篇中，篇篇有圖佐、篇篇有真跡和參考文獻中英文索引目錄對照、文既是休閒知性之旅小品、又是知識彰顯價值工具書，提供珍藏翻閱和查尋，可作為一般與專業人士對郵票、化學、醫學、科學、歷史、故事認識和專業寫作學習。更是值得莘莘學子升學拜讀之生物醫學化學專業基礎，讓學生考試與寫作，無往不利，無論您我都值得買來收藏，開卷極其有益。此書乃師者良心事業舵手照拂人群之巨作，吾等身為醫學院中教授醫學生的晚輩，更是愛不釋手，推崇備至與極力推薦。

中山醫學大學　醫學院醫學研究所　　　劉克耀 教授

2023/12/24

作者序

每張郵票都是藝術結晶，都有可能出現在世界任一角落。一張設計高雅印刷精美的郵票將為國家帶來莫大榮譽與驕傲，因此郵票向有國家名片之稱。化學郵票屬專題集郵，五顏六色不必求全，自有樂趣於收集票面上有關化學圖案之郵品，包括化學家，化學史，化學觀念，化學結構，重大技術突破，及化學口號等等，為政令宣傳最佳途徑之一。

自化學革命以來，化學早已滲入人類生活每一環節。但化學予人之印象多屬負面，人造，污染，非自然。本書擬由功能方向，藉郵票以觀察化學對人類生活品質改善，及生命系統了解之貢獻，但也不忘提醒化學濫用之後果。本書以氧化反應拋棄燃素說，以及發現酶反應生化崛起為指標，將全書分為古典化學，生活化學，及生命化學三大部份。各章獨立而不失連貫，可自由翻閱來一次休閒知性之旅，也可用在通識課程中增加趣味性。本書書寫淺顯，適合理工電資學院，農資學院，醫藥學院，生科學院，護理公衛學院師生瀏覽。對其他文法教商人士而言，也極合適利用本書檢視科學殿堂，將驚喜發現本書內容充滿人文歷史。

全世界經正式歸類的化學郵票至少有三千種 (Ref)，有關郵品則為數更多。本書所選用郵品不過近千，是以本書選題取

材難免主觀，但有關科學之依據則力求精準，惟無心之錯在所難免，尚祈各界指正。各題之關鍵文獻與註釋說明以（小括號）引用，列在各章末。[方括號]則用於標示所有圖號，圖源郵票履歷則集中列於書末供參考，關鍵處再加以說明。另精編全書中英文索引以便查尋。

本書之化學郵票來自化學郵票研究社前社長辛格 (Duane Zinkel) 及密西根州立大學化學教授方豪瑟 (John Funkhauser)（均歿）兩人畢生收藏。部份郵品曾在台北士林科學教育館及台中自然科學博物館展出。全書中文經郭秀玲老師修訂，謹此申謝。另外有賴商鼎數位出版全體參與編輯同仁的共同努力，使本書能以最精美的方式呈現在讀者眼前。

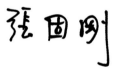

2023/10/18

參考文獻

· Hdgar Heilbronner and Foil A. Miller (1998) A Philatelic Ramble Through Chemistry, Verlag Helvetica Chimica Acta (Zurich, Switzerland) & Wiley-VCH (Weinheim, Germany).

作者簡介

張固剛　教授

美國紐約州立大學生化博士。
曾任國防醫學院及國立陽明大學生命科學系生化教授。
研究酶學及蛋白質化學逾四十年，著作逾百篇。
現已退休專注科普郵文寫作。

作者化學郵票著作

(1) Gu-Gang Chang (2014) An Introduction to the Virtual Chemophilately Museum. *Philatelia Chimica et Physica* 36, 128–131.

(2) Gu-Gang Chang (2014) My Favorite Chemistry Stamp. *Philatelia Chimica et Physica* 36, 147–149.

(3) Gu-Gang Chang (2017) Natural Gas. *Philatelia Chimica et Physica* 38,119–121.

(4) Gu-Gang Chang (2017) The Trio in a Family. *Philatelia Chimica et Physica* 38,127–128.

(5) Gu-Gang Chang (2017) Periodic Perfins. *Philatelia Chimica et Physica* 38,135–142.

(6) Gu-Gang Chang (2018) Severo Ochoa and Malic Enzyme on Stamps. *Philatelia Chimica et Physica* 39, 13–26 (Part I), 44–57 (Part II).

(7) Gu-Gang Chang (2018) Salt. *Philatelia Chimica et Physica* 39, 133–142.

(8) Gu-Gang Chang (2021) Aspirin. *Philatelia Chimica et Physica* 41, 4–10.

(9) Gu-Gang Chang (2023) Molecular Troy. *Philatelia Chimica et Physica* (in press).

目次 Contents

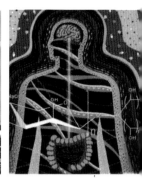

第三部　生命化學
Chemistry of Life

第一部
古典化學

Ancient Chemistry

1 鑽木取火

東方的五行「金木水火土」對比於西方的傳統四元素「氣水火土」，雙方人類其實各自在觀察相同的生活元素。

人類發明火 [1]，生食轉熟食，照明兼保護，民由茲壯，開始進入文明社會。

[1]

鳳凰鳴矣

鳳凰鳴矣　於彼高崗　梧桐生矣　於彼朝陽
遠古濤聲　宇宙洪荒　進化論點　最後缺章

當年博物學盛行年代，達爾文 (Charles Robert Darwin) 曾乘小獵犬號砲艦遠赴南美厄瓜多的加拉巴哥群島 (Galapagos Islands) 火地島採集古生物化石標本，解剖生物進化之謎，發表《物種起源》一書。該書當天被搶購一空，洛陽紙貴。在達爾文寫《物種起源》一書時，曾收到華萊士 (Alfred Wallace) 一封信，信中討論觀點幾乎與自己一模一樣。《物種起源》一書第一版作者有達爾文及華萊士兩人。但第二版之後便只有達爾文，不再與華萊士分享。此後達爾文對他的「物競天擇理論」，不論學理或實證基礎均耿耿於懷，十分敏感，對其主要競爭對手華萊士的著作更是神經兮兮。華萊士與達爾文同時衍繹出進化論，並提出「適者生存」好詞。達爾文認為一個優秀的科學家就是一個探尋大自然足跡的偵探。可惜他未能造訪內蒙及朝陽地區 [2]，錯過許多遠古生物寶藏 (Ref. 1)，否則他將對他的理論更具信心。

[2]

火

古生物考古大隊在內蒙地區發掘大量恐龍化石，是遠古時期恐龍活躍地區。渺小人類只能躲在洞穴內求生。石器時代的人類遠祖敲打石塊時，無意間發現敲打一種燧石會迸出火花。然而燧石難尋，此後又發現由乾木柴鑽木取火之道。人類從此離不開火矣 [3-5]。白晝炊飯，夜晚照明防獸。相傳發明鑽木取火燧人氏為炎族人的先祖 [1]。炎族人以火為祥瑞。

[3]

[4]

[5]

炎黃子孫

遠古人類過游牧生活，隨水草而居，以狩獵捕魚維生，居無定所，餐無定食，冬冷夏熱，生活飄搖。神農氏教民農耕，開始農業定居生活。傳至古少典國時，主要由兩兄弟掌政。其一為有牛族，以姜姓為主。居黃河下游，臨近東海，定都曲阜。族長石年有為有守，開始以貝殼為通貨發展商業。另一族為有熊族，以姬姓為主，居黃河中游。族長軒轅，雄心萬丈，開始演練戰法陣法，擊退北方強悍有虎族的南侵，稱霸中原，定都鄭州。軒轅有眾多輔佐大臣，各司其職，育蟬治絲，造車建屋，制禮樂，定音律。且有倉頡依八卦創文字，影響深遠 [6]。

[6]

炎黃大戰蚩尤

南方產銅，已進入銅器時代。九黎族冶銅技法高超，能化鐵石冶鑄兵器。九黎族民風強悍，長於狩獵。此時英雄人物蚩尤一統江南各部族，率精壯人馬向北方探路。蚩尤有如幽靈附身，又有銅製兵器，一路勢如破竹，侵入炎族魯地。尚停留在石器時代的炎族不支，曲阜淪陷，危及中原華夏大地。炎黃兄弟之邦，炎族與軒轅結盟共破蚩尤。蚩尤南遁，炎黃軍追擊之，但逢大霧不辨方向，炎黃軍陷於密林中，眼看滅頂。軒轅平日建造的指南車這時派上極大用場。指南車磁石恆指北斗七星方向 [7]。駕車軒轅輕鬆指出蚩尤所在南方，炎部大將發明弓箭扭轉全局。炎黃軍追而殲之。蚩尤戰死。餘九黎族人逃往雲貴蜀地。發展另支中華文明，有三星堆出土文物為其佐證。

[7]

炎黃二帝 人文始祖
黃帝稱霸 炎帝南遷

傳說揮祖發明箭　黃帝賜張為姓源
祖先強弩似飛箭　子孫張弓遂宏願

贏得與蚩尤生死之戰後，軒轅開始清理
戰場，論功行賞。軒轅盛讚炎部大將發
明弓箭，扭轉戰局，賜姓張，有意延攬，
但炎部將士生死與共，不為所動。中原
地帶本是有熊國地盤，熊是坐地主人，
戰後軒轅視收復的炎部失地為戰利品。
一山不容二虎，不是熊走就是牛讓。軒
轅建請炎部南駐江南，以防蚩尤殘部再
犯中原。炎部部將多有不服，但姜石年
深知江南美好，南方雨水豐沛，適於種
稻，米飯香甚。遂依伏羲八卦卦象所示

[8]

欣然前往 [8]。中華大地由此分為兩大區塊。軒轅坐擁北大原，東大
海，南大江，西大漠中原地區，自號黃帝，自稱天子。姜石年也在
江南稱帝，就號炎帝，也稱天子。江北兵禍連年，江南風調雨順，
炎帝開始熔刀鑄幣，發展商業。炎帝又親自採藥，親嘗百草，不慎
誤食斷腸草而亡，但江南地卻從此發展為一片神仙樂土。

精衛填海　夸父追日

炎族人常至海邊玩耍撿拾美麗貝殼。族長姜石年疏於照顧幼女，讓其獨自在海邊戲水，忘卻海水漲潮退潮時之兇險海象，致幼女被大海吞沒，悔恨終生。中國民間故事以精衛填海告誡普羅大眾注意戲水安全 [9]。

[9]

炎族被黃帝放逐江南時，炎部將士多有不服。夸父為炎族頭目，投石奇準，每日追逐太陽跑步舒壓。後隨炎帝遷居江南。一件看似自不量力的行為暗喻對體制的抗議 [10]。

[10]

火柴化學

拜化學之賜，鑽木取火除童子軍野外練習樂趣外，一般取火皆由火柴取代。火柴頭主要含有強氧化劑氯酸鉀及硫磺以助燃，火柴盒邊磨擦面則塗有紅磷。磨擦生熱導致燃燒。火柴頭如加入硫化銻時燃燒更為猛烈 [11-12]。安全火柴的火柴桿先以磷酸銨處理，目的在延遲火苗，點火完成、火苗熄滅後再無餘燼。

[11]

[12]

猶他銻鎮

郵戳為憑，美國猶他州小鎮 Antimony, UT，郵遞區號 84712 [13]，海拔近二千米，人口一百二十二人（二零一零年記錄），因為附近發現輝銻礦財源而留下。每年在湖邊舉行炮竹煙花表演，吸引附近人流參與煙火盛會。

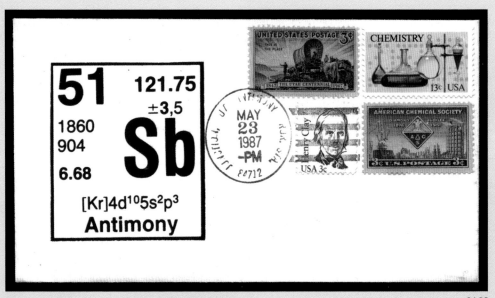

[13]

火柴工業

白楊木色白無味多孔好處理，民眾接受度高。一棵白楊木可製成二百萬根火柴，是火柴工業首選。業者要先規劃好木材培育，確保原料不虞匱乏。白楊木送入剝離機產出火柴桿厚度薄片 (12c)。成疊薄片再切出等長火柴桿 (25c)。經烘乾處理後插入移動金屬洞中，一枝枝站立如成隊士兵接受檢閱。集中接受化學洗禮，先浸之以石蠟液為燃燒基液，再浸以氯酸鉀及硫磺以備點燃，完成火柴頭正冠備齊彈藥 (30c)。最後全副武裝火柴彈出直接包裝貼紅磷於封背以便摩擦起火 (50c) [14]。

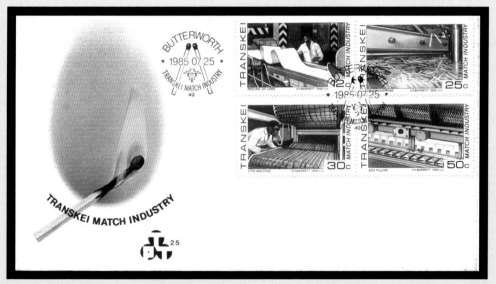

[14]

化學並郵

火柴工業屬化學工業殆無疑問。俄國屬化工大國。化工業者乃抓住難得機會，及時標下火柴盒封裝標籤大作廣告。

凡火柴盒上之圖案與化學有關者稱「化學火柴」(Note 3)。「化學火柴」[15] 與「化學銷戳」[16] 一樣皆可歸類為「化學並郵」(Chemical Paraphilately) (Ref. 2)。「並郵」為郵票周邊產品，概指除郵票外其他有關郵品。除火柴外，尚包括：公務銷戳、化學地理、紀念封、名人簽名、廣告貼、紀念卡等等。目前火柴已不多見，化學火柴幾成絕響。手中有化學火柴收藏者奇貨可居。

[15]

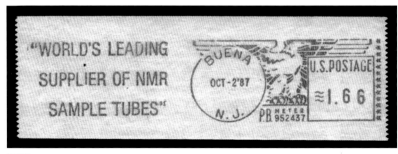

[16]

化學火柴

捷克玻璃大廠 Kavalier Glass 位於捷克 Sazava 流域。不同廠區分別
負責設計,所見有化學實驗儀器、工業設備、廚房用具、燈具等部
門。這些包羅萬象的玻璃產品利用火柴盒發送大量廣告,成功組成
小型玻璃博覽會 [17-22]。

[17]

[18]

[19]

[20]

[21]

[22]

黑色火藥

中國數千年前即發明黑色火藥。大約是由硝酸鉀 75%，硫磺粉 10%，木炭粉 15% 組成。炮竹喧囂，煙火燦爛 [23-24]，喜慶宴會使用熱鬧有餘，隱密不足。用於現代戰場，一開火將立即被對方狙擊手鎖定，不是招來一陣炮擊就是索命的一槍。義大利人蘇比洛 (Ascanio Sobrero) 合成無煙火藥中所使用的硝化甘油，隱密性高，爆炸力強，但極不安全，稍微震動即將引起大爆炸。

無煙火藥

瑞典化學家諾貝爾 (Alfred Nobel, 1833-1896) [25-26] 生逢礦物化學顛峰時期，有感於採礦必備炸藥，而炸藥以安全為第一考量。於是全力投入安全炸藥研究，發明無煙火藥，即在硝化甘油加入矽藻土為安定劑之秘方，解決安全運送問題。諾貝爾還獲得此安全炸藥配方專利。此專利也為諾貝爾帶來無盡財富。但諾貝爾晚年眼見安全炸藥用於軍事用途，心中感到不安。

諾氏家族

諾貝爾家族為瑞典及俄國首富。長兄盧維 (Ludvig Nobel)，次兄羅伯 (Robert Nobel) 與畢德陵 (Peter Bilderling) 合作經營位於巴庫 (Baku, 現亞賽拜然) 的諾貝爾家族 (Branobel) 石油公司，為俄國近代重要人物，載入史冊 [27]。幼弟艾米 (Emil Oscar Nobel) 英年早逝。諾貝爾家族無人需仰賴諾貝爾 (Alfred Nobel) 救濟。

[23]

[24]

[25]

[26]

[27]

諾貝爾遺囑

諾貝爾夫婦並無子嗣，家族成員多屬望族。諾貝爾晚年眼見其累積的財富絕大部分來自軍火工業，無人繼承，亟思對社會有所回饋，乃於一八九五年正式預立遺囑：死後他的財產應成立諾貝爾基金會管理，並設立諾貝爾獎獎勵過去一年對人類貢獻最偉大的科學家及文學家。瑞典與德國於一九九五年遺囑百周年時，合出郵票紀念[28]，郵票背景正是諾貝爾最後遺囑。遺囑公布一年後諾貝爾去世，享年六十有三。四年後諾貝爾獎開始運作頒發。諾貝爾獎已獲公認為最高學術榮譽。

ALFRED NOBELS TESTAMENTE 100 ÅR

ERSTTAGSBLATT

Gemeinsames deutsch-schwedisches
Sonderpostwertzeichen

100 Jahre Alfred-Nobel-Testament

Gemensam frimärksutgåva
Sverige-Tyskland

Alfred Nobels testamente 100 år

諾貝爾獎百週年紀念郵票

諾貝爾獎甫經設立，立即成為各方矚目焦點。學術研究以獲諾貝爾獎為最高桂冠。瑞典與美國於二零零一年諾貝爾獎頒發百周年時合出郵票紀念 [29]。諾貝爾獎共分五項領域頒發：醫學或生理 （基礎醫學）、物理、化學、文學、和平，後來追加經濟獎。

諾貝爾獎委員會揣摩諾貝爾當年心目中的偶像巴斯德設立醫學獎。巴斯德是化學家，他的工作開展微生物、免疫等醫學新領域。諾貝爾醫學獎獎勵對象多在基礎醫學，而非臨床醫術。如同華佗可能因麻沸散得獎，卻不會因腦神經外科手術精湛而得獎。諾貝爾獎頒獎領域時有重疊，如醫學與化學、化學與物理，僧多粥少，時有爭議。

說來諷刺，諾貝爾以軍火工業發大財，最後卻設立和平獎，豈不虛偽。二次大戰時美國政府曾動員眾多物理學家加入曼哈頓計畫研發原子彈，終獲成功。愛因斯坦說得好：「諾貝爾的立場就如一九四五年原子彈爆炸時物理學家的立場一樣」，諾貝爾也有以戰止戰的想法，因為軟弱只有挨打的份。

[29]

生物螢光

許多生物如發光水母，螢火蟲能自發光 [30]。日本科學家下村脩發現發光水母光源為綠色螢光蛋白 GFP (Green Fluorescence Protein)。美國哥倫比亞大學查菲 (Martin Chalfie) 利用生化工程方法成功將 GFP 接上大腸桿菌，開啟生物螢光廣泛應用之路。緊接著聖地牙哥加州大學華裔教授錢永健引入突變改造 GFP，得到亮度不同顏色各異的各種蛋白質 [31] (Note 4)。螢光蛋白迅速成為研究蛋白質結構與功能利器。諾貝爾獎評審委員會也體認此領域的重要性，查菲、錢永健與下村脩三人共同獲頒二零零八年諾貝爾化學獎。

[30]

[31]

參考文獻與註釋

(1) Sun, G., Dilcher, D., Wang, H. et al. (2011) A eudicot from the Early Cretaceous of China. *Nature* 471, pp. 625–628, (https://doi. org/10. 1038/nature09811) (March 31, Cover Story).

(2) John B. Sharkey (2021) Chemical Paraphilately. *Philatelia Chimica et Physica* 41 (1), pp. 19–30.

(3) **化學火柴 – 火柴化學與化學郵票 – 郵票化學**有極為類似之關係。化學郵票為本書主題。郵票化學則是討論更專精之印郵用紙、油墨、背膠等等，不在本書討論範圍。

(4) 錢永健研究室於二零零六年以八種變異 GFP 重組聖地牙哥加州海灘，堪稱藝術融入科學典範之作。藝術創作：Nathan Shaner，攝影：Paul Steinbach。

2 絲路郵驛

嘉峪關　莫高窟　敦煌壁畫 [1]

[1]

郵政博物館

位於台北市南海路與重慶南路交口的郵政博物館 [2] 有各種郵政展覽及郵政資料供查閱。參觀者將很容易在位置明顯處找到古代孔子 [3] 及近代孫中山 [4] 對郵政之看法。

[2]

萬里飛鴻

雁是群居候鳥，成群結隊飛行，甚少落單 [5]。深秋飛到南方過冬，春暖又飛回北方。各方遊子少小離家，音訊全無，多所掛念，每見鴻雁必起鄉愁。

[3]

[4]

飛鴿傳書

鴿子具有較強的歸巢能力，牠們認家易馴，為和平象徵 [6]。經過訓練可擔任信鴿，使命必達 [7-10]。在尚無電報、手機或電郵時代，當全城被圍，軍情有所不達時，往往全城性命繫於一線：所有冀望全押在信鴿腳上綁信的那根紅繩上，且信鴿被圍城者一箭射死而殉國者也時有所聞。

[5]

[6]

[7]

[8]

[9]

[10]

家書抵萬金

古時交通不便，書信往來十分珍貴。家書常結成雙鯉形或將其夾在鯉魚形木板寄出，是以雙鯉魚代表家書到了！是天大的喜訊。

東漢〈飲馬長城窟行〉正是描寫良人出征妻子思戀之情，及收到戍守長城邊關將士家書時欣慰之情。烽火連三月，家書抵萬金 [11]。

修築萬里長城悲劇更多。孟姜女哭倒萬里長城戲曲敘述杞梁於新婚第二日被官府徵為勞役修築長城，水土不服，路倒無人收屍。孟姜女探尋夫婿骸骨埋在長城下亂葬塚，大哭祭弔：「誰為忽遭槌杵禍，魂銷命盡塞垣亡。……千萬珍重早旋還，貧兵地下長相憶。其妻聞之大哭叫，不知君在長城夭。」大哭即得長城倒。

家書抵萬金
兩漢佚名 (飲馬長城窟行節錄)

客從遠方來	A friend from away
遺我雙鯉魚	Left me a fish box
呼兒烹鯉魚	Call boy to open the box
中有尺素書	There lay a letter
長跪讀素書	I read the letter with pray
書中竟何如	What is written in the letter?
上言加餐食	He said having a good meal
下言長相憶	Then said having missed me

[11]

萬里長城

秦始皇（嬴政，259–210 BC）統一全國後，實行中央集權，採用商鞅變法訂立郡縣制度，統一文字、度量衡。同時大興勞役 [12]，修築長城、阿房宮、驪山陵，民怨沸騰。秦始皇經過春秋戰國征伐，早已忘卻禪讓政治，但又未及早確立儲君制度。始皇駕崩時，太子扶蘇在蒙恬軍中，還遠在邊關戍守長城 [13]，以致歷史很快就演變到秦崩一幕。

[12]

[13]

秦始皇陵

秦始皇躬親參與其生前阿房宮，身後驪山園的建造。進入秦始
皇陵猶如進入一座地下咸陽城。秦兵馬俑以巨陣方式出土震撼
全世界 [14-17]。考古學家絡繹於途。

[14]

[15]

[16]

[17]

西安城牆

中國漢朝國力強大，與北方匈奴時有衝突。當時政治中心西安建有厚實城牆，至今保存完整 [18-21]。騎腳踏車繞城一週十四公里。在輕鬆旅遊行程中可回憶數千年來腳下多少浴血爭戰發生。

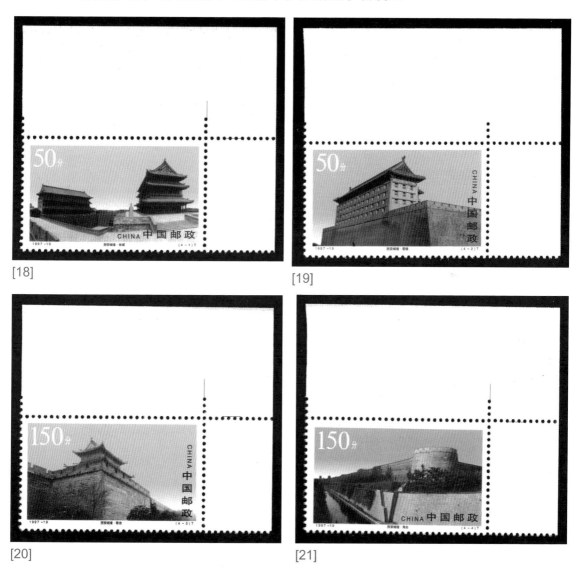

[18]

[19]

[20]

[21]

古代驛站

古代驛站負責軍情傳遞、聖旨公文傳達、快遞員換馬、官員過路食宿。全盛時期為數多達兩千餘，現多半已由各地郵局取代。古貌保存完好者南北各一。南方盂城驛已闢為「郵驛博物館」[22]。

[22]

河北「雞鳴山驛」[23] 在成吉思汗時建立「站赤」（驛站）。明永樂年間正式成為宣化進京的重要驛站。大臣進京進謁皇帝時，先在此等候宣召。此驛也是清末慈禧太后躲避八國聯軍時逃亡駐蹕首站。是現存最大古代驛站，保存原貌。又暱稱「世界第一郵局」。

[23]

郵驛博物館

秦始皇統一全國巡視各地，到江蘇高郵時建高台置郵亭而得名。高郵居南北交通要衝，京杭大運河樞紐，又臨高郵湖，故成水陸聯運集散地，現置「郵驛博物館」列入大運河世界遺產 [24]。

[24]

國書公文收發

古時公文收發皆在城門口收發室。緊急軍情始得直接上報。
這些檔案的材質與文字正印證過去的歷史與進步的科技 [25]：

商代龜甲獸骨檔案，漢代木竹簡牘檔案，明代鐵券金石檔案，
清代國書紙質檔案。

[25]

張騫出使西域

漢朝與匈奴時戰時和。漢武帝擬結合大月氏夾擊匈奴，乃派張騫 (164–114 BC) 出使大月氏，但大月氏無意樹敵 [26]，張騫在西域前後十一年期間對絲路及其腹地風土人情、地理情報瞭如指掌 [27]。日後隨衛青、霍去病、李廣出征匈奴發揮關鍵作用，累建奇功。分別開發天山南北路絲路路線。對日後東西方文化交流貿易拓展貢獻鉅大。

[26]

蘇武北海牧羊

漢軍勢強時，匈奴求和。漢武帝派蘇武 (140–60 BC) 正式持旌節出使匈奴。但匈奴卻因故扣留蘇武。匈奴逼降蘇武不成，放逐北海（貝加爾湖）牧羊，歷時十九載。漢朝請還蘇武，匈奴稱蘇武已死。

轉眼北風吹，雁群漢關飛 [28]，傳出鴻雁書信，匈奴才懍於蘇武威武不屈氣節，放蘇武回鄉，黑髮去白髮回，贏得敵人敬佩，國人愛戴。蘇武回長安時，萬人空巷，歡迎民族英雄歸來。

[27]

[28]

育蠶織絲

鄭州發現五千多年前的仰韶古絲綢，幾乎已確認養蠶織絲為黃帝后嫘祖的發明。《天工開物》中有詳細織絲介紹：先育蠶 [29]，擇繭 [30]，再用大鍋煮熬去膠打散線團 [31]，然後抽絲剝繭找出線頭繞入繰車 [32]，最後織成精美的綾羅綢緞 [33] (Note 1)。

蠶絲是蛋白質。蠶絲之治絲繰車過程，正是絲蛋白之加熱變性打散，再回折過程。絲織品堅固耐用、光澤亮麗，為高級衣料。絲綢經絲路傳到歐洲時引起轟動。

[29]　　　　[30]

[31]　　　　[32]　　　　[33]

絲路貿易

在蒙古所出刊的〈絲路錢幣郵票小全張〉中 [34]，除各國歷史錢幣外，絲路路線地圖，駱駝負重運貨，及甲兵護送情形皆躍然紙上，顯見當時絲路貿易之暢旺。考古學家在中國發現拜占庭錢幣，在中亞發現中國錢幣，都是絲路貿易證明。

當時中國主要輸出商品為絲綢、瓷器，中西亞及歐洲主要輸入商品為香料、玻璃。

汪海嵐任職英國倫敦大英博物館東亞錢幣及徽章部門，對絲路貿易使用錢幣研究多年，指出除錢幣外，絲幣織品亦作為交易貨幣，時至今日紙鈔仍有用絲線防偽者 (Ref. 2)。

[34]

絲路郵驛

由長安（西安）沿天山南北路西行古絲路於 2004 年列入世界
遺產。絲路各地郵戳正代表世界遺產所指範圍 [35]。

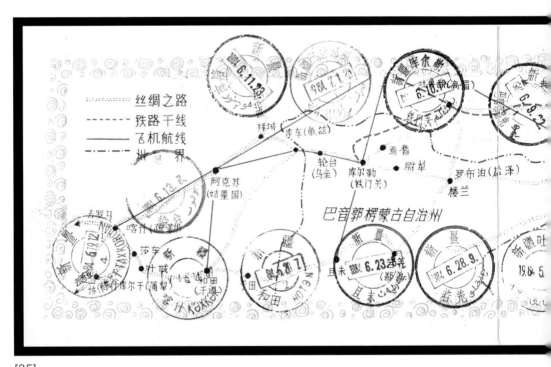

[35]

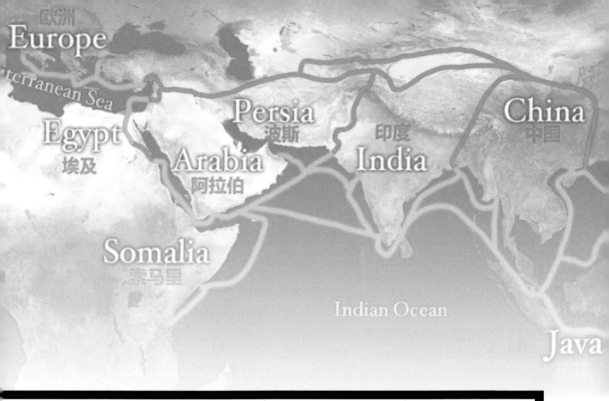

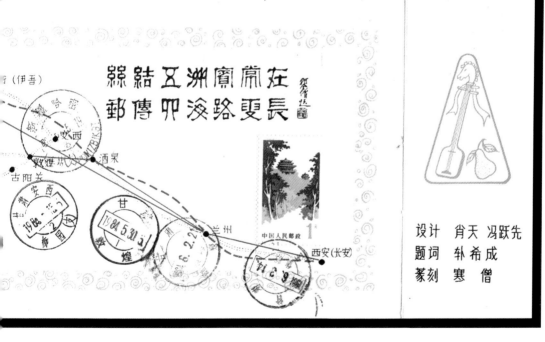

在宵賓洲五結綿
長路浚巾傳郵

中国人民邮政 1

设计 肖天 冯跃先
题词 卟希成
篆刻 寒僧

陸海絲路

東漢班超 (32–102 AC) 以武力及外交並進，降服西域五十餘國，確立絲路通道安全，進而拓展東西方貿易文化交流 [36]。東方漢唐盛世與西方羅馬盛世並駕齊驅。羅馬帝國貴族及富商身著名貴絲料衣物係源自中國並經由絲路而來。

明成祖時，鄭和率領龐大艦隊七下西洋，足跡遍布東南亞、印度、波斯、東非、埃及、地中海。最遠曾到訪澳洲及美洲，比哥倫布早七十年 (Ref. 3)。相較於傳統絲路（紅色），藍色航線又稱海上絲路。

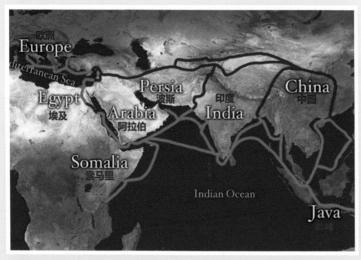

[36]

文化絲路

唐代尊佛。高僧陳禕法號玄奘，跋涉絲路 [37]，歷經艱辛遠赴印度，歷時十七載取回佛經，對佛教在中國的發展貢獻卓著。中國傳統道教曾盛行於漢代，此時反被視為怪力亂神，流入民間基層信仰。《西遊記》以高度藝術化反諷手法，以神怪小說方式描寫唐僧取經故事，扣人心弦 [38]。

抗日戰爭時期，玄奘圓寂後舍利子一度被日本人取走，戰後始歸還國民政府，現供奉於日月潭玄奘寺，環境清幽 [39]。

[37]

[38]

[39]

敦煌壁畫

絲路沿途有眾多歷史文化遺跡可供憑弔。天水麥積山石窟在一座高一百四十二米，形似麥垛的孤峰上並存有兩百餘洞窟、千餘尊泥塑壁畫。敦煌石窟則更有世界上壁畫最多的石窟群。其中最著名者屬莫高窟飛天 [40]，供養菩薩 [41]，觀音濟難 [42]，帝釋天 [43] 等，皆收錄於郵票中。

[40]

[41]

[42]

[43]

潑墨大師

國畫大師張大千習傳統國畫 [44]，亟思有所突破，親謁敦煌石窟，閉門鑽研深得壁畫精髓，首創潑墨畫法 [45]，舉世讚譽。張大千曾與畢卡索 [46] 在法國尼斯會面，被譽為東西文化世紀交流。

雖然張大千已將其敦煌壁畫拓本近三百幅全部捐贈故宮博物院，但還是有人不原諒他，認為那只是為換取一九四九年飛往台灣最後一班飛機的最後一個座位。張大千在敦煌閉關二年多，拓畫工作傷害古蹟，不值得鼓勵。

[44]

[45]

[46]

郵票發明

英國羅蘭希爾 (Rowland Hill) 於一八三七年發明郵票、郵資預付，各國陸續採用。希爾逝世百周年時，中華郵政於民國六十八年以發行「票中票」方式介紹二個相關主題。此「票中票」裡票即為天下第一張郵票：一八四零年英國發行的黑便士票 [47]。

赫德 (Robert Hart) 將郵票制度引進中國。中華郵政也於民國七十四年赫德一百五十周年誕辰時，發行「票中票」紀念。赫德「票中票」之裡票即為中國第一張郵票：海關雲龍郵票 [48]。

[47]

[48]

國郵鼻祖

赫德將郵票制度引進中國後先在海關試行。光緒四年（一八七八年）發行之海關第一次雲龍郵票（暱稱大龍票）即國郵鼻祖 [49]。全套三張：壹分銀——綠色，叁分銀——紅色，伍分銀——黃色。郵政博物館，美國 Scott 郵典紀錄：一八七八年出生，身分證字號：中國，一號，二號，三號。

拓樣票是郵票樣張，由母模打印，屬正式郵品，供郵票設計師藝術家或郵政主管當局審核。是尚未完工的郵票，不能用為郵資寄信，但觀賞價值較真正郵票價值更高，屬收藏品。

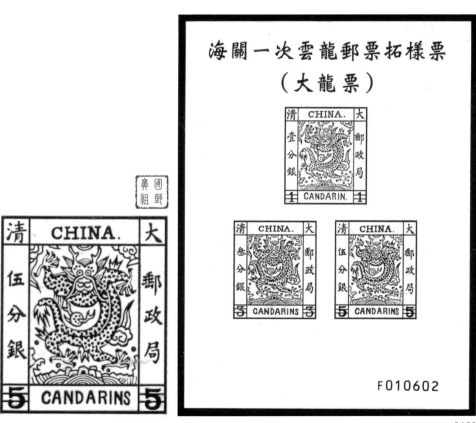

[49]

皇上御批

清朝遲至一八九六年始由光緒帝正式批准採用郵票 [50]。先由紅印花票（海關印紙）加蓋通行。初期主要供租借區外國人方便使用。印花票用於完成交易證明。

據稱「小壹圓」單張為當今最貴重郵票。中國大陸於一九九六年發行中國郵政開辦一百周年紀念票，全套八張「紅印花加蓋暫作郵票」到齊，還有光緒皇帝親筆御批，天下僅有一張正本，從此可以在家悠閒欣賞國郵瑰寶。

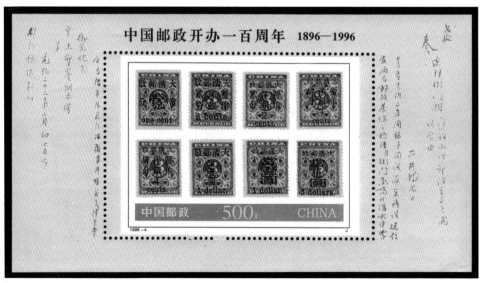

[50]

大地徵銀

清末蟠龍票上可見各地郵戳，多半代表外國人在中國各地搜刮所得運費，遍布各地，到處徵銀：北京 [51]，山東煙台 [52]，江蘇南京 [53]，上海 [54]，湖北宜昌 [55]，廣東汕頭 [56]，廣州 [57]。

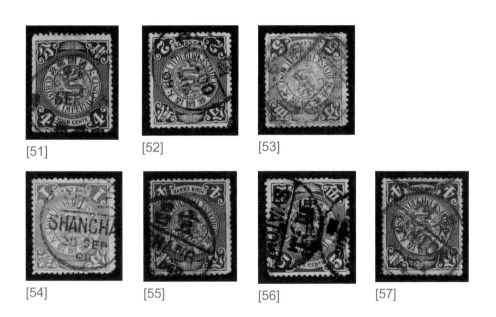

[51]

[52]

[53]

[54]

[55]

[56]

[57]

驛馬奔馳

傳統郵遞業務主要在陸路。驛道上常見驛馬奔馳,是以驛站必有馬廄養馬、備馬、換馬,還有客棧供旅人、信差、官員食宿休息。

此票紀念美國獨立二百周年,充分發揮「票中票」優勢,呈現美國獨立戰爭時期,里維爾 (Paul Revere) 連夜飛騎傳遞軍情[58],情報內容揭示於內票,英軍將由波士頓來攻。七百人組成的紅衫英軍正由萊辛頓開赴康科。行軍半途,英軍遭遇緊急召來約四十名義勇軍攔截。雙方緊張對峙中,擦槍走火,揭開美國獨立戰爭序幕,更多義勇軍蜂湧而至,英軍不敵撤退,民兵嚴密警報系統奏效,美國民兵贏得勝利。里維爾為當時信差,留名千古。

[58]

海陸聯運

陸上交通極限因蒸氣機發明而改觀。貫穿美洲大陸的鐵路通行後，郵遞系統效率因海陸聯運而提高百倍 [59]。從此，驛馬車也只能在西部牛仔電影中追憶。

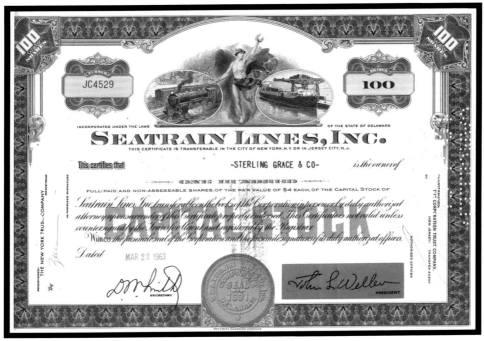

[59]

航空郵政

原本作為交通運輸的龍頭 —— 鐵路維持不久後，飛機發明，
民航業務蓬勃發展，客機貨機各有市場 [60]，郵局業務日趨
吃重，快遞公司應運而生。傳統郵局竟被迫兼營直銷公司。

[60]

電子郵件

近年科技進步，資訊傳播迅速，
轉眼間已使傳統郵驛成為歷史。
隨後個人電腦，雲端聯網，電子
商務等發展對傳統商業影響更是
難以估計 [61]。美國首先經不起
這些衝擊，每年替外國人送信，
收郵資的卻是外國政府。川普總
統當政時揚言退出萬國郵政聯
盟 (Universal Postal Union, UPU)
[62]。川普幕僚失職，忘了提醒總
統萬國郵政聯盟是當年美國提出
的。川普自己正是該聯盟龍頭。
正確的作法是召開聯合國萬國郵
政聯盟會員大會，討論不合時宜
的郵資結構問題。美國總統向來
倚恃強權，恐無此耐心。

[61]

[62]

參考文獻與註釋

(1) 治絲 [31] 係抽絲剝繭找出線頭繞入繅車 [32]。據此判斷中華郵政一九九六年
所出天工開物織絲郵票 (三) 與 (四) 圖片可能相互錯植。

(2) Helen Wang (2022) "Money on the Silk Road–twenty years on", in Dirk Wicke
and John Curtis (eds) *Ivories, Rock Reliefs and Merv*. Studies on the Ancient
Near East in Honour of Georgina Herrmann. marru 15, pp. 499–504.

(3) Gavin Menzies (2003) *1421 The Year China Discovered The World*, Bantam
Press, London, UK (ISBN 0-553-81522-9).

3 大禹治水

黃河治水　小浪底水利樞紐 [1]

[1]

選賢與能　禪讓政治

古代和樂社會，禪讓政治令人懷念，大道之行也天下為公，選賢與能，講信修睦。堯 [2] 傳位於舜 [3]，舜傳位於禹 [4]。禹以疏濬法整治黃河深受人民喜愛，舜也予肯定並傳位以治理國家。數千年後中華民國 [5] 也曾有過一次失敗的禪讓。受位者心術不正。妄想截收革命成果搞復辟。孫中山的歷史地位見於一九六一年雙十節，美國為慶賀中華民國建國五十週年所發行郵票 [5]。

[2]

[3]

[4]

[5]

黃河整治工程

五千年來，黃河氾濫成災困擾每一朝代。歷代治黃專家殫心竭慮，將水患轉為水利，充份利用天然資源，留下無數綠能化學典範。

洛陽之北壺口瀑布，水流湍急，上下游地區歷來為治黃重點，主要任務是治沙防洪。小浪底水利工程為近年治黃工程關鍵。建有李家峽 [6]，劉家峽 [7] 兩水電站，及青銅峽 [8]，三門峽 [9] 水利工程樞紐，控制 92% 以上黃河流域，黃河已見清流。

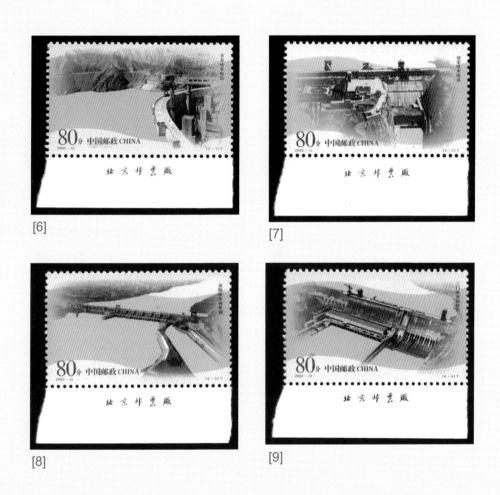

[6]

[7]

[8]

[9]

黃河

黃河景色

大河之源 九曲過城 塞上江南
河套穹野 壺口金濤 水環三晉
山攬河洛 中州水韵 河清海晏 [10]。有詩為證 [11]。

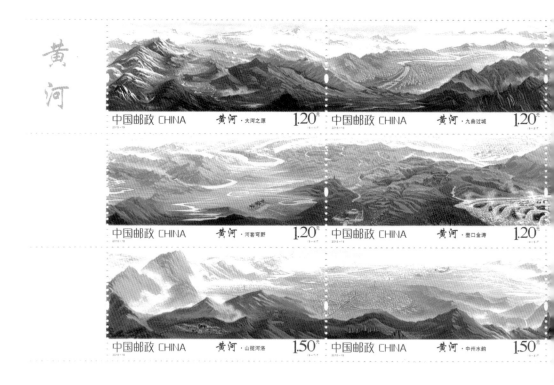

《登鸛雀樓》
王之渙

白日依山盡
黃河入海流
欲窮千里目
更上一層樓

中華民國郵票
REPUBLIC OF CHINA (TAIWAN)

CHINA　黃河 · 塞上江南　1.20元

CHINA　黃河 · 水環三晉　1.20元

CHINA　黃河 · 河清海晏　3元　[10]

[11]

天工開物

古代科技發達。明朝科學家宋應星 (1587–1666)
[12] 編有百科全書式鉅著《天工開物》[13]，詳列
各行業工藝應用、規格方法 (Ref. 1)。中華郵政並
發行各系列套票以紀念之。

[12]

[13]

天工開物 灌溉

農耕社會水利灌溉為民生首要。古人早已應用物理學、力學原理於引渠取水。筒車引水多半放置水流湍急處,藉水力轉動,較為輕鬆省力。而牛轉水車藉獸力,人力踏車取水或拔車汲水看似輕鬆實則辛苦。槓桿提水利用物理槓桿原理,節省人力 [14]。

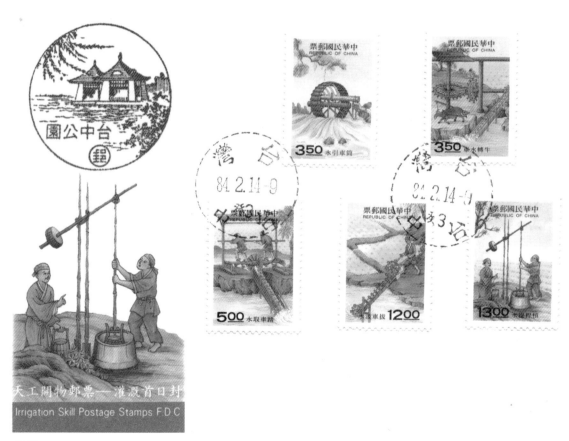

天工開物郵票——灌溉首日封
Irrigation Skill Postage Stamps F.D.C

[14]

都江堰造就天府之國

四川蜀地自古以來為天府之國、富庶之地，都江堰水利工程功不可沒。雖經歷代整修但大致不離西元前二五六年戰國時期蜀郡太守李冰的規劃，可見當初設計布局完全合乎科學原則，經得起考驗。

都江堰征服岷江，將水患變為水利。主工程鑿穿玉壘山，修築分水大堤，將岷江水導入內江以供灌溉。分水堤前端狀似魚頭，取名魚嘴[15]，魚嘴分水堤尾部修築飛沙堰[16]為溢洪道。內江灌溉用總渠道稱寶瓶口[17]。

[15]

[16]

[17]

引灤入津

引灤入津是華北地區灤河，海河流域的大型跨域引水系統。解決天津市及唐山地區用水問題。引灤入津工程紀念碑 [18] 以漢白玉（即大理石）雕刻母親懷抱嬰兒面向大海，感激之情溢於言表。唐山市引灤入津工程 [19] 的起點另有十餘米高的白色紀念碑 [20]，一名戰士形象巍然而立，紀念參與工程原鐵道兵（工兵）第八師官兵。

[18]

[19]

[20]

引大入秦

引大入秦是將黃河支流大通河水調入蘭州市秦王川地區的一項大型水利工程，被譽為西北都江堰。中國郵政特發行一套四張郵票以資紀念。

渠首引水樞紐 [21]，先明峽倒虹吸 [22]，總幹渠隧洞 [23]，莊浪河渡槽 [24]。

三江源

三江源地處青藏高原，為長江，黃河，瀾滄江（湄公河）三大水系發源地 [25]。該地區平均海拔四千公尺以上，總面積三十六點三萬平方公里，天然資源豐富。青海省成立三江源自然保護區 [26]，進而成立國家公園。

[21]

[22]

[23]

[24]

[25]

[26]

長江

長江景色

大江東去 山水重慶 三峽奇觀

楚湘臨江 蘆山水韻 黃山獨秀

金陵春曉 江畔水鄉 東流入海 [27]

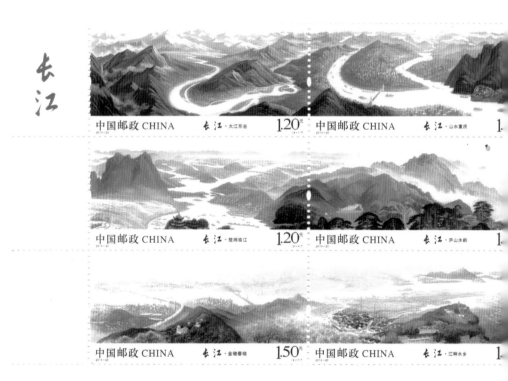

唐 李白 下江陵 [28]

朝辭白帝彩雲間，千里江陵一日還。
兩岸猿聲啼不住，輕舟已過萬重山。

描寫詩人流放夜郎，過三峽遇赦還鄉，心情大好。

[27]

[28]

長江三峽

長江三峽 [29] 西起重慶奉節縣白帝城，東至湖北宜昌市南津關。由瞿塘峽、巫峽、西陵峽組成。其中瞿塘峽最為宏偉壯觀 [30]。在峽谷中，長江江面最窄處不過百米。峽口有赤甲山，白鹽山兩山相對。詩仙李白的「兩岸猿聲啼不住，輕舟已過萬重山」即是形容此處 [28]。

[29]

[30]

天工開物　舟車

古代舟車 [31]　漕舫、六槳課船、雙槌獨轅車、南方獨推車。

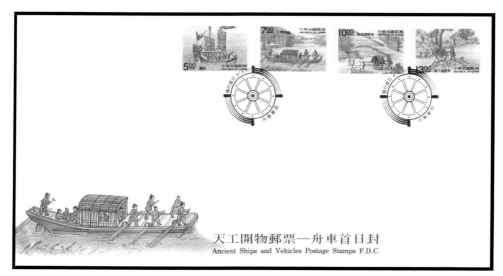

[31]

富庶江南

長江過三峽後進入華中，華東沃野平原，造就富庶江南。長江經濟帶以上海為龍頭，武漢為龍腰，重慶為龍尾代表的廣大經濟體系 [32]。

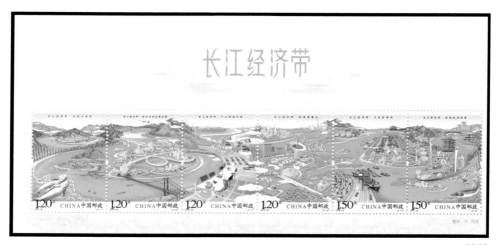

[32]

南水北引

南方水資源豐沛，連接黃河、長江、淮河，海河四大水系的南水北調工程分三線開工，為世界最大水利工程 [33]，部分水站已開始營運。

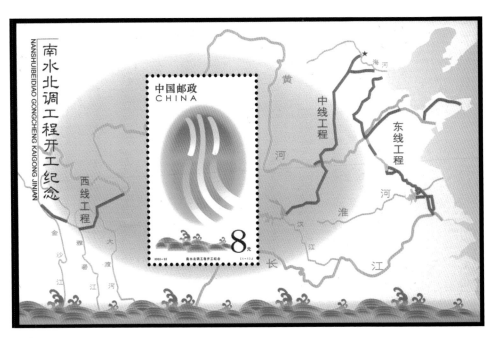

[33]

南北大動脈

華夏大地地勢西高而東低。天然河川如長江黃河多為西向東流。古時交通不便，陸路運輸運量有限，是以漕運興起。隋朝開始興建以洛陽為中心之人工水道，負責南糧北運。隨著政治中心移向北京，後朝再修運河時已向東移。現存京杭大運河北起北京，南達杭州 [34]。南水北調東線工程主要也是利用此大運河既有水道。

[34]

京杭大運河

京杭大運河連接黃河、長江、淮河、海河,及錢塘江五大水系,全長一七九四公里,是世界上開鑿最早,規模最大,流程最長的一條人工運河。聯合國教育科學文化組織 (United Nations Educational, Scientific, and Cultural Organization, UNESCO) 於二零一四年宣布京杭大運河列入世界遺產名錄 [35]。

[35]

運河人生

千年運河流經十八個城市，沿途呈現萬象人生：行船、漕運、橋梁、古寺、故居、廟會。一趟豐富的文化之旅皆有郵票可循：

北京通州燃燈塔 [36]、天津天后宮 [37]、山東聊城山峽會館 [38]、江蘇無錫清江閘 [39]、江蘇揚州文峰塔 [40]、浙江杭州拱宸橋 [41]。

如果對近代戰史略有涉獵，當知魯南台兒莊地區曾是抗日戰爭重要戰場。民國二十六年七七蘆溝橋事變後以淞滬戰役最為慘烈，粉碎日軍三月亡華妄想，召來日軍南京屠城報復。此時日軍氣焰萬丈，發動徐州會戰，意欲奪取中原武漢。李宗仁、白崇禧力守徐州大門，民國二十七年三月在台兒莊殲滅日軍最強悍兩精銳師團。是為扭轉戰局，震驚中外之台兒莊大捷。

台兒莊隸屬棗莊，是一座歷史底蘊深厚的古城，始於秦漢，乾隆皇帝賜為「天下第一莊」，台兒莊毀於戰火後重建，是體會運河人生的絕佳景點。

[36]

[37]

[38]

[39]

[40]

[41]

生活所依

中華郵政於二零二一年所發行的古詩詞郵票充分顯示漕運人生與
小民生活關係之密切 [42]。首日戳圖像也已説明一切。

經濟發展源頭　小民生活所依
學子埋頭苦讀　文人靈感所繫

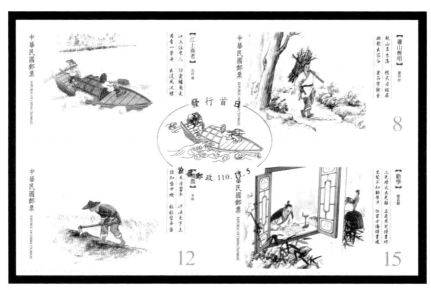

[42]

長江截流

全球矚目的長江三峽大壩工程，利用天然的中堡島將大江截流分段實施。第一階段開挖「導流明渠」供水流及船隻航行 [43]，並另開挖臨時及永久船閘。第二階段修築「主壩」，此時水流導流明渠，船行臨時船閘。第三階段完成「永久船閘」及「發電站設施」。

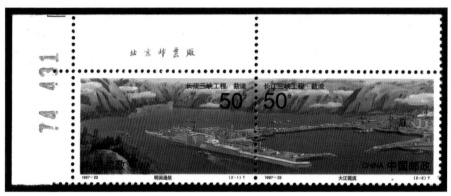

[43]

葛洲壩

長江上下游落差六千米，豐沛水資源渾然天成。長江多處興建水壩，廣布水電站正是綠能化學重要一環。將水力動能轉化為電能，供中下游華中華東地區使用。葛洲壩位於宜昌市西陵區 [44–46]，距夷陵區三峽大壩三十八公里，遙為呼應，相互調節江水流態。

[44]

[45]

[46]

失落古城

長江三峽大壩的興建或有其經濟上、水文上的堅強理由，但
也不無雜音。其重中之重闕為許多歷史古蹟將永沉水底，
令許多文人雅士痛心欲絕，只能在郵票中追尋遺蹟：張飛廟
[47]，石寶寨 [48]，大昌古鎮 [49]，屈原墓 [50] 等皆已成水
下古跡。

[47]

[48]

[49]

[50]

重慶白鶴梁水下博物館

白鶴梁是重慶涪陵地區長江南岸一座天然石樑，長逾千米寬近二米，記錄了千年長江水位資料 [51]。在樑上有百多幅歷史名人題刻，極富歷史文化意義。這些題刻均在三峽庫區，已被淹沒。為聊表對歷史古蹟蒙塵的一些歉疚與彌補，重慶市乃建白鶴梁水下博物館，以獨具匠心的安排獲得「水中碑銘」之美譽 [52]。

白鶴灘於二零二一年完成全球第二大水電站。綠能發電再向前邁進一步。

[51]

[52]

參考文獻與註釋

(1) Chang Zen-sen, Chen Shih-jiun, and Chen Hui-fang (1990) *Ancient Chinese Scientists* (in Complex Chinese). QuanYa Publisher, Taipei (ISBN 957-9388-03-2).

4 青銅寶劍

青銅之冠　秦始皇陵銅車馬 [1]

[1]

殷墟文化

河南安陽發現商人所建立國
家殷商的都城遺址。在所發
掘的文物中見有刻在龜甲上
的甲骨文及青銅鼎上的銘
文,是中國最早發現的文
字,記錄中國最早信史 [2]。
現代漢字即由甲骨文演變而
來。殷墟由中央研究院考古
隊發掘成功。聯合國教科文
組織 (UNESCO) 於二零零
六年列入世界文化遺產。

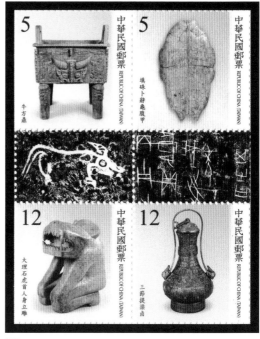

[2]

青銅角爵

角與爵為古代酒器,質地青
銅 [3, 4]。純銅質軟,青銅
為銅合金,銅占 80%,錫
>10%,另有少量鉛及鋅。
初鑄成時金色。出土文物銅
綠為長時間累積之氧化物銅
鏽,故稱青銅 (Ref. 1)。

[3] [4]

青銅編鐘

編鐘為古代樂器 [5–8]。秦朝開始設立樂府及酋府等官署，
分別掌管皇家慶典和祭祀時的禮樂和飲食用酒。

[5]

[6]

[7]

[8]

青銅古鼎

鼎鑊為古代炊具 [9–12]。銅鼎有三足雙耳。銅鑊
無足。有些古鼎刻有銘文，是中國最早文字之一。
青銅初鑄時金光閃閃，古人稱銅為金。故青銅器
物上銘文又稱金文。有幸於金文及甲骨文的記
載，許多殷商文化精髓得以留傳至今。

[9]

[10]

[11]

[12]

青銅兵器

青銅為銅錫合金。不同器物中的銅錫配方不同。兵器要求 3：1 比例，質地較硬，彈性十足。實測秦皇陵青銅刀劍、弓弩、銅鏃、銅矛 [13, 14] 中銅占 74%，錫占 22%，兵刃表面可能已經使用強氧化劑重鉻酸鉀 ($K_2Cr_2O_7$) 防鏽處理，光潔如新。青銅兵器出土說明古中國在冶金科技方面已遙遙領先世界兩千年，德國於一九三七年始發明金屬表面鉻鹽氧化處理工藝。

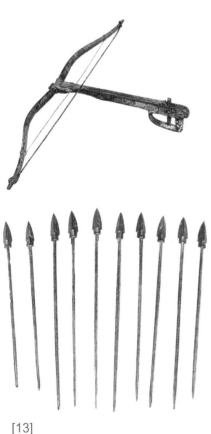

[13]   [14]

青銅寶劍

荊軻，戰國時代俠客義士，武藝高強，智勇雙全。坊間野史相傳秦
始皇令工匠精鑄長短青銅寶劍一對，鋒利無比，削鐵如泥 [15]。事
機不密，劍鑄成之日被高人盜走，輾轉落入燕太子丹手中，時秦已
滅韓趙並指劍燕齊，唇亡齒寒，情勢嚴峻。太子丹知英雄愛劍如
癡，乃將此新得一對寶劍贈與荊軻，並與英雄共謀燕國存亡及行
刺秦王等機密大事。荊軻擔此重任勇者不懼，在思索如何接近秦
王之際，樊於期出現抬面。樊於期原為秦將，伐趙失利，畏罪潛逃，
太子丹收留於燕國。樊於期自願獻上項上人頭，以期謀刺秦王成
功。荊軻以秦王痛恨的叛將樊於期人頭為叩門磚，再以進獻燕國
地圖為由晉見秦王。燕國勇士秦舞陽隨行。太子丹等在易水餞行。

風蕭蕭兮易水寒
壯士一去兮不復還

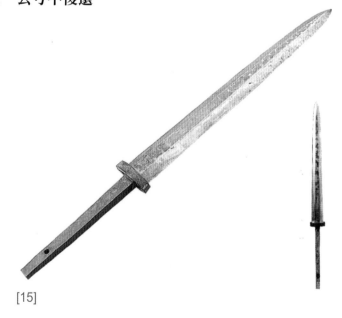

[15]

荊軻刺秦

荊軻攜樊於期人頭木匣及燕國地圖來到咸陽。長劍當然在殿門口被沒入代為保管。當時還沒有金屬探測器，荊軻將短劍包藏於地圖卷軸之內進得朝堂，秦舞陽豪勇善鬥但未經歷練，已被秦軍陣勢嚇得面容失色匍匐於地 [16] (Note 2)。荊軻單槍匹馬從容在秦王面前展開地圖，圖窮匕現，荊軻一手執秦王衣袖，另手執劍刺殺，掙脫中袖斷未能刺中，在場醫官夏無且以藥袋擲軻，秦王得脫，以其背負長劍回擊傷軻。急迫中荊軻最後孤注一擲，匕首飛出，力道強勁，射入銅柱，行刺失敗，六國氣數自此已盡。

那對削鐵如泥青銅寶劍最後物歸原主，由秦始皇收回，並隨主人陪葬於秦皇陵。二千多年後隨秦始皇兵馬俑再見天日。

[16]

青銅齊刀

戰國時代七國貨幣複雜，笨重不便 [17–21]，秦始皇統一全國後，採中央集權之郡縣制，統一度量衡。採用小篆統一文字。廢除六國貨幣，採用秦半兩 [17]。

秦始皇在位十一年，舟車勞頓，第五次出巡時殂亡。一年後陳勝、吳廣戍卒起義，六國貴族乘勢起兵。秦二世昏庸，三年即斷送江山，秦王朝僅歷十四年即滅亡。

[17]　　　　　　[18]　　　　　　[19]

[20]　　　　　　[21]

秦始皇陵地下兵團

秦始皇建立統一王朝，不可一世，隨即大興土木，廣徵勞役、修築長城，及生前居住阿房宮，生後長眠驪山陵。秦朝以法家立國，嚴苛的徭役制度終於壓垮人民。無法達成目標的戍卒首揭義竿，泗水郵政局長劉邦率領漢軍首先攻入咸陽，在位四十六天秦子嬰投降。楚軍項羽隨後進咸陽，不分青紅皂白將阿房宮及皇陵地上建築放火燒光。秦始皇陵地下兵團倖免於難，兩千多年後震撼問世 [22]。

[22]

鑾駕風采

秦始皇陵兵馬俑被譽為世界第八奇蹟。隨後又發掘出秦始皇出巡時乘輿模型二件。白色典雅設計，雙輪單轅，前駕白馬四乘，有頂棚安車，依實物二分之一打造，工藝超群。含金銀飾共由三千多零件組成，是一件完美古中國藝術品 [23]。此兵車馬展示於二號坑旁陳列廳，參觀兵馬俑博物館不可錯過。

[23]

青銅仙鶴

古人嚮往長生不老駕鶴升仙。
鶴代表長壽 [24, 25]。秦漢時期
正是充滿方術思想、煉丹盛行
年代。秦始皇統一六國之後,
聽說東海有蓬萊仙島,他在東
巡至山東瑯琊時曾派徐福率童
男童女數千人赴東海尋求長生
不老仙藥,不知所終。

[24]

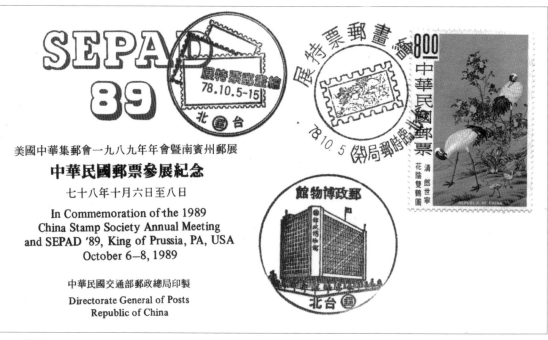

[25]

中山靖王

河北保定滿城區,有西漢景帝之後中山靖王劉勝及后竇綰之墓,墓中有兩人金縷玉衣,長信宮燈 [26],蟠龍紋銅壺 [27],錯金博山爐 [28],朱雀銜環杯 [29] 等絕世國寶。劉勝,紈絝子弟,有子孫一百二十多人。其中陸城侯劉貞為蜀漢先主劉備先人。但輾轉傳至劉備時已族繁不及備載。劉備祖父曾為縣令,但父親早亡以致劉備淪落到以賣草鞋維生,後劉備入主成都稱帝時仍維持漢祚,史稱蜀漢。

[26]

[27]

[28]

[29]

三星堆青銅器

遠古中國三股勢力相爭。黃帝聯合炎帝擊敗蚩尤稱霸中原。蚩尤部落南遷雲貴四川,以成都廣漢為中心的三星堆蜀文化,正説明長江流域發達文明與黃河流域華夏文明平行存在著。三星堆遺址中出土的青銅器、金器、玉器、骨器、陶器,風格迥異,展現出獨特的古蜀文化,號稱世界第九奇蹟 [30–32]。

[30]

[31]

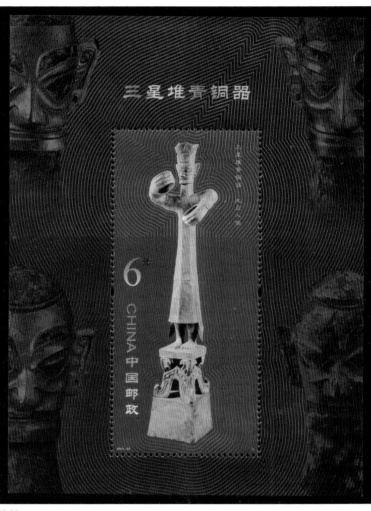

[32]

參考文獻與註釋

(1) 雷玉平 (2006)《秦始皇兵馬俑博物館》。西安出版社 (ISBN 7-80712-254-4)。

(2) 山東嘉祥武氏祠漢代石刻「荊軻刺秦王」。左秦王，右荊軻，中伏地者秦舞陽。下方是樊於期頭，已掉出匣外（公共財）。

5 葛洪煉丹

魏伯陽（東漢）《周易參同契》 [1]

河上奼女　靈而最神
得火則飛　不見埃塵
鬼隱龍匿　莫之所存
將欲制之　黃牙為根
$$Hg + S \rightleftarrows HgS$$

[1]

古人嚮往長生不老仙境，執迷於提煉長生不死仙丹。對煉丹過程之描述，既隱晦，又傳神。

古人智慧

姹女指水銀，黃芽是硫磺。千年前古
人已觀察到液態水銀受熱會昇華揮
發，用硫磺可以將之固定，得到紅色
硫化汞 (丹砂) [2]。後來丹家煉丹又觀
察到丹砂可再燒成水銀，積久又變回
為丹砂，謂之還丹。煉丹追求長生不
老之終極目標雖然可笑，但卻是現代
化學濫觴 (Refs. 1–4)。

[2]

煉丹家深信丹砂可化黃金。水銀與他種金屬產生汞齊合金，或許
就是以丹作金的技術關鍵所在 [3, 4]。但後世道家煉丹漸將重點放
在內心修為 (內丹)。金丹等外丹製作方式敘述隱晦。外丹煉丹術
於宋代逐漸式微。

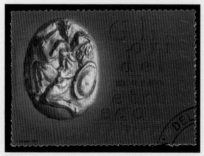

[3]

[4]

煉丹化學基礎

東方煉丹術（外丹）代表人物當推東晉葛洪 (284–364 AC)。漢晉煉丹盛行年代，並無化學元素觀念，但葛洪煉丹是科學活動 [5, 6]，不是迷信。科學活動是客觀的觀察與事實的表述；科學觀察的現象必需要有再現性，在其他訓練有素人選重做該實驗時，實驗結果必須能再重現。葛洪前後的煉丹家們發現的硃砂及鉛丹變化都有可逆性，符合物質不滅定律。這些都說明煉丹是化學研究雛形，值得後世推敲探討。

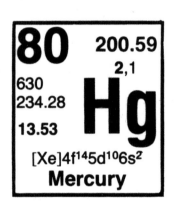

[5]

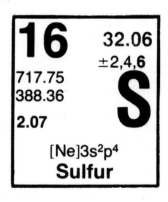

[6]

水銀電池

水銀有極高表面張力，能導電，又易與其他金屬生成
汞齊合金，提高電極靈敏度與再現性。因此汞適合於
製造電極 (Ref. 5)。

汞的特殊電化學性質難免引入乾電池中 [7]。少量汞有
助於延長電池壽命，但汞為環境公害之一。電池回收
是輕而易舉小事，但電池規格在性能與毒害之間如何
取捨才是綠能化學主要考慮範疇。

[7]

煉丹常用原料

古時煉丹家們常用之原料主要有八種：(1) 硃砂，辰砂 (HgS) [8]、(2) 雄黃 (As$_4$S$_4$) [9]、(3) 雲母 [KAl$_2$(AlSiO$_3$O$_{10}$)(OH)$_2$] [10]、(4) 空青，孔雀石 [Cu$_2$(OH)$_2$CO$_3$] [11]、(5) 硫黃 (S) [12]、(6) 戎鹽，食鹽 (NaCl) [13]、(7) 硝石 (KNO$_3$) [14]、(8) 雌黃 (As$_2$S$_3$) [15]。

[8]

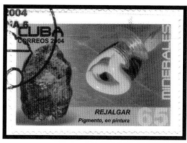

[9]

[10]

[11]

[12]

[13]

[14]

[15]

葛洪追加原料

葛洪煉丹時又追加許多原料，例如：(1) 銅青 ($CuSO_4$) [16]、(2) 明礬石 ($KAl_3(SO_4)_2(OH)_6$) [17]、(3) 赤鐵礦 (Fe_2O_3) [18]、(4) 磁石 (Fe_3O_4) [19]、(5) 寒羽涅，石膏 ($CaSO_4$) [20]、(6) 胡粉，鉛白 [$(PbCO_3)_2 \cdot Pb(OH)_2$] [21]。

[16]

[17]

[18]

[19]

[20]

[21]

煉丹核心化學反應

葛洪煉丹精髓以現代化學表示：物質不滅，加熱煅燒，反應可逆，皆在其中矣。

$$Hg \ + \ S \ \underset{\longleftarrow}{\overset{\Delta}{\longrightarrow}} \ HgS$$
[22] [23] [24] [25] [26]

[22] Hg

[23] +

[24] S

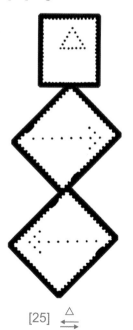

[25] $\underset{\longleftarrow}{\overset{\Delta}{\longrightarrow}}$

[26] HgS

鉛化學反應可逆性

葛洪提及有關鉛白礦 $[(PbCO_3)_2 \cdot Pb(OH)_2]$ 與鉛丹 (Pb_3O_4) 的冶煉記錄，亦早已説明鉛的化學變化也有可逆性 [27]。鉛白加熱後經過種種變化，可以變成紅色鉛丹。鉛丹再加熱又變回鉛白。爐火控制為外丹煉製成敗關鍵。

$(400\ ℃)\ [(PbCO_3)_2 \cdot Pb(OH)_2] \Rightarrow PbO + CO_2 + H_2O$

$(500\ ℃)\ 6PbO + O_2 \Rightarrow PbO_2 + 2PbO\ (Pb_3O_4)$

$(315\ ℃)\ PbCO_3 \Rightarrow PbO + CO_2$

[27]

洗盡鉛華

鉛白又名鉛華，油畫或藝人所用白色油膏傳言有毒 [28, 29]，眾人皆將矛頭指向鉛中毒，忘記所用揮發性有機溶劑松節油危害更大 [30]。斗室狹小，通風不良時，畫家配料或藝人卸妝時，可選用芳香宜人又無毒性的薰衣草油。鉛白也可以鈦白取代，想當然耳價格較高。

[28]

[29]

[30]

鉛汞煉丹

丹砂硫化汞 [31] 為名貴藥材，常被鉛丹冒充。方鉛礦是最常見鉛礦 [32–34]。葛洪詳實紀錄早期外丹煉丹（金）術的面貌。當內丹漸成主流後，汞齊 Hg-Pb 化合物是煉丹家們終極目標，但道家説法隱晦，導向哲學，心誠才靈。

[31]

煉丹原料千百種，金牙銀牙滿街走。
聞君知藥已多年，何不專心煉鉛汞。

[32]

葛洪在《神仙傳》中略謂曰：「魏伯陽嘗訓練弟子三人，專心燒爐煉丹。弟子心不盡誠，丹成之日師試之曰『宜先以犬試之』犬服之即死。師曰『犬食即亡，恐未合神明意，如之奈何？』弟子問『先生當服之否？』伯陽曰『吾棄世離俗，不得仙道誓不下山，死之猶生，吾當服之。』丹入口亦亡。弟子相顧而言『作丹欲求長生，今服丹即死，如之奈何？』獨有一虞姓弟子曰『吾師非常人也，服丹即亡，寧非有意呼？』遂亦服之，也立即死亡。餘兩弟子相謂曰『今服丹即死，不服自可苟活數十載。』遂不服離去。兩人去後，伯陽即起，將仙丹置入死弟子及犬口中，亦起。已去兩弟子聞之後悔不迭。」

[33]

這段文字説明葛洪對魏伯陽煉丹術有相當瞭解。但葛洪是晉朝有名的醫學家，他對醫藥化學的貢獻更為深遠。

[34]

葛洪與傳染病

葛洪不僅擅長煉丹，對傳統醫學亦頗有造詣。他經過長時間觀察煉丹過程，瞭解到許多礦物屬性及用途，推廣了礦物藥的應用範圍，連帶推動了製藥化學的發展。葛洪在《抱朴子》一書中記載了許多植物藥及礦物藥，例如常山治瘧，麻黃治喘，大黃通便下瀉，密陀僧防腐等都是相當有療效的生藥。

葛洪傳統醫學著作頗豐。他晚年在廣東羅浮山潛心寫書，著有《金匱藥方》一百卷。後又為攜帶方便，將書中簡單實用部分濃縮成《肘後救卒方》三卷，再經增補得《肘後備急方》八卷，留傳至今。屠呦呦榮獲二零一五年諾貝爾醫學獎時所發明的抗瘧神藥青蒿素，即由葛洪《肘後備急方》書中獲得靈感。

葛洪對許多傳染病認識精準。他在《肘後備急方》中對天花描述：疫情時間外出易染疾，頭上生瘡及於全身，狀如火瘡，皆有毒膿，膿放隨之又生，嚴重並致死。應立刻治療，以葵菜、蒜齏（一種蒜蓉醬）治之。

葛洪對肺結核的傳染性也有認識：覺此疾者，宜即治之，以免滅門。馬鼻疽是一種馬身上穢物（細菌）感染人體傷口，使傷口紅腫、疼痛、高燒、甚至死亡。砂虱病又叫恙蟲病，由一種小恙蟲叮咬導致的急性傳染病。葛洪在一千多年前的記載與現今的認識大致相符，他的觀察十分細緻而符合科學精神。

葛洪在《肘後備急方》中對狂犬病治療竟已體現近代免疫學觀念，書中寫道「治療狂犬病方：殺瘋狗，取其腦敷之，再不復發。」正是當今免疫學所用原則！

醫藥前輩

古代煉丹家必通醫理，例如葛洪亦是。在醫藥尚未分業時代，御藥專司為帝王貴族煉製長生不老藥，地位較御醫還高些，但禁宮森嚴，帝顏難侍，為政治所害名醫所見多是。戰國時期名醫扁鵲有「醫學祖師」之稱[35]，靈活運用望、聞、問、切四大診法，尤擅針灸，深入民間，關心民瘼。只因醫術太高明招忌，為官方太醫令所害。三國時期華佗崇尚自由，不願困在深宮為官方服務，遭曹操殺害。

[35]

司馬遷《史記》有記錄扁鵲下列事蹟：扁鵲在齊國行醫時，見到齊桓公，他觀察齊桓公臉色後說『視君面色，恐已染病，不過目前病灶還在皮膚，要及早治療才好。』齊桓公不以為意。過幾天扁鵲又見到齊桓公，他說『你的病已侵入血脈，再不治療恐會惡化。』齊桓公還是不肯醫治。又過幾天，扁鵲再碰到齊桓公，說『你的病已深入腸胃，再不治還會加重。』齊桓公非常不高興，以為扁鵲在找他麻煩，懶得再理。又過旬日，扁鵲見到齊桓公，一聲不響就退出。齊桓公覺得奇怪，派人去問扁鵲。扁鵲說『桓公的病開始於皮膚，一帖膏藥即可治癒。後及血脈，針灸尚可行。再及胃腸還有藥酒湯劑可服。現病入膏肓已無可救藥。』幾天後齊桓公果然病發。再找扁鵲，已離開齊國。這件故事主角不在齊桓公，他死了也不足惜。扁鵲高明的醫術卻招來官醫和巫醫的妒忌。扁鵲行遍天下，最後在秦國遇害，真是可惜。

神農本草

前後漢間成書的《神農本草經》是中國現存最早一部藥物百科全書，收錄三百六十五種藥物，依藥性及毒性分上、中、下品 [36]。南北朝醫藥煉丹家陶弘景再加增補於《本草經集注》。藥性更細分為八種寒熱等級，還規定丸、散、膏、丹、湯、酒標準製作過程。

陶弘景亦醉心煉丹，因而累積許多無機化學知識。他明確區分生熟兩種水銀，生是指天然產水銀，熟是指人工煉製硃砂所得到的。他更説

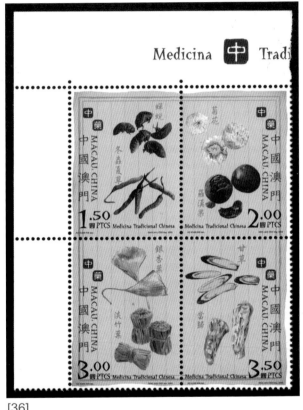

[36]

明水銀與其他金屬組成合金的汞齊現象：「水銀能消化金銀，使成泥，人以鍍物是也」是以中國早已有鍍金鍍銀技術。

陶弘景還談到煉丹過程副產物黃丹。黃丹是四氧化三鉛，不是天然產物，而是熬鉛所作。在談及硝石時，陶弘景指出：「以火燒之，紫青煙起，真硝石（硝酸鉀）也，而燃燒芒硝（硫酸鈉）時沒有紫煙。」當今定性分析化學區別元素的火焰分析法，中國早在一千多年前已用於藥品鑑定，而且還留下正式書面記錄。

西方古典化學

古代東方煉丹術與西方煉金術都是現代化學的
原始形式。西方煉金術由地中海沿岸開始發
展，歷經數千年演變，由希臘－羅馬傳入埃及
[37]，東方煉丹術經由波斯帝國 [38] 傳入中古
世紀歐洲 [39]，然後蛻變為現代化學 [40]。

[37]

[38]

[39]

[40]

黃白丹術

東西方古典化學家們思維方式與所用原料實際上大致相同。金子不會
老化，金銀在各種金屬元素中，惰性較高，長年不變。古典化學家認
為人如果獲得金銀安定屬性，勢將百毒不侵，長生不老。因此黃 (金)
[41] 白 (銀) [42] 丹術實為東西方共同追求之目標。

[41]

[42]

淘金狂潮

一八四八年，美國鋸木工人在加州沙加緬度附近偶然發現金礦，引發
美國開拓大西部淘金狂潮 [43]。這種追逐個人財富的行為相較於古代
煉金家的理想與抱負不可同日而語。

[43]

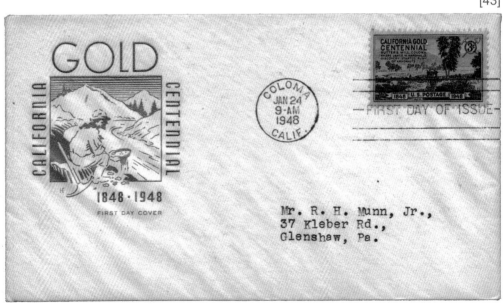

汞礦吸金

汞易與金、銀、鋅、鎘等金屬生成汞齊，有利於金礦萃取。汞礦 [44, 45] 實為當年美國西部淘金狂潮推力之一 [46]。

姹女昇華難駕馭　回收電池以制之
隔鄰新來水銀妹　四周淘金嗨翻天

[44]

[45]

[46]

化學蛻變

出生於中世紀瑞士的煉金術士帕賽蘇 (Paracelsus) [47, 48] 將煉金術與醫學結合，創立醫用化學 (iatrochemistry)，他提出重要的劑量觀念：藥物適量治病，過量有毒，奠定醫療的化學基礎，被譽為現代毒物學之父。帕賽蘇認為煉金術的精神不在提煉黃金致富，而是鑽研製出具有類似金銀屬性，有益健康或具療效的藥物。

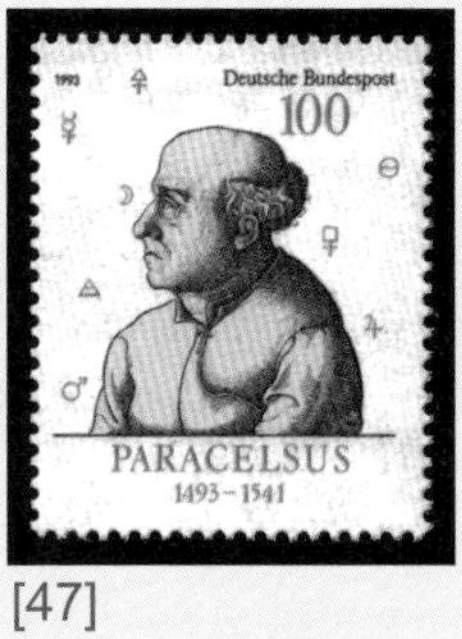

[47]

帕賽蘇可能是化學史上最果斷而特殊的人物。當他被任命為瑞士巴賽爾醫學教授時，嚴辭批判古典化學煉金術走向。據稱他上課第一天，當庭燒毀 Galen, Avicenna 等煉金大師著作 (Ref. 6)。這種作風引來不少爭執敵視而且到處樹敵。終於在一次嚴重爭執後被迫離職，從此帕賽蘇在歐洲各地遊歷講學。

[48]

由於帕賽蘇的堅持，原與東方煉丹術並駕齊驅的西方煉金術開始脫胎換骨，朝向現代化學、藥學、醫學邁進。

長生不老藥方

東方煉丹　西方煉金 [49]
提丹冶金　殊途同歸
所用丹藥　都是劇毒
毒就是藥　藥也是毒
反向思考　尋求汞齊
不死仙丹　服之成仙

THE 41st PITTSBURGH CONFERENCE ON ANALYTICAL
CHEMISTRY AND APPLIED SPECTROSCOPY

Le Chimiste (1640), from the Fisher Collection

NEW YORK, NY — MARCH 5-9, 1990

[49]

參考文獻與註釋

(1) Chang Zen-sen, Chen Shih-jiun, and Chen Hui-fang (1990) *Ancient Chinese Scientists* (in Complex Chinese), pp. 14–121. QuanYa Publisher, Taipei, (ISBN 957-9388-03-2).

(2) 鄭宜峯 (2013)：中國煉金術管窺 （新北市黃金博物館學刊）(https://www.gep.ntpc.gov.tw/files/file_pool/1/0G252586719630258460/7.pdf)。

(3) 魏伯陽（東漢）周易參同契 (https://ctext.org/wiki.pl?if=gb&res=125136)。

(4) 鄭宜峯：中國煉金術的分途路一以《周易參同契》內涵考察為主 (https://www.gep.ntpc.gov.tw/files/file_pool/1/0G252598672393831069/Ch06.pdf).

(5) Richard P. Oertel (2020) Alexander Frumkin: Electrochemistry Luminary. *Philatelia Chimica et Physica*, 40(3), pp. 117–121.

(6) Hdgar Heilbronner and Foil A. Miller (1998) *A Philatelic Ramble Through Chemistry*. pp. 20. Verlag Helvetica Chimica Acta (Zurich, Switzerland) & Wiley-VCH (Weinheim, Germany).

鹽田滄桑

永安鹽灘地　興建天然氣接收站 [1]

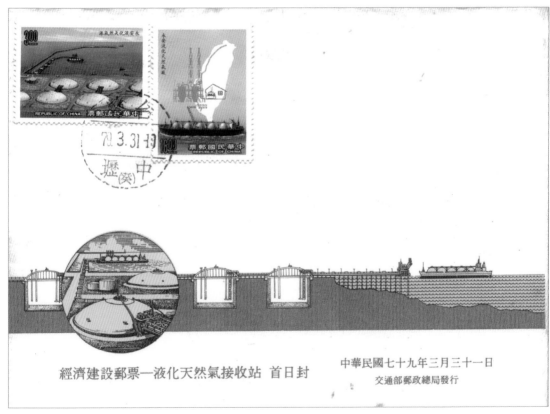

經濟建設郵票—液化天然氣接收站　首日封

中華民國七十九年三月三十一日
交通部郵政總局發行

[1]

昔日生計

美國紐約州雪城 (Syracuse) 為鹽礦之城 [2]。比利時化學家索爾維 (E. Solvay) [3] 首選為蘇打廠址 (Ref. 1)，生產玻璃、肥皂、造紙、紡織原料，也是碳酸飲料主要成分。雪城在紐約州中部，鐵公路交通發達，冬天有鐵路運鹽，夏天還有伊利運河提供漕運。康寧玻璃廠建廠於南邊。索爾維逐漸形成規模龐大社區，有住宅、學校、教堂、體育館、工會組織。全盛時期有員工六千人。廠區安全手冊以英文、波蘭文、意大利文三種文字印行，防止新移民發生廠區操作意外。

[3]

但自懷俄明州發現天然蘇打礦後，環保意識高漲，天然氣價格又連年調漲，索爾維化學製備蘇打法已不敷成本 (Refs. 2, 3)。北美最後一家索爾維廠於一九八六年停止運轉。

310 Solar Salt Works, Syracuse, N. Y.

[2]

氯化鈉晶體結構

英國布拉格父子檔物理學家 (William
Henry Bragg, William Lawrence Bragg)
利用自製 X-光繞射設備 [4] 解出氯化鈉
（食鹽）晶體結構，於一九一五年花開
並蒂，同獲諾貝爾物理獎。氯化鈉是第
一個被解出晶體結構的化合物。

[4]

亨利布拉格曾在英國屬地曼島就讀高中。曼島引以為傲，特出郵票紀
念 [4]。父子檔肖像則同時出現於英國封 [5]，英國票同時慶祝英國皇
家化學會百周年。

小布拉格勞倫斯著迷於將 X-光繞射方法應用於生物大分子，在他擔
任劍橋大學卡文迪許實驗室主任時，網羅佩魯茲進行血紅素研究。又
網羅克里克及華生進行核酸研究。終於在一九六二年花開連株，全部
獲得諾貝爾獎殊榮。佩魯茲得化學獎，克里克及華生得醫學獎。

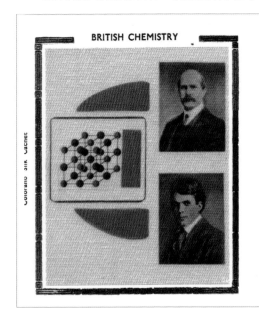

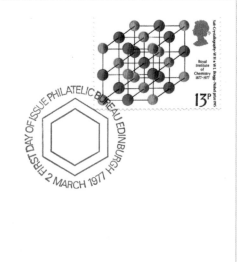

[5]

鹽礦觀光

前此氯化鈉中氯離子、鈉離子皆以相同大小之不同顏色球代表。此羅馬尼亞封圖雖為平淡黑白 [6]，但畫出不同大小兩原子（鈉[11]，氯[17]），較接近現實。

此封銷戳於羅馬尼亞圖爾達鹽場 (Salina Turda)，為鹽礦轉型觀光成功實例。地下鹽礦建成一座巨大鹽宮渡假勝地，介紹化學小常識，順便推銷鹽宮觀光，郵票功能在此。

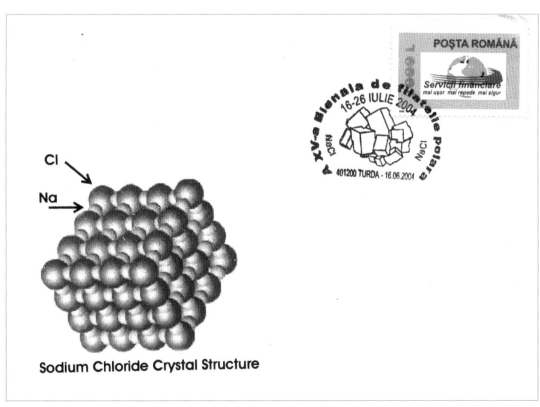

Sodium Chloride Crystal Structure

[6]

聯合國教育科學文化組織

聯合國教育科學文化組織 (UNESCO) [7] 定期評估公布世
界各處人類文化遺產、自然地質遺產，喚起大眾對人類文
明的重視。被選定處立即身價翻倍，成為旅遊焦點。教科
文組織每年並選擇一門學科作為推廣活動，而郵局出版郵
票為最常見之推廣宣傳方式。

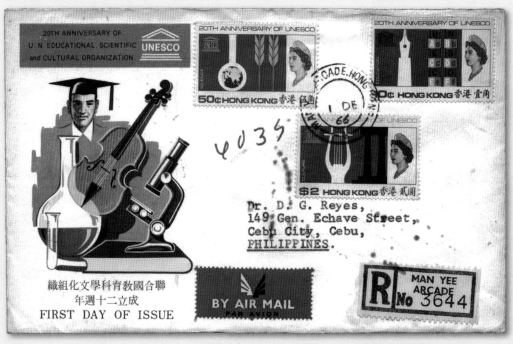

[7]

光輝時刻

聯合國教科文組織訂定二零一四年為國際結晶年，宣導結晶學重要性。複雜如核糖體結晶都已解出。二零一四年葡萄牙結晶郵票數學 [8]，物理 [9] 領域皆選中氯化鈉為主題，代表首發結晶結構，至關重要。數學家表示在採用了派特遜原理後才解決繞射光點複雜計算問題。物理學家更直言 X-光本身就是物理現象。X-光繞射方法此後成為化學家研究利器，物理學家功不可沒。電腦運算速度也是關鍵因素。截至二零一八年六月，超級電腦神威太湖之光 [10] 為世界上運轉速度最快電腦。

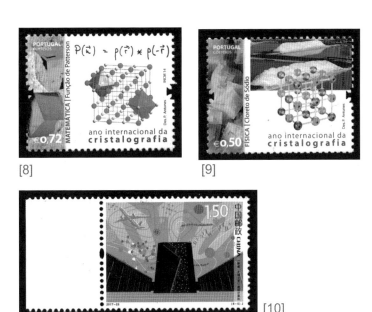

[8]　　　　　　　　　　　[9]

[10]

鹽田復活 渡假天堂

波奈島為加勒比海荷屬渡假勝地、潛水天堂。與鄰近阿魯巴島、庫拉索島一同發展為觀光與化工和諧並存的樣板地區，其所鄰近的水鳥區是專賞紅鶴濕地 (Ref. 4)。

在古時尚無冰箱年代，鹽漬為保存食物唯一方法，解決魚肉極易腐爛問題。中外皆然，臘肉火腿莫不如是。沿海地區得天獨厚，有取之不盡海鹽可供提煉。波奈島鹽業可上溯至十七世紀，曾經十分興旺。荷蘭人驅使奴隸工作，礦工食宿皆在礦區。高峰時曾年產十萬桶。隨後需求減少，稅收高漲，一如其他多數鹽礦式微，波奈島鹽田自一八五零年後逐漸凋零。石板工寮已成觀光景點。

直到 一九六三年諾鹽公司 (Akzo Nobel Salt Co.) 評估後接手，建立一座現代化太陽能鹽場 [11]，占地近萬畝，起死回生，再度發達。遊客可自駕車體驗廣袤鹽廠，見證海水被馬達抽入鹽灘蒸發，一灘轉一灘，最後得到雪白食鹽約需一年半的時間。諾鹽公司充分配合阿魯巴化工廠，委內瑞拉油源供應，庫拉索位居巴拿馬運河要衝，世界第一大港，產銷一體，物流通暢。

BONAIRE

yea old salt !!
Series: Scenes of Bonaire
Solar salt industry.
AKZO Nobel Salt Company N
Photo: F. de Wit

EAR Dr Funkhouser,

AW The Salt on the flight
N ON 9-20-95, Thought
ou'd Like The First STAMP
r you collection. The diving
Is been gREAT. Hope you
ET this CARD before The
ISU Meeting in October.

Dr John Funkhouser
Dept Chemistry
Michigan State Univ
East Lansing, MI

Bonaire - Ne

成功鹽田　產品多元

鹽礦從來含量不純 [12]，提純過程獲多元產品。僅由荷屬安地列斯所出系列郵票即可看出其鹽業之發達 [13–15]。Akzo 鹽產品包含藥用鹽、食鹽、退冰鹽、電解鹽，以迄道路用鹽。Akzo 另執油漆塗料工業牛耳，其塗料產品由家庭用油漆以迄飛機塗料。

[12]

[13]

[14]

[15]

死海活礦

死海為鹽份相當高之鹹水湖，礦產富饒，以色列命脈所繫。取之不盡礦區 [16, 17]，除碳酸鉀主礦，尚生產氯化鎂、工業用鹽、除冰鹽、泡澡鹽、食用鹽、化妝鹽、死海礦區為全球最大溴化鹽提供地 (Ref. 5)。

[16]

[17]

活礦整死

美國賓鹽化學公司創立逾百年 [18]。本為體質極佳化學公司。
應付二次大戰後大量的冷媒需求,標到地雷案,協助美國政府
處理核廢料。尋求回收氟化氫用於製造冷媒可行性。但該廢料
疑有放射性鈾污染,遭美國原子能委員會下令剷除 (Ref. 6)。
賓鹽公司無端被波及摧毀。

PENNSYLVANIA SALT MANUFACTURING COMPANY
1000 WIDENER BUILDING, PHILADELPHIA 7, PA.

1850 PENN SALT *1951*
Progressive Chemistry
for over a Century

Dr. L. S. Stuart, Chief
Bacterial Section, Insecticide Section
Production and Marketing Administration
Livestock Branch
U. S. Department of Agriculture
Washington 25, D. C.

[18]

夕陽西下

賓鹽化學公司原廠區於一九八五年闢為公園
(Ref. 7)。美國能源署已於一九八七年撤銷
當年禁令,但賓鹽化學公司於一九八九年由
Atofina 公司購併。昔日榮光,廢紙一張 [19]
(Ref. 8)。

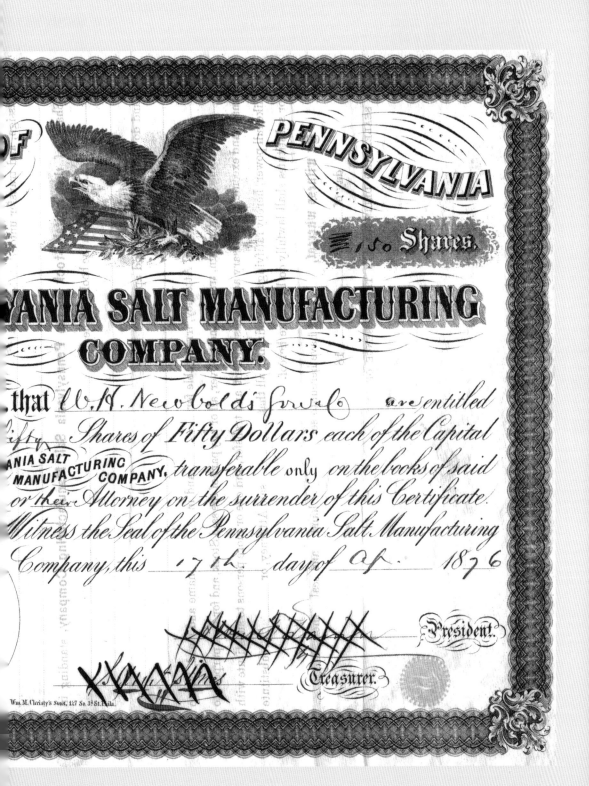

OF **PENNSYLVANIA**

150 Shares.

YANIA SALT MANUFACTURING COMPANY.

that *W. H. Newbolds Sord* are entitled

Fifty Shares of *Fifty Dollars* each of the Capital

ANIA SALT MANUFACTURING COMPANY, transferable only on the books of said

or their Attorney on the surrender of this Certificate.

Witness the Seal of the Pennsylvania Salt Manufacturing

Company, this 17th day of Ap. 1876

President.

Treasurer.

Wm. M. Christy's Sons, 127 So. 3ᵈ St. Phila.

錢塘觀潮

古代鹽官為四品大員肥缺。浙江鹽官鎮位於錢塘江入海口，民國初年一度列為候選國都。可想當年繁榮盛況。鹽官鎮除可遊覽千年古鎮外，有名景點為錢塘大潮，每年中秋後三天擠滿人潮觀海潮 [20]。

[20]

紅樹林濕地

曾幾何時，在交通便利及產業技術精進競爭下，傳統鹽業逐漸沒落蕭條。鹽官由肥官變為閒官。海埔濕地應時而生，綠意盎然，水鳥棲息，生態豐富，出現另類繁榮景色 [21–24]。

[21]

[22]

[23]

[24]

水鳥天堂

沿海鹽田鼎盛時期，曾造就許多繁榮鹽埠大地。
鹽城是江蘇省最大地級市。沿海濕地是麋鹿的
故鄉。鹽田變濕地，鹽城不例外，成為水鳥蔚
集的賞鳥天堂 [25-28]。丹頂鶴為其主要特色。
全球只剩二千餘隻，其中半數到鹽城濕地過冬
[25]。

[25]

[26]

[27]

[28]

嬌客黑面琵鷺

黑面琵鷺 [29] 為瀕危物種鳥類。全球只有四千餘隻，其中 65% 到台灣過冬，是全球黑面琵鷺度冬族群最多的地區，集中在台灣南部沿海，賞鳥人士引以為傲。沿海開發影響鳥類棲息，賞鳥及環保人士極為憂心，曾引發抗爭。

永安鹽田 天然氣港 太陽能廠

永安廢鹽田，天然氣興港。
太陽能環保，賞鳥人神傷。

永安鹽灘地建太陽能廠，佔用大片濕地，造型平淡。破壞環境美感 [30]。黑面琵鷺棲息地受到打擾，難怪引起賞鳥人士抗議。

台北能源之丘雖是掩埋場再利用，設計突兀。太陽能板占用公園綠地，更是可惜。

太陽能發電

太陽能發電盲點：產品缺少美感變化，成本高昂 [31]。

未來應針對下列設備設計特色產品：屋頂、陽台、雨遮、月台、候車亭、路燈、賞鳥亭、太陽能活動中心、太陽能賞鳥公園、鳥類棲息庇護所。

[29]

[30]

[31]

[32]

多樣能源

美國一九八二年諾克斯維爾世界能源博覽會郵票已揭示主要能源
[32]：

1. 太陽能。

2. 合成燃料（一氧化碳，甲醇，乙醇，氫氣）。

3. 核能。

4. 石化燃料（煤，石油，天然氣）。

選擇能源需考慮：原料成本、製程成本、環境成本。

參考文獻與註釋

(1) Maurice Schofield (1974) First Soda Makers. *Chemistry*, 47(6), pp. 16–17.

(2) Rachel Maines (1988) One hundred years of soda, the Solvay Process Division of Allied-Signal. *Beckman Center News*, 5(1), pp. 2–4.

(3) Michael McCoy (2000) General chemical ends era with Solvay plant closure. *Chemistry & Engineering News*, Dec. 11, p. 35.

(4) Bonaire (https://en.wikipedia.org/wiki/Bonaire).

(5) Larry G. French (2016) Philatelic table of the elements. *Philatelia Chimica et Physica*, 37(4), pp. 171–175.

(6) U.S. Atomic Energy Commission Report, P20. 06/11/1987. (http://www.lm.doe.gov/Considered_Sites/P/Penn_Salt_Manufacturing_Co_Whitemarsh_Research_Laboratories_-_PA_20/PA_20-1.pdf).

(7) Pennsalt Historic District (http://www.livingplaces.com/PA/Allegheny_County/Harrison_Township/Pennsalt_Historic_District.html).

(8) Penn Salt Manufacturing Co. Whitemarsh Research Laboratories, *Wall Street Journal*, Oct. 29, 2013. (http://projects.wsj.com/waste-lands/site/354-penn-salt-manufacturing-co-whitemarsh-research-laboratories/).

7 竹林減碳

以肉引竹，游竹於藝。竹林減碳，生態永續。

鄭板橋詠竹詩原圖明信片及郵票成品 [1]。

蘇東坡傳

台北外雙溪故宮博物院鎮院之寶──清朝肉形石 [2] 酷似江浙名菜東坡肉 [3]。文學大師林語堂著有《蘇東坡傳》，人物刻劃深入，英文原著或中文譯本皆有可讀性 [4] (Ref. 1)。蘇東坡為庶民美食家，亦為古代文人代表，傳世作品為數眾多。蘇東坡手跡《寒食帖》[5] 已為中外人士重要臨摹字帖 (Ref. 2)。蘇東坡曾高居廟堂，貶為小民後深深體會世上苦人多。《寒食帖》為其在大雨屋漏冷灶無望感觸下的隨筆塗鴉，為行書楷模。

自我來黃州，已過三寒食。年年欲惜春，春去不容惜。
今年又苦雨，兩月秋蕭瑟。臥聞海棠花，泥汙燕支雪。
闇中偷負去，夜半真有力。何殊病少年，病起鬚已白。

春江欲入戶，雨勢來不已。小屋如漁舟，濛濛水雲裡。
空庖煮寒菜，破竈燒濕葦。那知是寒食，但見烏銜紙。
君門深九重，墳墓在萬里。也擬哭塗窮，死灰吹不起。

[2]

[3]

[4]

[5]

生活體驗 古人愛竹

竹為地表上生長最快速的植物，每英畝面積竹林吸收二氧化碳可高達四十噸。因此竹為環保植物。有趣的是千年前蘇東坡 (1037–1101 年) 北宋時代並無綠色化學、氣候變遷、全球暖化、環境保護等觀念，但古人已體驗生活在竹林的竹屋中，神清氣爽、心曠神怡。

有詩為證 [6]：蘇東坡與佛印禪師對談，留下著名通俗詩句 (Note 3)。

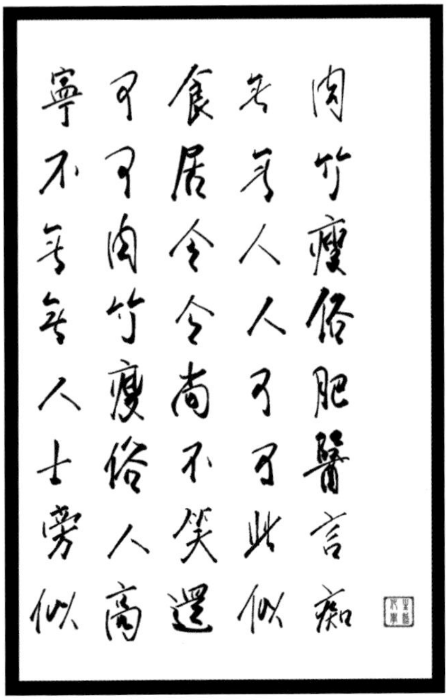

[6]

全球暖化 環境保護

二氧化碳 [7] 排放量逐年高升 [8] 已成為重要環保議題。都市人口集中 [9]，蠶食環境。郵票設計師將桑葉蠶食藝術化為歐洲地圖，本郵票原可巧妙凸顯由南斯拉夫獨立而出的新興國家蒙特內哥在南歐瀕地中海地理位置，但圖中被蠶食去那一塊白色區塊卻是前蘇聯瓦解後，一九九二年宣布獨立的摩爾多瓦，位在烏克蘭西南，羅馬尼亞東北 [10]。隔鄰烏克蘭的赫爾松面臨俄烏戰火炙烈。本郵票藝術家設計上乘，雖有地理位置質疑，還是令人愛不釋手。

[7]

[8]

[9]

[10]

空污主要污染源

瑞典一九八六年出版之環保首日封設計特別 [11]，
以雨傘擋住酸雨。乍看之下似是酸雨成分眾多，
原是「擋住酸雨」各種語言口號。首日戳才點破
硫酸及硝酸為酸雨主要成分。而兩張郵票更直接
點名車輛及工廠排放廢氣為空污主要來源。

森林綠色植物則提供空氣過濾作用，吸收二氧化
碳，進行光合作用，合成澱粉，完成固碳工程，
是故護林為我人之本分。

[11]

竹 品種繁多

竹林竹園內竹子品種繁多 [12-14]。

中國郵政曾印行一套四張載有學名的竹票 [15-18]：

[15] 紫竹 (Phyllostachys nigra)。

[16] 金鑲玉竹 (Phyllostachys aureosulcata spectabilis)。

[17] 佛肚竹 (Bambusa ventricosa)。

[18] 茶秆竹 (Pseudosasa amabilis)。

[12]

[15]

[13]

[14]

[16]

[17]

[18]

竹 室內外隨處可見

南投溪頭大學池竹林 [19] 附近還有大片孟宗竹林 [13]。

新北市烏來娃娃谷（內洞森林遊樂區） [20] 附近就有
台北市木柵動物園，園內大貓熊以竹為唯一食物 [21]。

[19]

[21]

[20]

竹 應用廣泛

食用、製酒、竹炭、造紙、
傢俱、建材、竹筏、竹筷、
藝品、織品、樂器、竹瀝
[22–24]。

[23]

[22]

松竹梅改值郵票首日封
PINE, BAMBOO AND PLUM SURCHARGED ISSUE F.D.C.

[24]

中國古代四大發明之一：造紙

古代文字刻在竹簡，十分笨重 [25]。

一頁公文一捲竹，一本書要用一牛車來載。
東漢蔡倫 [26] 發明造紙是對人類文明的鉅大貢獻。

古法造紙共有五個步驟 [27]：
斬竹漂塘→化學蒸煮→蕩料入簾→
覆簾壓紙→自然風乾。

[26]

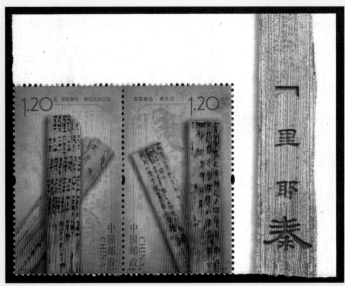

[27]

[25]

蔡倫古法造紙

福建龍棲山至今仍保存蔡倫原始造紙法 [28]。

[28]

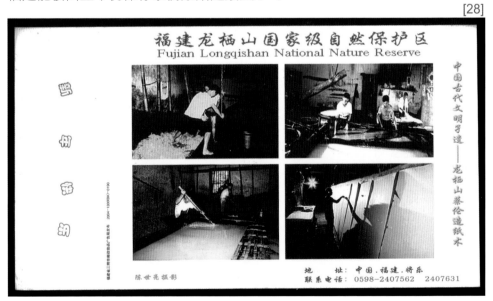

紙漿

現代製紙，利用亞硫酸氫鈣 (calcium bisulfite) 化學蒸煮，製成紙漿 [29]。

化學郵票界曾對第一張化學主題郵票有所討論，意指造紙 (Ref. 4)。此處印證。本原圖卡提供斷案證據。化學蒸煮也是中國古法製成紙漿重要的一步。

[29]

竹與藝術

文房四寶 [30]：筆、墨、紙、硯。

筆桿通常為竹製。筆芯為狼毫或兔毛。柔軟特性造就東方藝術特色。

畫竹藝術 [31–32]。

故宮古物郵票─文房四寶首日封
Ancient Chinese Art Works "The Four Treasures in the Study" Postage Stamps F.D.C.

[30]

[31]

[32]

畫竹藝廊

古人畫竹 [33–35]。

蔣夫人畫竹 [36]、石濤畫竹 [37]、蔡雲巖畫竹 [38]，現居新竹。

[33]

[34]

[35]

[36]

[37]

[38]

鄭板橋畫竹

清鄭板橋尤喜畫蘭、石、竹，取其有香，有骨，有氣 [39]。

古代文人每將自己胸襟抱負，時事針砭寄情詩畫，例如蘇東坡每有新作即傳誦一時，但也引起政敵逐字推敲，多次惹禍上身，導致文字獄。

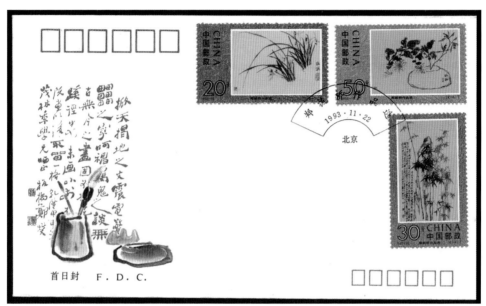

[39]

竹雕藝術

每件竹雕作品 [40–43] 皆出自一塊竹片，包括左右那兩只穿耳小環 [40]。

[40]　　　　　　[41]　　　　　　[42]　　　　　　[43]

武將氣節

竹，中空有氣，節節向上，有氣有節，象徵氣節，文武皆然。古代武將代表人物當推關羽。劉關張桃園三結義 [44]，生死不渝。劉備徐州兵敗於曹操後，三兄弟失散。劉備投奔袁紹。張飛占據芒碭山古城。關羽失聯，下落不明。關羽歷劫後由曹營歸來經古城兄弟相會。張飛初時不信，聞得關羽已降曹，疑為曹操派來奸細，後為關羽義薄雲天感動 [45]。關羽雖是武人，喜讀春秋 [46]，還會吟詩畫竹，關羽竹詩碑流傳千古 [47]。

[44]

[45]

[46]

武聖關羽

關羽被擒，曹操惜將，欲收編關羽，軟禁在許昌春秋閣，三日一小宴，五日一大宴，上馬金，下馬銀，並以漢獻帝名義封關羽為壽亭侯。再派原呂布大將張遼勸降。關羽仁義之人，兄長生死未卜，不願降敵。但嫂夫人尚在敵營，又不便立即拒絕，只得敷衍。一代戰神在春秋閣畫竹自娛，賦詩明志 [47]。關羽後來獲得劉備消息，便封金掛印棄曹而去，投奔劉備，傳為美談。

由 [47] 左圖中關羽之印鑑及漢壽亭侯印信研判為著名之關羽竹詩碑拓片 (Refs. 5, 6)。關羽竹詩碑原石碑 [47] 右圖，歷經戰亂，於明宣德年間在徐州出土，幾經遷徙，現存廣州五仙觀越秀博物館。碑中詩文前十字乃對曹操之明志，後十字乃對張遼之回應。此二十字皆嵌於竹葉中 [47]。後人又憶測此詩乃對劉備，或對二位嫂夫人言志。一代名將果真有如此深厚藝術造詣，倒是大開眼界。

Your hospitality is appreciated
But I have my own judgment
You might think that I am lonely
But my faith will last forever

[47]

二十年後關羽再展豪氣於單刀赴東吳敵營周旋 [47]，但終被東吳所害。關羽成為民間信仰中心後，各地竹詩碑林立。西安碑林所收藏之關帝竹詩碑拓本因美國哈佛大學圖書館收藏而身價立漲，已凍結不許再拓。但考證它是清康熙五十五年韓宰臨摹所刻。廣州碑明宣德年間才出土，是已知關帝碑中年代最久遠者，想必刻於宋朝。也許蘇東坡遺稿中能找到蛛絲馬跡。

不謝東君意 丹青獨立名

莫嫌孤葉淡 終久不凋零

竹林療癒

美國波士頓麻州總醫院，加護病房窗外建景觀竹園 [48]。醫院設計師理念乃依據研究報告指出自然景觀對病痛緩解有益 (Note 7)。古人喜獨坐幽篁里，良有以也。原來不只蘇東坡、關羽，詩人們也早已體會竹林療癒，已自享受多時。

〈竹里館〉王維

獨坐幽篁裡
彈琴復長嘯
深林人不知
明月來相照

Photo adapted from Laura Kazmierczak

[48]

參考文獻與註釋

(1) Lin Yutang (1948) *The Gay Genius: The life and times of Su Tungpo*, William Heinemann Ltd., London. Photocopy reprinted by Hesperides Source, 2006.

(2) Central Television Station (Peking, China) (2017) *Program on Su Dongpo* (Vol. 4 in total of six volumes).

(3) 《於潛僧綠筠軒》A poem by Su Dongpo in communication with a monk, who is a vegetarian.

(4) Foil A. Miller (1992) What is the earliest stamp related to chemistry? To physics? *Philatelia Chimica et Physica* 14(2), pp. 52–56.

(5) Liang Yuenyen (2016) Analysis on Guandi Bamboo Tablet. *Idea & Design*, 2, 76–81.

(6) Helen Wang (2008) Bamboo poems: Inscriptions written in bamboo leaves (https://docs.google.com/document/d/15uevc7A6Kfzzm7sDF1Qv4THJpc-bh3R5BdccwiEjMrE/edit).

(7) A bamboo garden at the Intensive Care Unit of the Modern Massachusetts General Hospital (Designed by NBBJ). The nature view outdoors is beneficial to the patients including for pain relief (RS Ulrich, *Science* 224, pp. 420–421, 1984).

 **8 鑽石久遠**

鑽石恆久遠，一顆永留傳

鑽石拋光重鎮以色列鑽石郵票，以希伯來文書寫之首日實寄封 [1]。

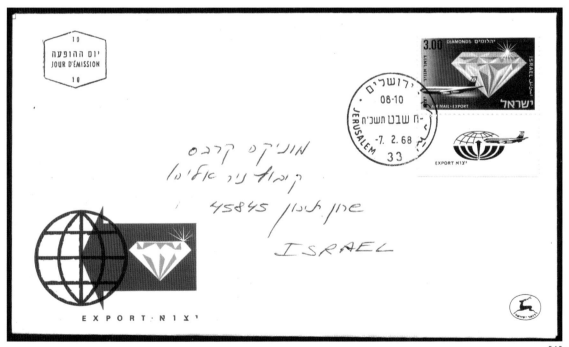

[1]

鑽碳本質

有機化合物的定義是含碳化合物，但含碳化合物不一定全是有機化合物。鑽石全部由碳原子組成，但鑽石通常列為無機礦物，在普通化學內討論 [2]。

法國化學大師實證

十八世紀時，鑽石由碳原子組成已是化學界共識，但無實證。拉瓦錫 (Antoine L. Lavoisier, 1743–1794) 是當時著名的法國化學家，以精密分析儀器證明化學平衡，物質不滅定律 [3]。

法國珠寶商米拉 (Maillard) 對拉瓦錫化學理論深信不疑，願捐獻數枚鑽石供實驗用。一七七二年拉瓦錫經實驗後證實在真空無氧氣供應時，鑽石再高溫加熱也完整無缺，但有空氣時就會燃燒成二氧化碳 (Ref. 1)。

本卡原為彩色鮮明拉瓦錫與其夫人畫像，存放巴黎。第二次世界大戰，巴黎被德軍占領時期，一九四三年適逢化學大師拉瓦錫二百周年誕辰。巴黎民眾排除萬難召開郵展默默紀念。此畫後來輾轉赴美，現由美國紐約大都會博物館收藏，為重要化學遺產。

6	12.011
4470*	±4,2
4100*	**C**
2.62	
1s²2s²p²	
Carbon	

[2]

Lavoisier et sa femme par DAVID
COLLECTION CHAZELLES

[3]

英國化學大師再證

戴維 (Humphry Davy, 1778–1829) [4] 是十九世紀享有盛名的英國化學家，發現鈉 (Na^{11})、鉀 (K^{19})、鎂 (Mg^{12})、鈣 (Ca^{20})、鍶 (Sr^{38})、鋇 (Ba^{56}) 等元素，被譽為現代無機化學之父。他再驗證拉瓦錫實驗結果。鑽石在空氣中燃燒時，將化為一縷青煙了無痕跡。當時協助進行此有名實驗的助理法拉第 (Michael Faraday, 1791–1867) [5] 日後更因電化學成就而名垂不朽 (Ref. 2)。

法拉第曾於一八六零年聖誕夜，在英國皇家科學院演講「蠟燭燃燒化學史」，風靡一時，門票一掃而空。燃燒現象完全由拉瓦錫氧化反應解釋之。說明當時燃素學說早已進入化學歷史灰燼中。

[4]

[5]

晶體結構

碳為四價元素。在最常見的鑽石立方結構中，每單元含八個碳原子，每個碳原子與另外四個碳原子以共價鍵結合成為非常穩定、間不容隙的四面體結構 [6] (A)，鑽石為地球上已知最硬物質，可用於鑽頭。但也由全碳組成的石墨卻有著截然不同的褶片狀結構 [6] (B)，每層平面皆由如蜂窩般六角形組成，但各層平面之間則較鬆軟，易滑動。與蛋白質的 α-螺旋及 β-褶片結構有異曲同工之妙。

石墨在高溫高壓下會變成鑽石，反之則不然，鑽石完美結晶堅若磐石，牢不可摧。

(A) Diamond

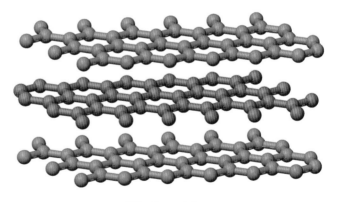

[6]

(B) Graphite

鑽石結晶

鑽石之所以名貴在於其稀少而折射率高燦爛耀眼，可輕易吸引眾人目光而成為傲人焦點。純碳鑽石無色透明、藍鑽含硼、黃鑽含氮等有色鑽石亦各具嫵媚。聯合國訂二零一四年為國際結晶年。鑽石具完美結晶，獲選為結晶代表分子 [7]。

[7]

鑽石兄弟石墨

硬如金剛鑽，滑如石墨烯。
化學解剖刀，指向自家親。

石墨對熱及電超導為潤滑、煉鋼、電池要角。製程可以薄到單層碳膜，為高級奈米材料。

石墨烯已攻入紡織業，半導體電子業則正在擴大戰果中 [8]。

[8]

礦場安全

各種礦脈多半深居地下，鑽探開採不易 [9, 10]。礦工工作十分艱苦。礦區最大風險在於通風不良，沼氣甲烷易聚集，遇火即爆，釀成礦災。英國戴維發明礦區安全照明燈 [11]，燭火燈罩的外圈加有一層精細鐵紗罩隔開火苗與沼氣的接觸，可攜入礦坑，礦業界額首稱慶，礦工們引為救星 [12]。

郵票見證歷史。德裔人口占多數的薩爾地區 (Saarland) 地處德法邊界，盧森堡之東，盛產煤礦，鋼鐵工業、軍火工業均甚發達，是德國軍火庫。在歷史興衰過程中，薩爾地區一直都是德法兩國爭奪的焦點。最近的發展是第一次世界大戰結束，德國戰敗。法國有意併吞薩爾地區，但受到英美牽制，未能馬上如願。需經公民自決。薩爾地區公民有十五年時間，三種選擇：獨立建國，歸併法國，或歸併德國。在此十五年期間由法軍托管。希特勒掌權後很易搧動。第二次世界大戰結束後，德國又戰敗。薩爾曾有九年是獨立國家 (1947–1956)，經濟依賴法國，有自己國會，自行發行鈔票及郵票 [9, 10, 12]。曾以國家名義參加芬蘭赫爾辛基奧運會。法軍托管時期，摩洛哥傭兵予人觀感不佳。法軍又接二連三在海外殖民地中南半島、北非皆失利，丟盡顏面。薩爾人反而羨慕戰後西德快速復甦。一九五五年十月二十三日薩爾地區公投結果：放棄獨立，回歸德國。不過西歐國家有較高民主素養，知道服從多數，尊重少數。德國薩爾省的第二外國語是法語。德國其他省份的第二外國語都是英語。

[9]

[10]

[11]

[12]

鑽石難尋

非洲某些地區有裸露鑽礦，但也並非垂手可得 [13]。稀有天然
資源卻成戰亂之源。無數民工童工辛酸血淚史造就軍閥政客及
鑽石大亨巨額財富 [14]。鑽礦開發已是大型跨國企業，從原鑽、
切割，到通路一氣呵成，賺盡財富 [15, 16]。

[13]

[14]

[15]

[16]

鑽石加工

鑽石品質依據 4C：克拉 (Carat)、淨度 (Clarity)、色澤 (Color)，切割 (Cut)。其中淨度與色澤是先天體質 [17, 18]，卻也靠精密切割避開雜質，獲得最大克拉 (1 Carat = 200 mg) 最純淨原鑽。再經鑽雕師打磨拋光為燦爛奪目耀眼成品 [19, 20]。

[17]

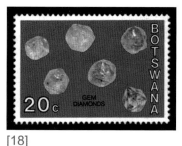

[18]

[19]

[20]

寶石至尊

在印度及伊斯蘭傳統文物中，紅寶石一向被列為寶石之冠。西方文明崛起後，壟斷鑽礦開採帶動風向，鑽石被刻意包裝成寶石至尊 [21]。傳統寶石寶玉倏忽間已成小家碧玉收藏。小家碧玉們則多冀望能獲得一枚訂婚鑽戒期許終生。

[21]

非洲之星

一九零五年元月二十六日南非 Cullinan 發現一顆重達 3,106 克拉 (621 公克) 極品鑽礦。切割成非洲之星 (Cullinan I，530.2 克拉) [22]，非洲二星 (Cullinan II，317.4 克拉) [23]，及另外七顆主鑽石，外加一堆小鑽共一百零五顆。小鑽皆由當初執行任務鑽石師收為酬庸。現九顆主鑽皆歸英國女王伊莉莎白二世所有，供皇家禮儀慶典使用 [24]。女王既逝，已有物歸原主之聲音。

合成鑽石

捷克化學家普洛 (Vladimir Prelog) [25] 鑽研有機合成化學有成，對立體化學貢獻尤多，參與發明 R,S 系統命名法，獲頒一九七五年諾貝爾化學獎。

[25]

普洛新合成出一種全碳無色晶體，其分子中碳原子的空間排列與鑽石 (金剛石) 相同，因此命名為金剛烷 (Adamantane) [26]。金剛烷晶體內各分子之間並非共價鍵結合，與鑽石不同，不如鑽石堅硬。普洛預測金剛烷在高溫高壓下可轉變為金剛石，如果實驗成功，鑽價勢必崩盤。但預測並不成功，實驗失敗，在現實技術下並無鑽石產生。是以鑽價至今依舊居高不下。

[22]

[23]

[24]

[26]

水晶鑽石

天然鑽礦難尋，十九世紀歐洲水晶玻璃技術高超，晶瑩剔透媲美天然鑽石，騙取不少中國絲綢外匯。

奧地利 Swarovski 公司以製作精美水晶玻璃聞名。水晶天鵝為其代表作之一，特選用於郵票製作。此對鑽票上各鑲有六顆水鑽 [27]。

[27]

紙鑽石

英國皇家皇冠上現鑲有名鑽南非之星 Cullinan I & II，保存在倫敦塔中。以皇冠設計洞票多彩多姿人見人愛 [28–30]，其中最有名氣者非英國商業部一八八零年開始使用的「Crown/B.T」莫屬 [30]，但也最常見贗品 (Ref. 3)。

[28]

以全碳組成的鑽型紙鑽再一次傳遞鑽石的化學內容 [31]。

[29]

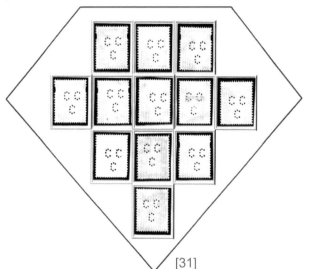

[31]

[30]

參考文獻與註釋

(1) Hdgar Heilbronner and Foil A. Miller (1998) *A Philatelic Ramble Through Chemistry*. pp. 40, 70. Verlag Helvetica Chimica Acta (Zurich, Switzerland) & Wiley-VCH (Weinheim, Germany).

(2) Hugh Aldersey-Williams (2011) *Periodic Tales–A Cultural History of the Elements, from Arsenic to Zinc*. p. 70. HarperCollins Publishers. New York, NY, USA.

(3) Roy Gault (2018) A Study of the Board of Trade Perfins "Crown/B.T". *Gault Catalogue of G.B. Perfins*. Letter B, pp. 1–24. The Perfin Society.

第二部

生活化學

Chemistry for Life

9 化學革命

拉瓦錫與夫人畫像 [1]

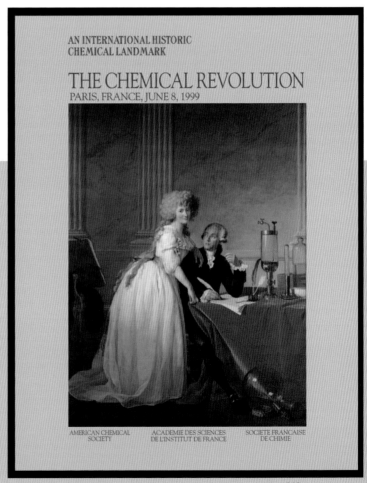

AN INTERNATIONAL HISTORIC
CHEMICAL LANDMARK

THE CHEMICAL REVOLUTION
PARIS, FRANCE, JUNE 8, 1999

AMERICAN CHEMICAL
SOCIETY

ACADEMIE DES SCIENCES
DE L'INSTITUT DE FRANCE

SOCIETE FRANCAISE
DE CHIMIE

名畫家
Jacques Louis David 作品
美國紐約大都會博物館收藏

[1]

拉瓦錫輓歌

法國化學家拉瓦錫 (Antoine-Laurent Lavoisier, 1743–1794) 建立氧化學說，推翻燃素說，被譽為現代化學之父。拉瓦錫為法皇路易十六之稅務官，於法國大革命時期被捕。法國革命進入恐怖時期。革命黨人高舉「自由、平等、博愛」「不自由，毋寧死」口號，成立革命法庭，隨意舉發處決任何皇親國戚、前朝公務員、仇人，甚至是看不順眼的路人。法王及王后皆被殺，出逃回籠者也一律處死。溫和派革命家羅蘭夫人與激進派當權者不同派系，被冠以同情皇室罪大惡極罪名，送上斷頭台時高呼「唉！自由，自由，多少罪惡假汝之名以行！」一代化學巨人拉瓦錫與二十七位收稅員於一七九四年同時遇害 [2] (Refs. 1, 2)。

拉瓦錫犧牲同年，發現氧氣揚名立萬的英國科學家普列斯萊 (Joseph Priestley, 1733–1804) 卻因支持立憲與贊同革命而被英國保皇黨人追殺，

流亡美國，成為美國收留的第一位政治犯。普列斯萊在美國的保證人原為富蘭克林 (Benjamin Franklin, 1706–1790)，但富蘭克林已先離世，最後保人便是傑佛遜 (Thomas Jefferson, 1743–1826)，第三任美國總統，也是普列斯萊老友。

[2]

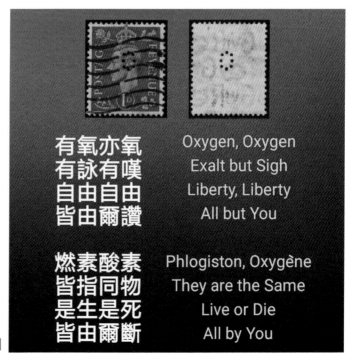

有氧亦氧
有詠有嘆
自由自由
皆由爾讚

Oxygen, Oxygen
Exalt but Sigh
Liberty, Liberty
All but You

燃素酸素
皆指同物
是生是死
皆由爾斷

Phlogiston, Oxygène
They are the Same
Live or Die
All by You

美國革命

在大西洋彼岸，一七六五年英國在美洲殖民地推出不受歡迎的印花稅法。舉凡公文、報紙、雜誌一律得使用在英國倫敦生產、蓋有完稅印花的紙張，以英鎊支付。彼時美洲殖民地農耕漁牧已能自給自足，不願再當英國金雞母，繼印花稅法案後，隨之畫、玻璃、紙、茶等徵稅引發眾怒。波士頓茶黨事件首先發難。一七七三年英國擬將美洲殖民地茶葉交由英國東印度公司專賣。如此將扼殺所有美國進口茶商生計。一隊滿載茶葉船團停泊在波士頓港口，十二月十六日當晚，幾個勇士喬裝扮成印第安人潛入登船，將滿船茶葉拋入大海[3]。倫敦方面認為這是公然挑戰法律，決定嚴懲麻薩諸塞州。美國獨立戰爭已不可免。民眾揭竿而起[4]。

[3]

[4]

美國獨立宣言

北美十三州於一七七六年七月四日在賓州費城獨立廳經美國國會正式通過由傑佛遜起草，五人小組共同潤飾修正的獨立宣言。自由鐘響，美國宣布脫離英國獨立 [5]。

本首日封為美國為紀念獨立運動二百周年所出版郵票一套四連，採用名畫家川布 (John Trumbull) 於一八一九年完成之畫作為主題，只見五人小組正將完稿的獨立宣言呈給國會，交付各州代表表決簽署。面對坐姿主席、中間站立五人小組被公認為美國國父。由左至右分別是：麻州亞當斯 (John Adams)，康州謝曼 (Roger Sherman)，紐約州李文頓 (Robert Livingston)，維吉尼亞州傑佛遜，賓州富蘭克林。

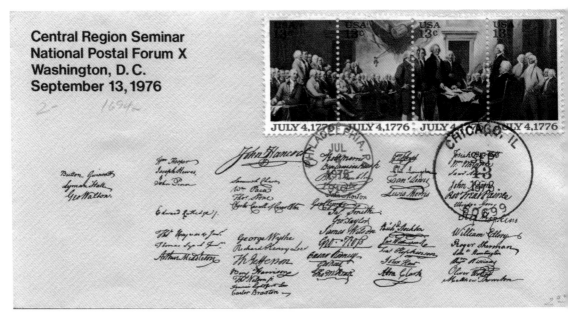

[5]

重現發現氧氣實驗

此水彩畫重現英國科學家普列斯萊發現氧氣之實驗室場景 [6]。此圖亦入選為普列斯萊郵票發行首日節目表單封面圖像。此畫當中之玻璃罩內有兩隻小鼠。抽光空氣,小鼠死亡。但如放入生長植物,雖無空氣但小鼠亦能存活 (Refs. 2–8)。

普列斯萊之實驗說明空氣中有一種氣體是維持動物生命所必需,抽光空氣亦抽走該氣體,故小鼠不能存活。但有植物在旁生長時,抽光空氣小鼠亦能存活,表示植物生長放出該氣體讓小鼠存活。氧氣是植物光合作用產物,普列斯萊以此實驗發現氧氣!時值一七七四年,美國革命前夕,富蘭克林正忙於宣傳美國獨立運動。

[6]

發現氧氣

本首日封以漫畫的方式呈現普列斯萊發現氧氣的實驗，白色氣泡代表氧氣。

據傳當時瑞典化學家席勒 (Carl Scheele) 已分離氧氣兩年，正在寫書。科學研究結果如未發表，就不是你的。普列斯萊發現氧氣時旁邊並無其他人見證，於是他迫不及待將實驗成功的好消息告知美國好友富蘭克林 [7]。信中寫道：「現在只有我有幸能與兩隻小鼠分享呼吸」。

普列斯萊亦曾於一七七四年十月應邀至法國巴黎皇家科學院演講，拉瓦錫為聽眾之一，兩人曾有交流討論，由此契機，拉瓦錫立即有所領悟，那是氧氣，不是燃素！而本封最下面那行小字 "DEPHLOGISTICATED AIR" 是「燃素」而非「氧氣」，這也指出普列斯萊雖發現氧氣，但未能擺脫燃素的錯誤觀念。拉瓦錫於一七七七年才正式為氧氣命名。法文 Oxygène 取自希臘文，原意為「致酸」。

[7]

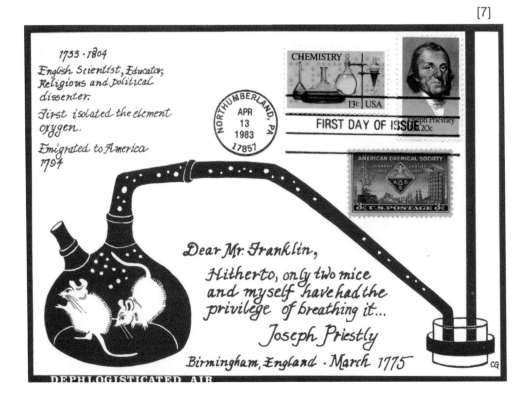

氧氣 / 二氧化碳循環

普列斯萊並未發現二氧化碳。他是發明蘇打水,打開碳酸飲料出路而獲得科普利獎章。

普列斯萊證明自然界 O_2/CO_2 之循環利用 [8]。界定氧氣在動植物界代謝反應中所扮演的中心角色,影響深遠。

普列斯萊體認到植物生長可以回補因動物呼吸或蠟燭燃燒消耗後剩餘的空氣。他覺悟到:植物進行的化學反應與動物呼吸方向相反。當人畜群聚,腐屍相鄰,空氣污濁時,植物將使得空氣更為甜美清爽。普列斯萊與富蘭克林交換此心得時,富蘭克林回信道:「你對腐屍氣味的看法似乎見證空氣的修補在於取走了什麼(固定空氣,CO_2),而不在於加入了什麼(活命空氣,O_2)」(Ref. 3)。這也說明當時對碳循環並不十分瞭解。普列斯萊的細微觀察催化了未來研究重心走向植物光合作用。

JOSEPH PRIESTLEY
An 18th Century Chemist Famous For His Discovery Of Oxygen In The Animal-Plant Metabolic Cycle.
FIRST DAY OF ISSUE

NORTHUMBERLAND, PA
APR 13 1983
17857

Joseph Priestley
USA 20c

FIRST DAY OF ISSUE

[8]

氣體之父

此手工製作之首日封圖案中特別強調普列斯萊發現的各種氣體 [9]。

O_2，NO，NO_2，NH_3，N_2，HCl，SO_2

普列斯萊有時被譽為氣體之父。他確實在氣體化學方面貢獻卓著，在一七八零年時，出版六冊記錄各種氣體書籍。但「氣體之父」這種說法是一種過譽的稱號，恐致誤導其真正貢獻。

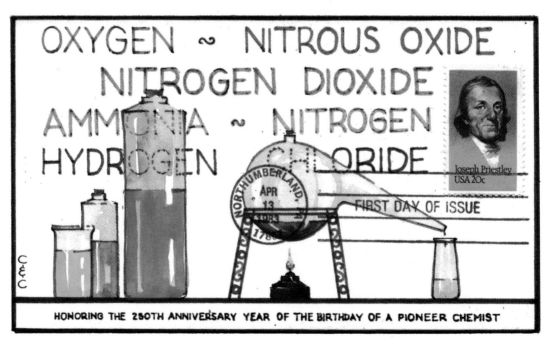

[9]

政治立場

在那個革命的年代，普列斯萊在亂局中傾向於認同革命，同情法國革命及美國獨立。但普列斯萊是英國人，生活在英王喬治三世神權統治下的倫敦也是盜匪橫行，民不聊生。

部分英國子民尚陶醉於殖民地遍及全球的日不落帝國榮光中。大英帝國自有大批既得利益者為保皇黨人。普列斯萊是神職人員，又是氣體之父 [10]，頗有些影響力，其公開支持叛黨行為，引起英國保皇黨人痛恨。因此，普列斯萊在英國非常不受歡迎。保皇黨人甚至揚言要刺殺他。

[10]

美國接納第一位政治難民

法國大革命周年慶時，普列斯萊與革命友人在倫敦酒吧狂歡慶祝，引起保皇黨的不滿，藉機放火燒毀其家園及教堂，使普列斯萊頓時無家可歸。在倫敦躲藏數年後，於一七九四年逃往美國，定居賓州，是美國收留的第一位政治難民 [11]。

這張手工製做的首日封完整交代普列斯萊一生。綠色植物進行光合作用將二氧化碳與水合成葡萄糖及氧氣。普列斯萊於一七七四年發現氧氣，但其失策在於堅持有燃素介入蠟燭燃燒。化學燒瓶冒出各種他發現的氣體。一七九四年他流亡美國並在當地重建在英國被燒毀教堂。普列斯萊既是教士兼教師，又是科學家。

普列斯萊好友富蘭克林

普列斯萊 [12] 同情美國革命，與美國許多革命先驅均為好友，曾與富蘭克林切磋、分享電學心得 [13]。普列斯萊本業是教士，科學研究是他副業。富蘭克林覺得普列斯萊科學研究更有前途，鼓勵身為後輩的他繼續研究工作。

富蘭克林參與簽署美國立國大憲章 [14]。是美國開國元勳之一。

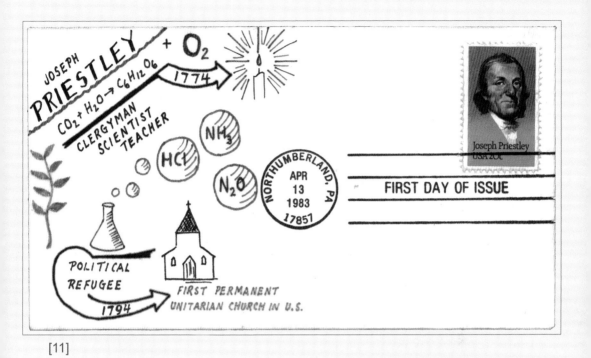

[11]

[12]

[13]

[14]

富蘭克林出使巴黎

富蘭克林曾任郵政局長，為費城建立醫院、警察局，創建賓州大學，並辦報鼓吹革命。

美國獨立戰爭時期，富蘭克林擔任駐法大使 [15]。英法世仇，富蘭克林成功遊說法皇路易十六支持美國。

本首日封極具歷史意義，選圖為富蘭克林乘艦橫渡大西洋，安全抵達法國海岸鏡頭。要知道就在此時富蘭克林尚名列叛軍首腦、通緝要犯。富蘭克林以七十歲高齡出使法國，肩負重任。英國為海上強權，大西洋當然在其控制之下。富蘭克林若在海上被捕，註定要被解往倫敦以叛國罪上絞刑架。

[15]

英美現在早已和解。本封所用郵票為當初交戰敵方英國紀念美國
獨立兩百周年發行。票面選用富蘭克林肖像。富蘭克林被譽為美
國最偉大的外交家。

富蘭克林簽署歷史文件

一七七九年獨立戰爭進入美國南方，喬治亞州淪陷。英軍企圖將美國切為南北兩塊。美國以游擊戰術使英軍陷入泥淖，但也危及鄉人。游擊戰使人人都像戰士。英軍開始燒殺擄掠、堅壁清野，但也燒出了黑奴問題，留待八十年後的南北戰爭再解決。

美國獨立戰爭決勝關鍵在維吉尼亞州約克郡戰場的勝利。一七八一年法國助戰美國海軍擊敗英軍。美、法軍會合，形勢大好。英國不得不面對現實，吞下尊嚴，避免世界大戰，承認軍事失敗，展開外交攻防。由茶黨事件起，歷經十年戰爭。英國與美國議和。一七八三年在法國巴黎簽署和約 [16]。美國獨立戰爭終獲成功。

美國參與巴黎會談代表僅四人。富蘭克林為唯一有幸參與簽署三種重要立國文件：

　一七七六年—獨立宣言，一七八三年—巴黎和約，一七八七年—大憲章。

[16]

如魚得水　享受自由

賓州費城為美國獨立聖地。每天參觀象徵獨立自由鐘的遊人無數 [17]。法國贈送自由女神銅像聳立在紐約港口 [18]，迎接每一位移民，包括普列斯萊。

在三權分立美國民主制度下，人生而均等，擁有某些天賦人權：言論、出版、宗教，政府不得取走。但每人天性不同，生命有如競賽，每人機會均等，能達何種目標，各人自有天賦。

[17]

[18]

自由女神金鈔

此金鈔係美國財政部發行自由女神百萬美元金鈔,發行數量有限,屬保值的珍藏品 [19]。

一個諾貝爾獎獎金約為一百萬美元,但領到的想必是支票而非現鈔。實際上確有百萬美元實鈔,為銀行間往來信用,一般人無法持有。

[19]

普列斯萊定居賓州

普列斯萊喜愛鄉間生活。晚年定居賓州諾森伯蘭 (Northumberland) [20]。繼續研究,再下一城,發現一氧化碳 CO。

浴室使用天然瓦斯熱水器,通風不良最易出事。天然瓦斯主要成分甲烷,燃燒完全將生成二氧化碳及水,放出熱能供應熱水。燃燒不完全將生成致命的一氧化碳。一氧化碳能與血紅素結合,占據氧氣與血紅素結合位置,而且結合力更強,嚴重影響氧氣運用,迅速致死,不得不防。

[20]

普列斯萊故居

普列斯萊抵美後，先在費城生活一陣，不耐都市生活，後在賓州鄉間諾森伯蘭自建房屋一棟，內含實驗室一間。在當時美國尚屬少見。

普列斯萊故居已由美國化學會定為化學遺產。故居附近巴克內爾大學 (Bucknell University) 化學教授凱福 (Lester Kieft) 經十餘年努力促成美國郵政局於一九八三年普列斯萊兩百五十週年誕辰時，印行郵票紀念。首日發行儀式選定巴克內爾大學進行 [21]，該校與有榮焉 (Ref. 7)。

The Priestley Celebration
Bucknell University
Lewisburg, Pennsylvania 17837

NORTHUMBERLAND, PA
APR 13 1983
17857

FIRST DAY OF ISSUE

Joseph Priestley
USA 20c

First Day of Issue — Joseph Priestley house,
Northumberland, Pennsylvania

[21]

普列斯萊安享晚年

普列斯萊故居深具歷史意義。已使用兩百年以上之諾森伯蘭郵戳已步入歷史。該地現今在檢信時將蓋上哈里斯堡 (Harrisburg, PA) 郵戳。但普列斯萊故居及實驗室將永遠提供化學系及歷史系學生見證兩百多年前普列斯萊是如何進行他的氧氣實驗 (Ref. 7)。

普列斯萊有幸，得以在美國豐沛資源，自由民主環境下，安享晚年 [22]。其法國同行拉瓦錫則下場淒涼。在一七九四年普列斯萊逃往美國時，也正是拉瓦錫在法國遇害之時。

[22]

法國大革命

受到美國革命成功鼓舞，法國社會躁動。法國大革命肇始
於一七八九年巴黎暴民攻陷巴士底監獄 [23]，隨之遍地烽火
[24]，法國陷入動盪，化學巨人拉瓦錫首當其衝。法國社會
經長時間方始恢復秩序 [25]。

法國大革命引起諸多皇室恐慌，群起反法。一七九一路易
十六出逃流亡失敗被捕，法國革命軍開始仇視皇室。秉持著
保衛共和國熱情，革命軍居然擊敗侵犯邊境的普奧聯軍。外
患已除，開始對內清算、清除異己。法王、法后以通敵罪受
死，而拉瓦錫為王室服務終難逃牽連。

拉瓦錫身陷風暴

拉瓦錫追隨其父，首習法律，後購得皇家執照，替皇室收稅，
盈餘頗豐，得以購置精密分析化學儀器 [26]。殊不知正陷入
巨大政治風暴中 (Refs. 9, 10)。

[23]

[24]

[25]

LAVOISIER
Lavoisier is often called
the father of modern chemistry.

[26]

大師造訪

拉瓦錫與好友貝托萊 (Claude Louis Berthollet, 1748–1822) 共同參
與制定化合物系統命名法，沿用至今。本畫難得留下二位化學大
師合影，雖然畫工拙劣，左下角顯示當時還有版權，不得隨意複
製。不過這張畫是比郵票更難得的巴黎李比肉品加工廠名人宣傳
卡 [27]，早已絕版。

農化鼻祖德國科學家李比 (Justus von Liebig) 創立善用肥料觀
念。拯救人類免於饑餓，聲名遠播。巴黎這家食品加工廠借用其
名，印製一系列化學名人圖卡，廣用為宣傳資料。時隔多年，已
是珍藏。

[27]

拉瓦錫犧牲於亂世

法國大革命最後演變為無政府的暴民政治 [28]，凡與皇室有關聯者皆遭毒手，法王及法后自不在話下 [29]。羅蘭夫人為革命黨，但只因略為皇室緩頰，被認為同情皇室而遭藉故剷除。拉瓦錫自不免一死，享年五十一歲。

[28]

拉瓦錫死時十分鎮定的望著那設計精巧暱稱「吉洛丁姑娘」的斷頭台（在郵票右側緣邊紙）[30]，慶幸自己能夠死得痛快，臨終前有幸餵吉洛丁姑娘喝紅酒。

吉洛丁姑娘是法國醫師吉洛丁的構想。吉洛丁本人反對死刑，尤其反對凌遲等不人道處死。法國大革命時期，革命法庭靠吉洛丁姑娘高效率完成速審速決，每名犯人審案時間不到十分鐘，判決後二十四小時內行刑。

[29]

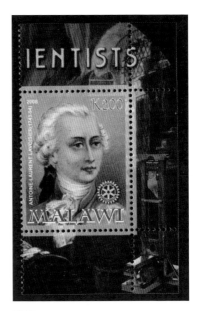

[30]

亂世紀念拉瓦錫

法國大革命時期拉瓦錫因曾任皇家公務員身分被捕。革命法庭審判時，拉瓦錫為皇家收稅的工作更為不利。但彼時拉瓦錫的經典化學教科書《化學基本論》才剛出版，氧化反應帶來的化學革命正如火山爆發達於巔峰。眼看審判就要定槌，關鍵時刻有科學家急呼「刀下留人」，於是心急如焚陳述拉瓦錫在科學上的貢獻。審判長一句：「我們不需要化學，我們也不需要學者！」一槌定音。科學家嘆曰：「砍下那顆腦袋只是一瞬間。可是再一百年也培養不出另一顆同樣的腦袋」。

拉瓦錫兩百周年誕辰時值一九四三年，二次大戰擾攘，法國巴黎被德軍占領。法國人民感念拉瓦錫之科學貢獻，排除萬難，在巴黎籌備為期三個月的拉瓦錫紀念展。郵票、郵卡、郵戳皆為珍貴戰時郵品[31]。

[31]

拉瓦錫確定水分子式

拉瓦錫以精準定量分析方法控制菸草中含水量以製造最佳風味的菸草。但售價皆以乾重為準。拉瓦錫被判死刑罪名之一居然是公賣菸草摻水。控告人是一位年輕科學家，曾參與法國皇家科學院院士選舉，提出有關燃燒新理論。拉瓦錫當時為科學院裡最有影響力的人物之一，對其著作評價不高，致其未能當選，該青年科學家因此懷恨在心，報仇心切。拉瓦錫受審時，該年輕科學家以證人身分指控拉瓦錫以摻水菸草增加重量，欺騙善良百姓，獲取暴利，罪無可赦。

拉瓦錫確定水分子式為 H_2O。但馬利出版之拉瓦錫郵票卻印成 H^2O。校對稿亦未校正 [32]。難道郵票設計師欲假此凸顯拉瓦錫定罪之荒謬！

[32]

拉瓦錫確立化學反應分子式平衡

拉瓦錫醉心於燃燒現象，但普列斯萊的實驗結果讓他體認到與木材燃燒一樣，生命也需要空氣。拉瓦錫以精密儀器測量得植物的組成元素為氫、碳、氧，而席勒看到的是礦石中的固態氧。普列斯萊看到的是空氣中的氣態氧。拉瓦錫看到的是水中的液態氧，再驗證以上他人看到的結果，得到氧化反應全盤結論。

拉瓦錫於一七八九年出版第一版現代化學教科書《化學基本論》(*Elementary Treatise on Chemistry*)。他以定量分析驗證質量守恆定律 [33]，並首創氧化學說解釋燃燒現象，並指出動物的呼吸實為緩慢氧化，開創劃時代化學革命 (Ref. 10)。

[33]

氧化學說

燃素說在拉瓦錫化學革命前已根深蒂固，而普列斯萊終身未能擺脫燃素。拉瓦錫將當時已知三十三種元素分為四類。氧化學說以氧氣取代燃素，並已納入光、熱、卡路里、熱量等觀念。所有化合物皆可視為某元素之氧化物而命名。

拉瓦錫開始攻擊燃素說，改以不能秤重，但可以計量的卡路里計算熱量。普列斯萊等老派科學家抵死不認，但青年化學家各個心悅誠服。拉瓦錫死後，其氧化學說迅速征服全世界。

聯合國教育科學文化組織選定二零一一年為化學年，羅馬尼亞等多國選擇拉瓦錫為現代化學代表人物 [34]。

[34]

Conferinţa "Lichide
22 - 24 August
Queen's University, B

東方文明與西方文明

拉瓦錫氧化學說，摒棄燃素說，西方鍊金術由此脫胎換骨，進入現代化學文明 [35]。

東方文明未能走出長生不老之煉丹術窠臼。科技停滯不前。東方前清也曾有過短暫變法維新運動，終不敵老舊既得利益勢力之反撲，未能成功。辛亥革命後，軍閥割據，更無機會。

日本明治維新很早接受西方文明。全盤接受拉瓦錫氧化學說新觀念。氧氣在日本譯為「酸素」。

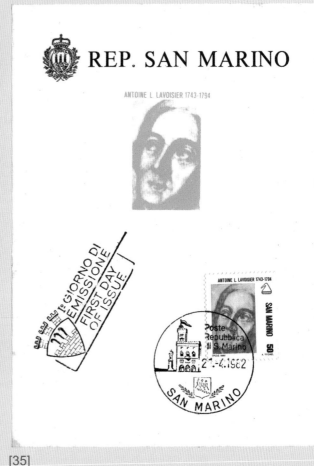

[35]

千鈞一髮的化學革命

拉瓦錫於驚濤駭浪法國大革命前夕出書確立氧化學說，隨後被捕。化學革命發生於千鈞一髮之際。拉瓦錫與夫人結婚時，夫人尚在求學階段，正值荳蔻年華、資質聰慧，之後在科學、文學、藝術各方面學養俱佳，並隨名畫家大衛（Jacques Louis David，即本郵票原畫畫家）習畫，深得精髓 [36]。

[36]

一七八八年，由夫人引線，當代最偉大畫家為最偉大化學家留下十八世紀最精彩的巨幅畫像（259.7×194.6 公分）。在畫像中夫人背後之畫架說明她也是藝術家。畫像背景中可見新古典主義畫家常用之壁柱，但最足以代表拉瓦錫生涯的是桌上那些化學儀器，讓觀賞者一望即知，眼下這位高貴的人物是一位化學家。拉瓦錫共有近兩百件化學儀器，他們慎選最具代表性儀器入畫。畫家成功展示其技藝，讓觀眾很容易看出是銅器或玻璃，是水或水銀。此畫為長方形，畫家將對角軸線定在畫面左上角起，經夫人右臂及桌巾褶線延伸而達右下角，拉瓦錫右腳控制的幫浦，本圖堪稱化學融入藝術經典之作。

桌上拉瓦錫正在書寫的手稿也許正是一年後將出版的《化學基本論》巨著，化學界立即體認其重要性，英譯本首先出現，大受歡迎。一七九三年巴黎再出法文第二版，奠定拉瓦錫現代化學不朽地位。書中有十三禎圖片，內含拉瓦錫每件精密儀器，皆由其夫人完成繪圖工作，畫工精美傳神。

拉瓦錫夫人

本卡選圖為拉瓦錫夫人 (Marie Anne Paulze Lavoisier, 1758–1836) 手繪氧氣人體實驗圖 [37]，左立者為拉瓦錫，中立者為受測試者，最右坐者為拉瓦錫夫人本人，正在為實驗做詳實記錄，包括將自己繪入畫中 (Ref. 11)。

夫人為拉瓦錫最佳研究合作夥伴。夫人精通英文與拉丁文，有關文獻皆由她精確譯為法文，供拉瓦錫參考閱讀。她為拉瓦錫翻譯普列斯萊及卡萬 (Kirwan) 所著燃素論，使拉瓦錫能夠完全瞭解當時學術主流的立論基礎，據以創立自己的氧化學說。拉瓦錫死後遺稿亦由夫人整理出書。

參考文獻與註釋

(1) Hugh Aldersey-Williams (2011) *Periodic Tales–A Cultural History of the Elements, from Arsenic to Zinc*, pp. 147–160. HarperCollins Publishers, New York, NY, USA.

(2) Hdgar Heilbronner and Foil A. Miller (1998) *A Philatelic Ramble Through Chemistry*, pp. 28–33. Verlag Helvetica Chimica Acta (Zurich, Switzerland) & Wiley-VCH (Weinheim, Germany).

(3) Michiel Vogelezang (2018) Atmospheric CO_2 or The Broken Carbon Cycle. *Philatelia Chimica et Physica* 39(1), pp. 31–38.

(4) Francois Bridge (1983) Priestley commemorations. *Philatelia Chimica et Physica* 5(1), pp. 12–19.

(5) Frederic B. Jueneman (1984) A touch of chaos. *Scott Tech Newsline*, No. 6 (March), pp. 1–4.

(6) Foil A. Miller (1983) Joseph Priestley. *Philatelia Chimica et Physica* 5(1), pp. 10–11.

(7) John B. Sharkey (2012) The Joseph Priestley House: A Philatelic Remembrance. *Philatelia Chimica et Physica* 34(3), pp. 104–117.

(8) Robert E. Witkowski and J. M. Wehmer (1986) Joseph Priestley, The Chemist. *Philatelia Chimica et Physica* 8(4), pp. 83–93.

(9) Jean Marie Khoury (2012) *Bienfaiteurs de l'humanité honorés par la philatélie*. pp. 61–68. Les Auteurs Libres, Béziers, France.

(10)Harold Hartley (1947) Antoine Laurent Lavoisier 26 August 1743–8 May 1794. *Proceedings of the Royal Society of London*, A189(1019), pp. 427–456.

(11)Craig Smorynski (1992) Women of Science: Madame Lavoisier. *Philatelia Chimica et Physica* 14(2), p. 71.

RECONSTITUTION DU LABORATOIRE DE LAVOISIER
(d'après un dessin de Mme LAVOISIER)

[37]

10

洞票週期

化學元素週期表 [1]

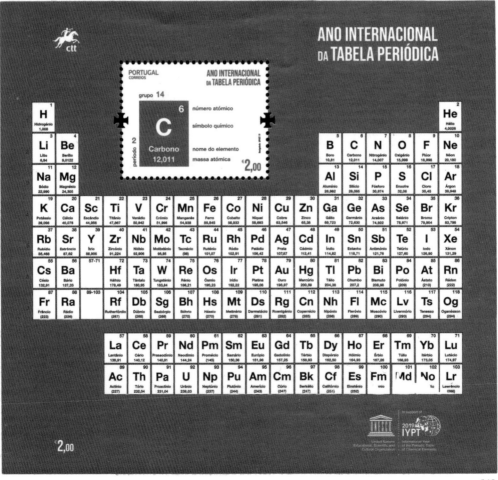

化學郵票

桂林多溶洞,洞口遊客雲集。在眾目睽睽之下,思索一秒,振筆三十秒,全球唯一化學郵票摺扇出爐 [2]。筆者無意之中獲得獨家收藏。

化學如集郵,樂在收藏裡。
但遇門得列,週期破繭立。

俄國化學家門得列夫是拉瓦錫化學革命後最偉大的化學家之一。拉瓦錫將當時已知三十三種化學元素分為四類。近八十年後,已知化學元素已達六十三種。門得列夫每天面對這些元素的化學性質,竟能悟出一些週期規則來,令所有化學家折服。門得列夫第一版週期表出版於一八六九年,初時被化學界小覷,尚未引起轟動。但隨後週期表精準預測之新元素一一應驗,門得列夫開始被化學家們普遍認同景仰。

[2]

門得列夫

俄國為紀念發明化學元素週期表的門得列夫 (Dmitri Mendeleev, 1834–1907) 誕生一百週年 (1834–1934) 發行專郵一套四張 [3–6]，皆以人像為主，週期表為背景，屬高價珍郵 (Ref. 1)。

[3]

[4]

[5]

[6]

賀客滿堂

門得列夫發現某些化學元素有特殊性質，而將當時所知六十三種元素分門別類各歸各戶。此發現說明大自然井然有序。化學變化亦循規蹈矩。各國競相出郵慶賀，惟只見東歐集團、波蘭 [7]、保加利亞 [8]、北韓 [9]、塞爾維亞 [10]、前蘇聯 [11, 12]，未見西歐集團跟進。可見西方尚在掙扎猶豫。反映在諾貝爾化學獎評審委員會推薦獲獎，大會否決之愕然結果，引來巨浪般爭議。

[7]

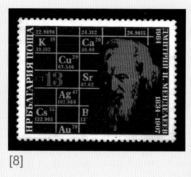

[8]

[9]

[10]

[11]

[12]

化學家銅像

門得列夫歸納之化學元素週期表對化學界有重大貢獻，不容置疑。
前蘇聯也深以為傲，建立銅像紀念之 [13]。科學家能入郵票已屬難
得，得建銅像能有幾人，門得列夫當之無愧。

[13]

俄國之光

北韓一九八四年為慶祝門得列夫誕生一百五十週年印行之銅像郵票。上方為正常發行之有齒小全張 [14]。下方為尚未及打洞而流出之無齒小全張 [15]。無齒票以量少而價略高。

[14]

[15]

門得列夫手稿

門得列夫逝世距今不過百年餘，前蘇聯雖已解體，化學元素週期表卻隨著新元素不斷發現而更趨完整，門得列夫因週期表而不朽。週期表並非來自偶然的靈光乍現，而是門得列夫夜以繼日推敲歸納的智慧結晶。門得列夫存世手稿頗豐，觀賞之餘亦有親臨週期表演繹過程之震撼 [16]。

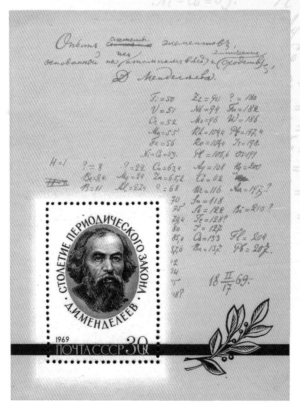

[16]

預測新元素

門得列夫週期表最令人激賞之處在於他的未來性。他在為每個元素尋找歸宿時，發現有三個位置無適當已知元素可以填補，於是預測這些元素尚待發現，日後果然獲得證實。本封票戳 [17] 即代表預測鎵 (Ga^{31}) 成功實例之一 (Ref. 2)，另預測鈧 (Sc^{21}) 及鍺 (Ge^{32}) 也均成功。

[17]

國際週期表年

門得列夫週期表迅速為各方認同。聯合國教育科學文化組織定二零一九年為國際週期表年，推介各種化學常識普及運動，其中最普遍者為舉辦化學有關郵展。門得列夫曝光率迅速提升，家喻戶曉 [18]。

[18]

媒體印象

門得列夫平日不修邊幅。據稱一年始理髮一次。媒體所拍攝到的照片均于腮滿面 [19]。多少會影響不熟悉者的觀感。

海軍艦艇長年駐防海外，與家人親友來往書信為最大慰藉。海軍雖常周遊列國，為免船員到岸找不到郵局掃興，船上通常有專人負責郵務，自備郵戳，統一收發。

本卡係一艘炮艦 (USS Marvin H. Mcintyre, APA-129) 停泊在紐約港口時，一次正式晚宴邀請函。海軍這位郵友想必學過化學，對門得列夫亦有所聞，隨手取來當天報紙，正在報導門得列夫，見證最後晚餐及最後炮艦郵戳，APA-129 半年後除役。

DMITRI MENDELYEEV (1834–1907), Russian, made the Periodic Table in which the 92 known elements, arranged according to their atomic weights, show a periodic change of properties.

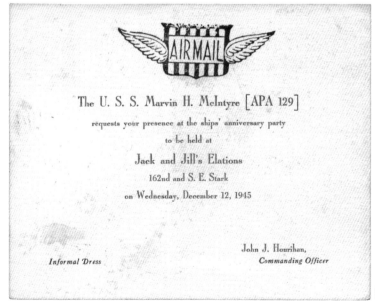

[19]

愛丁堡授冠

門得列夫亦有衣冠楚楚、正襟危坐的時刻，他在接受英國愛丁堡大學榮譽博士學位時，藝術家為其繪製畫像，以鍍金週期表為背景，雍容華貴 [20]。

本封為澳洲科學與工業博物館背書之助聽器郵票官方首日封。封圖選用門得列夫及化學週期表，充分顯示化學在材料科學上的貢獻。

DMITRI MENDELEEV

His studies of the elements led to the
periodic table still in use today.

[20]

物理大師

雷得佛 (Ernest Rutherford) 為紐西蘭裔加拿大物理學家，鑽研放射性元素原子結構有成，發現鈾原子分裂放出 α 及 β 輻射線，獲一九零八年諾貝爾化學獎 [21]。但他隨口說了一句「只有物理學是科學，其餘都是集郵」(Refs. 3, 4)。惹來眾多不悅，學術活動與休閒活動不能混為一談。化學家們覺得被貶，頗有微詞。

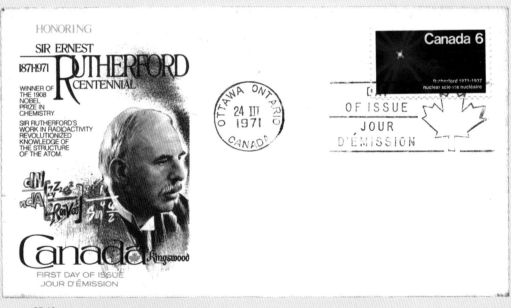

[21]

諾貝爾化學獎遺憾

門得列夫於一九零六年獲諾貝爾化學獎提名，決審一票之差未能如願。化學專家組成的評審委員會提名人選，居然被外行否決！次年一九零七年二月門得列夫去世，化學界引為最大憾事 [22]。傳言瑞典化學家阿瑞尼 (Svante Arrhenius) 作梗，兩人有瑜亮情結。阿瑞尼在瑞典皇家科學院頗有些影響力。他雖置身物理獎評審委

[22]

員會，但意見竟能越過化學獎評審委員會。第一屆諾貝爾化學獎本擬頒給阿瑞尼，但他力辭，避免落人自肥口實，有損瑞典頒發諾貝爾獎清譽。

化學界連週期表如此重大發現都被割捨 [23]，物理學者雷得佛獲得化學獎還口出揶揄 [24]。共產主義論者因此抓緊機會大肆抨擊此為資本主義社會的偏見。

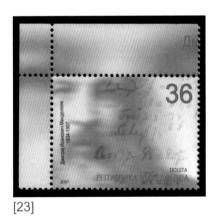

[23]

[24]

稀土元素

稀土元素通常指由鑭 (La^{57}) 至鎦 (Lu^{71}) 等十五個鑭系元素，開礦有時順便得到釔 (Y^{39}) 及鈧 (Sc^{21}) (Ref. 5)。礦產分散，開採費時費力而不利環保，全部稀土家族到齊費時一百五十年。

芬蘭化學家釓林 (Johan Gadolin) 首先發現斯德哥爾摩附近小村落釔比 (Ytterby) 的石英礦石中有新元素存在 [25]。日後驚喜連連，陸續發現釔 (Yttrium, Y^{39})，鐿 (Ytterbium, Yb^{70})，鉺 (Erbium, Er^{68})，及鋱 (Terbium, Tb^{65})，但以地名為新元素命名方式開始受到質疑。其他稀土元素發現過程並不順利。鉕 ^{61} 元素首先經捷克化學家包納 (Bohuslav Brauner) 命名 [26]，但四十三年後才經離子交換層析證實。

[25]

[26]

稀土資源

稀土元素在現代生活中不可或缺,是太陽能板、風電、電動汽車、電磁、電瓶、省電燈泡等民生物資關鍵原物料 [27]。玻璃廠完全依賴稀土元素於拋光添加以生色或得到特殊光學性質,數位相機手機鏡頭半數使用鑭系元素。鉕[61] 來自核子反應爐,可應用於電磁導彈飛彈。用於眼科雷射治療的鋱[69] 也用在超導體等核心高科技 [28]。

[27]

全球稀土元素礦脈半數蘊藏在中國內蒙古,目前全球九成供應量來自中國。近日美中貿易摩擦加劇,許多美國企業家非常憂心,如果中國以稀土元素制裁美國,他們該如何因應 (Ref. 5)?

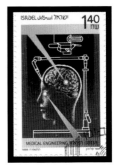

[28]

洞票天地

本封提供「M」為默克藥廠使用之洞票證明 [29],默克藥廠註冊商標見在封背。

洞票 (Perfin, Perforated Initial) 為英國人施洛 (Joseph Slope) 於一八六八年所發明郵票作記法。各公私機構以其公司字母打洞作記,限公務使用,私人使用將受重罰。偷兒不知偷郵票與偷鈔票不同,身上搜出洞票無法交代來源就是贓物,成為破案關鍵證物。百年前郵票還是珍貴有價物品時,報紙上經常可以看到人贓俱獲新聞。

羅馬大學某化學教授於郵票拍賣會標到一件號稱全世界第一件洞票使用信封,逢人樂道。直到某日遇到一位洞票行家,只瞄一眼即指出其乃贗品。再經仔細鑑定,郵票為真,信封為真,郵戳也是真的,但日期洩底,洞記為假。偽造者取古時郵件一封,將郵票洗下,打洞後再

貼回送入拍賣會場。偽造者郵識不足，他不知洞票一八六八年三月十三日才正式獲准使用。該信郵戳一八六六年，郵票、信封、郵戳皆貨真價實，只有郵票上那幾個洞是事後用大頭釘私下打孔，出了大洋相還犯了偽造文書罪。

洞票之另類收藏為觀察並創造其附帶之其他含意，潛力無窮。以洞票組成化學元素週期表為經典實例 [30]。

[29]

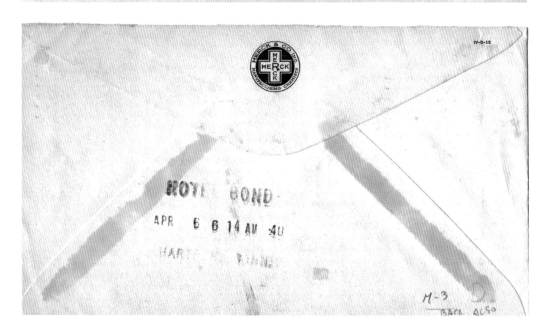

洞票週期表

美國密西根州立大學化學系教授方豪瑟曾以洞票組成化學元素週期表 (Ref. 6)，但輾轉失傳而洞票已成歷史。本件係重組洞票週期表，恐是存世孤品 [30]，應屬無價郵品。

再回頭看西班牙那張藝術家所設計的週期表郵票 [30]，連週期表四個區塊都由四種顏色傳遞，完全符合化學原意，真是高明。如果將所有文字去除，只留下圖案，不就是一幅現代畫嗎？此郵票乃西班牙於二零零七年紀念門得列夫逝世百週年時發行。

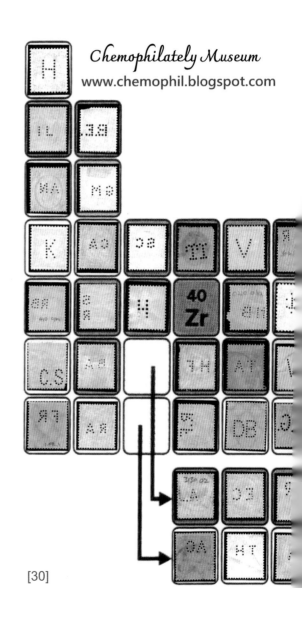

Chemophilately Museum
www.chemophil.blogspot.com

[30]

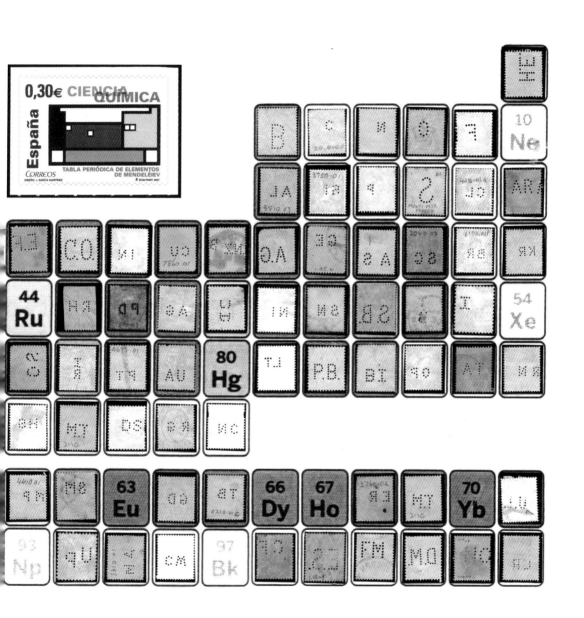

洞票傳承

較早之洞票作記法，現已改用銷戳。公務使用郵資銷戳 [31]，私人使用罰金一千倍 (Note 7)。銷戳之例可見美國食品藥物管理局 (Food and Drug Administration, FDA) 為食品及藥物安全把關，如在私人信件上看到此戳，等同盜用公款，名譽掃地，罰金三百美元。郵資只值三角二分。

[31]

參考文獻與註釋

(1) John B. Sharkey (2013) Chemists and physicists on stamps–The expensive ones-A follow-up. *Philatelia Chimica et Physica* 35(4), pp. 162–170.

(2) Carmine Colella (1991) Pages of history of chemistry. Part 1. The doctrine of periodicity. *Philatelia Chimica et Physica* 13(1), pp. 15–20.

(3) Zvi Rappoport (1992) Chemistry on stamps (Chemophilately). *Accounts in Chemical Research* 25, pp. 24–31.

(4) Heilbronner, E. and Miller, F. A. (1998) Preface, *A philatelic ramble through chemistry*. Wiley-VCH, Zurich, Switzerland.

(5) John B. Sharkey (2020) Rare-Earth Elements. The Secret Ingredients of Everything? *Philatelia Chimica et Physica*, 40(3), pp. 104–111.

(6) John Funkhouser (1992) Perfin Chemistry. *The Perfin Bulletin, June issue*, pp. 10–13.

(7) Slogan meter by FDA "*Safeguarding America's Health*", USA, 02/21/1997.

11 稀土大戰

化學資源回收

稀土元素在週期表中位置 [1]

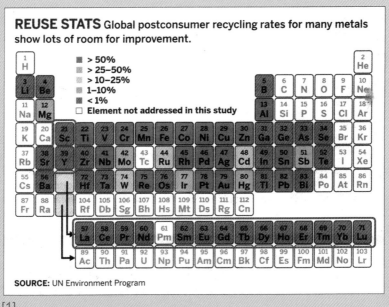

REUSE STATS Global postconsumer recycling rates for many metals show lots of room for improvement.

- ■ > 50%
- ■ > 25–50%
- ■ > 10–25%
- ■ 1–10%
- ■ < 1%
- □ **Element not addressed in this study**

SOURCE: UN Environment Program

[1]

稀土元素

瑞典化學之父貝吉里斯 (Jöns J Berzelius) [2] 發明「元素字母化學式數字系統命名法」，廣為化學界接受，沿用至今。貝吉里斯發現四種化學元素：矽[14]、硒[34]、釷[90]及鈰[58]，其中釷[90]為放射性元素，鈰[58]為稀土元素。

所謂稀土元素是指由鑭[57]至鎦[71]共十五種金屬元素，性質相近，礦區分散，稀土不一定稀少，但開採費力，不利環保。稀土分離萃取通常皆以酸液溶浸礦石，溶出稀土再分段蒸餾結晶，如此周而復始上千次，幸運者可得純化稀土。以今日之情況，很難得到研究經費支持，歐美科學家多半放棄，唯吃得苦中苦化學家始得忍受如此單調工作。離子交換層析法發明後，提供較先進工具，稀土開發工作得以有顯著進展。全世界都將明顯感受到科技的進步。目前中國掌握稀土礦源及開採關鍵技術。

[2]

稀土之星

芬蘭化學家釓林 (Johan Gadolin) [3] 發現瑞典斯德哥爾摩附近島聚釔比 (Ytterby) 出產的矽鈹釔礦 (Gadolinite) 含有稀土元素。該礦出產的石英主要供應英國玻璃廠製造石英玻璃。當初被玻璃廠所嫌棄的雜質含有更珍貴的稀土元素，後來此礦陸續誕生七種新元素，其中四種稀土 (釔，Y^{39}；鐿，Yb^{70}；鉺，Er^{68}；鋱，Tb^{65}) 皆取名自該處地名，打破化學史記錄 (Ref. 1)。郵戳為憑，其中 Tb 是依地名 Terby 命名 (cf. [13])。後來發現地名拚錯，而正確地名已全用於其他元素命名 (Y，Yb)，於是將錯就錯， Tb 得以維持原案，命名不變。

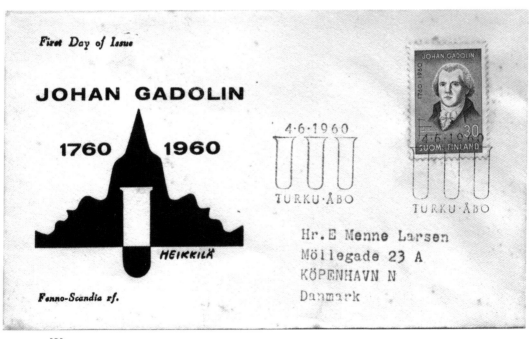

[3]

稀土元素尋根之旅

元素組成萬物，稀土藏身何處
元素隨處可見，釔比就有七種
化學英雄釓林，找出四顆稀土
釔比地標教堂，登錄化學歷史

要造訪瑞典盛產元素之地釔比 (Ytterby) 可不簡單。釔比
小村坐落於斯德哥爾摩附近 Resarö 小島，島上主要建築
就是釔比教堂 [4]，並無跨海大橋。釔比是化學家朝聖之
地，一般觀光客可沒興趣，沒有旅行團，沒有導遊。渡輪
班次有限，上岸再乘公車，進入石英山區，經過許多洞口，
到站僅你一人下車。開始獨自摸索前進。步入礦區時，倏
忽腳下已是純白或玫瑰紅石英玻璃。爬上石英山頂找到化
學英雄釓林居住石英岩屋時，牆壁岩石顏色已呈灰色、粉
紅色、白色及黑色，表示此處含有多種礦石，元素含量豐
富。礦區顯然廢棄已久，很難想像當年釓林的意氣風發，
分離出如此多種化學元素。與其他廢棄礦區不同的地方是
釔比石英礦區沒有工人，沒有汙染、沒有入口，礦區集中
而風景優美，唯石英牆上留下的一排鑽探小洞而已。

Ytterby kyrka.

The church of Ytterby
near Göteborg

elemente hunt st
fri commune st
ytterby antoile
Stockholm

Foto: A/B Flygtrafik, O. Lilljeqvist, Dals Långed.

AR. 305.

[4]

稀土家族

輕稀土成員

[5] 鑭 (La^{57})：捷豹 (Jagura) 發展電動車，鑭元素為電動車電池組件。

[6] 鈰 (Ce^{58})：由羅馬神話穀神星 Ceres 命名。

[7] 鐠 (Pr^{59})：由希臘字綠色 (Prasios) 命名。

[8] 釹 (Nd^{60})：紀念韋氏巴赫 (Welsbach) 首次分離 Nd。

[9] 鉕 (Pm^{61})：以希臘神話普羅米修斯 (Prometheus) 命名。

[10] 釤 (Sm^{62})：以色列屯墾區，以聖經應許之地 (Samaria) 命名。

[11] 銪 (Eu^{63})：以歐洲 (European) 命名。歐元的銪防偽線使偽鈔現形。

[12] 釓 (Gd^{64})：紀念釓林 (Johan Gadolin) 命名。

重稀土成員

[13] 鋱 (Tb^{65})：郵戳地名將錯就錯用於元素命名。

[14] 鏑 (Dy^{66})：鏑在風電轉軸中扮演關鍵角色。

[15] 鈥 (Ho^{67})：鈥為電視紅 - 藍 - 綠三原色關鍵。

[16] 鉺 (Er^{68})：鉺為映像管電視中粉紅色來源。

[17] 銩 (Tm^{69})：銩用於精準的雷射眼科手術。

[18] 鐿 (Yb^{70})：鐿為高級不鏽鋼原料之一。

[19] 鎦 (Lu^{71})：鎦在石油裂解程序中扮演觸媒的角色。

[13]

[14]

[15]

[16]

[17]

[18]

[19]

稀土親人

鈧 (Sc²¹) 與釔 (Y³⁹) 經常與稀土家族同處，也列入稀土大家族。

鈧是門得列夫推測成功元素之一。鈧鋁合金質輕耐壓，適合於航空載具 [20]。米格機已多年將其選用為機身材料。

釔也可增強鋁或鎂合金強度。兩位台裔物理學者吳茂昆與朱經武發現「釔鋇銅氧化合物」具重要超導性質 [21]，開拓稀土超導領域。超導材料具有在接近絕對零度低溫時無磁性、無電阻特性，甚至連金屬都失去重力，可應用於磁浮列車。用超導體輸電，節省能源。

[20]

[21]

生命有元素

釔元素是由德國化學家伍勒 (Friedrich Wöhler) 所發現。伍勒更為人稱道的實驗則是由無機礦物成功合成尿素 [22]，脲是蛋白質代謝產物，屬有機化合物，生命化學革命由此展開。

瑞典化學大師貝吉里斯 (Jöns J Berzelius) 有醫學訓練背景，對生命的奧秘極有興趣。此時他所倡導的「催化」(catalysis) 與「蛋白質」(protein) 理論開始發酵，煉金術早已被擱置，而「生機論」(vitalism) 開始受到質疑。

[22]

元素主宰生命

生命現象引人好奇 [23]。德國化學家布契納 (Eduard Buchner) 在細胞外進行發酵反應成功，正式擺脫生機論，獲得一九零七年諾貝爾化學獎。自然界並無神秘生命力，有機化合物與無機化合物由同樣元素組成，且依循同樣化學定律。生命體也由元素組成，生命現象複雜而有序 [24]。

稀土磁學性質

稀土之磁學性質應用廣泛，舉凡電腦硬碟、磁碟、CD、DVD、立體音響、太陽能板、風力發電軸、電動車的電磁電瓶、超導體材料、核彈關鍵按鈕皆見蹤影 [25–28] (Ref. 2)。

稀土光學性質

稀土最大主顧是玻璃廠。稀土賦予玻璃千變萬化的色彩與光學特性。手機與相機的攝影鏡頭解析度日新月異 [29]，稀土材料推陳出新功不可沒 [30]。傳統相機大廠均面臨倒閉，令人不勝唏噓。

[23]

[24]

[25]

[26]

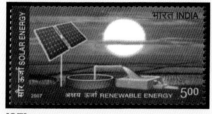

[27]

[28]

[29]

[30]

雷射科技

稀土元素光譜尖銳集中，可作精確定位，小至演講廳用雷射筆、戰場用阻擊槍瞄準器，大至牆上慶典標語圖形文字均清晰可見，精準無比。雷射科技廣用於光電產業，在醫學上適用於外科、眼科精密手術 [31]。

太空科技

稀土開採不易，中國稀土之父、北京大學化學系教授黃光憲 (1920–2015) 研發最新分離技術，獨步全球，使中國由稀土資源大國進入稀土生產大國，改變了世界稀土產業和格局，衝擊國際稀土界甚鉅。拜稀土之利，中國高科技發展神速，北斗導航 [32]、中國探月工程、嫦娥奔月，玉兔搗藥皆已實際運作中 [33]。

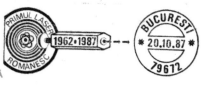

PRIMUL LASER ROMANESC

1962•1987

BUCUREȘTI
20.10.87
79672

POSTA ROMANA

CONFERINȚA INTERNAȚIONALĂ
„TENDINȚE DE DEZVOLTARE
ALE ELECTRONICII CUANTICE",
București 2–6 septembrie 1985

„TRENDS IN QUANTUM ELECTRONICS"

„ТЕНДЕНЦИИ РАЗВИТИЯ КВАНТОВОЙ ЭЛЕКТРОНИКИ"

ALGOCS : echipament de aliniere cu
laser He–Ne pentru orientarea și
controlul direcției în subteran.

Destinatar _____

_____

Strada _____ Nr. _____

Blocul ____ Scara ____ Etajul ____ Apart. ____

Sectorul _____ Județul _____

Codul	Localitatea

[31]

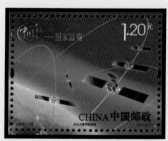

[32]

[33]

稀土支配生活

稀土產品無孔不入，早已滲入日常生活每一角落，舉凡訊息交流、電子商務、移動互聯、雲端計算等活動無不需要一隻智慧手機做橋樑由人所掌控 [34]。目前大多數手機鏡頭皆含有稀土，稀土正透過手機鏡頭支配著人類的生活方式。

疆棉爭議

全球稀土供應鏈約 90% 來自中國。歐美以新疆人權問題為由抵制疆棉 [35]。中國於是在所有生產的口罩中加入疆棉，美國眾院開會時也只得戴上疆棉口罩亮相。稀土大戰既已開打，中國乃以新疆為稀土公司註冊地。歐洲積極研究稀土回收之道，美國努力開發自己稀土礦，並列為戰略儲備物資。為地球永續發展，稀土礦產應減產一半，價格提高十倍，以刺激回收。

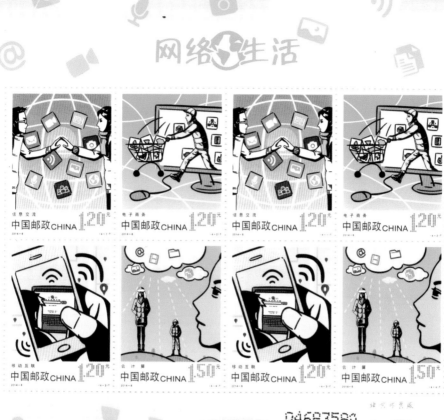

[34]

[35]

稀土大戰

美國密西根州立大學化學系教授方豪瑟曾探訪瑞典稀土之島 Resarö，留下珍貴地圖 [36] (Note 3)。有志者按圖索驥，登島先找教堂，再體會化學英雄釓林當年發現稀土之路。

稀土吟

稀土非土	都是金屬	發現稀土	歷經孤獨	瑞典小島	四出稀土
稀土礦脈	在內蒙古	稀土不稀	貴在萃取	萃取繁複	環保不利
萃法翻新	有賴科技	稀土輸出	中國供應	稀土輸入	歐美為主
王牌令出	管制稀土	註冊新疆	自屬疆貨	太陽無效	風電停擺
彩色黑白	手機拒拍	超導缺貨	核彈無鈕	抵制疆貨	自斷稀土

參考文獻與註釋

(1) Hugh Aldersey-Williams (2011) Periodic Tales-A Cultural History of the Elements. from Arsenic to Zinc. pp. 349–390. HarperCollins Publishers. New York, NY, USA (ISBN 978-0-06-182473-9).

(2) John B. Sharkey (2020) Rare-Earth Elements. The Secret Ingredients of Everything? Philatelia Chimica et Physica, 40(3), pp. 104–111.

(3) 釓林發現稀土之路 .

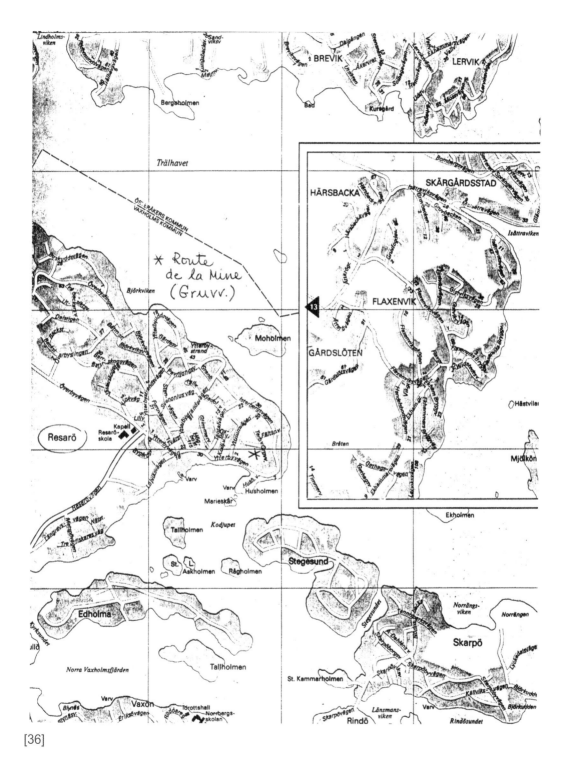

[36]

12 鴉片戰爭

罌粟花　虞美人 [1c]

鴉片戰爭清軍統帥林則徐 (1785–1850) (a)，
主將關天培 (1781–1841) (b)，永誌不忘 (c)。

(a)

(b)

(c)

罌粟花

美麗的罌粟花田中藏有致命的誘惑 [2]。罌粟花種類數以百計，為一年生草本植物，多數只供觀賞 [3–5]。可提煉鴉片及嗎啡者為 Papaver somniferum [6]。虞美人 (Papaver rhoeas) [2, 3] 為比利時國花、以及法國國旗紅色代表、英國及加拿大國殤代表花。

[6]

[2]

[3]

[4]　　　　　　[5]

罌粟果

鴉片花成熟結為蒴果 [7]，即將成熟蒴果乳汁中富含嗎啡，最高可達
20%。乳汁置空氣中乾燥即得生鴉片，加熱煮乾為熟鴉片。提純後之
嗎啡始得為醫療用注射劑。蒴果骸仍有鴉片殘留，有些餐廳使用於火
鍋料中提味，吸引顧客再上門，法所禁止。

罌粟原產地

鴉片原產中亞（現土耳其），供藥用止痛已逾五千年 [8–10]。其後逐
漸由中東傳至印度。英國殖民印度期間，為獲取暴利，在印度大量種
植鴉片，以槍砲強迫清廷買毒。鴉片由藥用變質為娛樂用，衍生嚴重
社會問題，大英帝國禍及全球，遺禍迄今。

[7]

[8]

[9]

[10]

嗎啡化學結構

多數人對嗎啡化學不明就裡，英國人對嗎啡可是瞭如指掌。英國化學家羅賓森 (Robert Robinson) [11] 於一九二五年解出嗎啡化學結構，並於一九四七年獲得諾貝爾化學獎。

嗎啡為最強止痛藥，散見於郵票 [12] 背景中 (背景左下角處)，在眾多藥物中，多數人包括化學家，難以立即辨出。

[11]

[12]

嗎啡止痛

嗎啡結構內所有圜狀結構皆不容改變 [13]，否則將失去止痛作用。但止痛與成癮同進退。可待因最上方氫原子改為甲基，成癮性大為改善，但止痛效果亦隨之變弱。廣泛用於黑色止咳藥水中。海洛因多兩個乙醯基，脂溶性增高，止痛效果最強，但成癮性更高，在美國嗎啡酮用於咳嗽藥水中。

Morphine

Codeine

Heroin

Hydromorphone

[13]

嗎啡、海洛因抑制呼吸中樞，嚴重致命

血中二氧化碳濃度為調節呼吸節律信號，維持生命 [14]。嗎啡與腦膜鴉片受體結合，受體起構形改變，將嗎啡送入呼吸中樞。此穿膜過程產生快感，使人進入一種忘我仙境。嗎啡成癮者即在追求此片刻快感，不可自拔。但嗎啡抑制呼吸中樞，致死劑量一線之隔。海洛因脂溶性高，穿膜更易，更易上癮 [15, 16]。

[14]

[15]

[16]

毒品犯濫

經歷兩次世界大戰，大英帝國崩解。但鴉片餘毒並未消滅。藥用嗎啡由藥師管理，醫師開立處方，病人到藥局取藥。住院病人麻醉藥由護理師保管給藥。嗎啡其他用途皆為犯罪行為，將判重刑，人生全毀 [17]。

美國聯邦食品藥物管理法催生

為防止藥物濫用，美國於一九零六年通過食品藥物管理法案，由威利 (Harvey W. Wiley) 出任首任食品藥物管理局局長 [18]。規定所有食品及藥物皆須於標籤上明示內容物。含有管制藥品如嗎啡、鴉片者皆需標明。

打擊犯罪 維護健康

販毒利潤可觀，鴉片戰爭英國戰勝後再也無法阻止鴉片擴散至世界各地。美國再出食品及藥物管理法郵票 [19]，宣示打擊犯罪決心，確保食品藥物安全。郵票背面再以罕見方式加印宣傳口號，提醒寄信人寄送毒品屬跨州追緝，切勿誤觸法網。

[19]

UNVEILING CEREMONY FOR THE
PHARMACY STAMP

August 14, 1972 - Detroit, Mich.

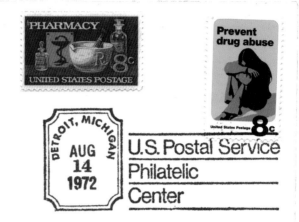

Official Cover of
Motor City Stamp & Cover Club

[17]

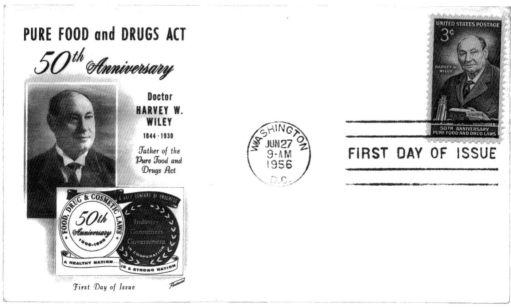

[18]

嗎啡戒癮

鴉片煙癮成癮容易，戒癮困難。除心理上要下定決心，還要克服生理上毒癮反應，可謂身心煎熬。

本封銷戳所示化合物菲圜與六元雜圜並未融合，無止痛效果，但或許有助戒癮。阻斷鴉片受體通路 [20]。

英國紀念
第一次世界大戰陣亡將士

為紀念第一次世界大戰陣亡將士，英國特於每年十一月出郵紀念。郵票題名「永誌不忘 (Lest We Forget)」。這是一套設計上乘郵票。水彩畫主題明確簡潔震撼。嗎啡為戰場聖藥，為受傷官兵解痛待援。血紅罌粟花象徵將士鮮血，花梗以鐵絲網聯往戰場，美麗的哀愁 [21]，花蕊以行軍戰士呈現更見高明，任重而道遠 [22]。花瓣中比利時戰場上無名陣亡戰士臉龐若隱若現，為國捐軀引人哀思 [23]。

[20]

[21]　　　　　　　[22]　　　　　　　[23]

美國排華法案

本封想必價值不菲 [24]。所貼票品為發行於一八九三年哥倫布登陸新大陸郵票，銷戳日期相符。更珍貴處為封背之美國藥廠嗎啡戒癮藥物廣告 (Note 1)，足以證明當時美國毒品之氾濫。

清末國力不振，華人地位低落。美國獨立後，開始向西拓展，開發太快極需人力挹注。中國內憂外患不斷，應聘華工為美國跨洋鐵路貢獻汗水，但有心人士誣指華人引進鴉片惡習。鐵路剛完工，美國即於一八八二年通過排華法案。留下種族歧視記錄。華工血淚史中有家纏萬貫公子哥兒被毒品害得一貧如洗，淪為苦力。即使有些華工有鴉片癮，也是英國國家販毒反噬之後果。

日本偷襲珍珠港後，中美共同抗日，第二次世界大戰紛擾之時，蔣宋美齡訪美，風靡全美，美國始覺悟正式取消排華法案。

[24]

化身博士

英國小説家史蒂文森成名之作為《金銀島》。其《化身博士 (Dr Jekyll Mr Hyde) 》[25, 26] 描寫雙重人格故事，一位人人尊敬的科學家哲爾博士在喝下自配藥水後變成邪惡的海德，作惡多端。化身博士所描寫雙面怪醫確有其事！是英國國家販毒之另一反噬 (Ref. 2)。

英國亞當斯醫師 (John Bodkin Adams) 以海洛因謀殺一百六十位病人，在安樂死保護傘下，其偽造處方，偽造死亡證明，不當使用危險藥品僅罰二千四百英鎊。亞當斯安享晚年，享年八十四歲，死時財產一百四十萬英鎊。作孽的人逍遙法外，史蒂文森的化身博士想必是有感而發。二張郵票倒是精準繪出雙重人格特性。史蒂文森最愛在無人打擾的渡假島上寫書，想像海盜們的豐富人生，寫出膾炙人口《金銀島》。最後在薩摩亞島渡過餘生 [26]。

[26]

[25]

法網恢恢

受到亞當斯案例鼓勵，英國又有雙面怪醫。席普曼 (Harold Frederick Shipman) 表面為兢業家醫，實際謀殺無數病人。他謀害八十歲富孀凱薩琳 (Kathleen Grundy)，取得合法遺囑，繼承富孀遺產。不巧富孀有個律師女兒，還有個孫女。女兒及孫女與祖母感情很好，時相探訪。辦理喪事時不疑有他，直到辦理財產轉移時才露出馬腳。富孀女兒手中早有媽媽遺囑，堅決不相信席普曼醫師手上遺囑為真，於是向法院申請驗屍。安葬一個月後，法官安排開棺驗屍，最後證實死亡原因為海洛因中毒，怪醫判刑十五個連續無期徒刑。

本封為難得一見手工打造犯罪首日封，見證法網恢恢疏而不漏 [27]。

[27]

無煙火藥

諾貝爾發明無煙火藥的硝化甘油安全配方,用於開礦。最後進入軍事用途,優點在於運輸更安全,開火不曝光。專利收入使諾貝爾家族累積無盡財富。諾貝爾遺囑成立基金會,每年分五領域獎勵對人類有貢獻者:物理、化學、醫學、文學、和平 [28]。但鴉片戰爭交戰雙方皆仍使用中國發明之黑色火藥,硝煙四起。

本封為瑞典發行紀念諾貝爾遺囑百週年所發行一套四張郵票。(左上)諾貝爾及其遺囑。(右上)諾貝爾的化學實驗室。(左下)諾貝爾實驗室外觀。(右下)諾貝爾頒獎典禮。正在受獎者為發現X-光德國的倫琴,獲第一屆諾貝爾物理獎。左上諾貝爾遺囑郵票與德國郵政局同步發行。

古代中國科技

歷史迷團之一便是中國發明火藥、羅盤、造紙、印刷術等偉大科技 [29] (Ref. 3)。宋朝時火藥即用於戰場,蒙古騎兵曾橫掃歐亞大陸,清朝也曾建立空前版圖。何以鴉片戰爭一敗塗地 (Ref. 4)?

Förstadagsbrev · First Day Cover

ALFRED NOBELS TESTAMENTE 100 ÅR

[28]

[29]

東西方科技軍力消長

成吉思汗 [30] 建立歐亞帝國，也將火藥科技西傳。明朝時東西方軍力相當，鄭成功曾打敗荷蘭，奪回台灣。清朝久無外患，軍紀廢弛，此時西方文藝復興正在崛起。伽利略 [31] 及牛頓 [32] 開創數學物理。當物理進入軍事領域，即代表準確無比，西方砲術精進。

英人練礮

牛頓弟子羅賓斯 (Benjamin Robins) 根據物理定律 [33, 34] 出書《砲術新論》，風靡全球。羅賓斯奉派東印度公司任總工程師，死於任內，但有兩年時間進行砲術新論實驗。「硫磺號」為十門砲砲艦，蒸氣引擎 [35]，滿載彈藥。隨船外科醫師 Hinds 及其助手沿途收集動植物標本。以科學研究為名，行偵查巡邏之實。水手們有足夠彈藥演練砲術新論，磨拳擦掌，等待上陣。

虎門銷毒

英國公然販毒。並以武力強迫中國買毒，殘害他國國民，喪盡天良。清雍正帝時即有鴉片禁令，無法禁絕。道光帝特派林則徐為欽差大臣嚴厲執行掃毒 [36]。林則徐沒收英商鴉片二萬餘箱，於廣東東莞虎門碼頭銷毀填海。宣示決心，不惜一戰 [37]。日不落大英帝國豈容外邦如此羞辱，找到藉口，準備開戰。

[30]

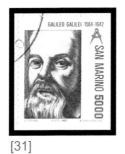

[31]

[32]

[33]

[34]

[35]

[36]

[37]

戰雲密佈

廣州戰雲密布，海域戒嚴封鎖，戰火一觸即發，但睡獅未醒，不知敵人已過麻六甲海峽 [38]。

一八三九年當英國砲艦「硫磺號」在新加坡接獲開戰令後，迅即開抵廣州封鎖海域。清廷戒嚴令下所有船艦進出港口都要受檢，輪到「硫磺號」時，艦長詭以科學研究，到港補給，企圖闖關。清軍訓練不足，警覺不夠，開艙檢查，只見滿艙植物標本，只想到達爾文的「小獵犬號」，不疑有他，居然放行。硫磺號演練已久，大副航海日誌記錄一八四一年一月七日，硫磺號取得最佳位置，把握實彈射擊機會，一砲擊中清軍旗艦旁火藥船，爆炸起火殃及旗艦沉沒，種下敗因。硫磺號艦長維護帝國利益有功。日後受維多利亞女王封爵 (Ref. 5)。

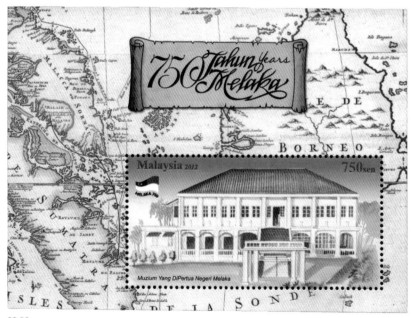

[38]

鴉片戰爭

睡獅醒來才發現他們是以弓弩對大礮，連發也無濟於事 [39]。但廣州防務到底較為嚴密，抵抗慘烈，主將關天培殉國，敗軍之將，猶可言勇，英軍識趣轉向。

英軍揮軍北上連陷廈門、定海、舟山、鎮海，攻入杭州灣。寧波之戰，清軍大敗。蒙古鐵騎亦不敵英軍砲火及靈活戰術。英軍直逼南京城下。清軍大勢已去。

英軍再向北攻，登陸大沽口，京師震撼，清廷罷黜林則徐，流放邊疆，戰敗求和。鴉片戰爭前後三年 (1839–1842)。英國以槍砲撬開中國門牙餵毒。

[39]

南京條約

南京條約簽訂為中國近代史上最屈辱一刻 [40]。除賠償軍費外，劃定五口通商（廣州、廈門、福州、寧波、上海），割讓香港。

清廷對南京條約履約採取拖延戰術，引來為期四年的第二次鴉片戰爭（英法聯軍，1856-1860），火燒圓明園，生靈塗炭，再丟九龍並引來更多列強覬覦中國這頭肥羊。。

[40]

鐵娘子政治智慧

英國為鴉片開戰，丟盡顏面。林則徐也曾上書維多利亞女王，請求協助遏止鴉片氾濫，也登上泰晤士報訴諸輿論，但皆無異與虎謀皮。維多利亞女王為大英帝國利益主導開戰，議會討論戰爭經費時展開激辯，最後僅以略半過關。有半數英國人寧願游泳，也不願乘砲艦造訪文化古國。直到柴契爾夫人當政才開始思索解套 [41]，柴契爾夫人就讀牛津大學化學系時曾隨霍奇金 (Dorothy Hodgkin) [42] 學習X-光繞射法解開化學晶體結構。柴契爾夫人任首相時發揮由霍奇金處學到的科學家風範，決定歸還香港，挽回些許顏面，鐵娘子政治聲望因此達於巔峰。

[41]

[42]

香港回歸

香港地理位置優越。一塊璞玉經百年雕琢蛻變為閃亮東方明珠 [43]。香港一躍而為世界貿易重鎮，各方豪傑匯聚之地。人傑地靈成就香港特殊之文化面。回歸後是否能維持樞紐地位，尚有待觀察。

[43]

參考文獻與註釋

(1) This is an interesting 1893-dated advertising cover of a drug company, which provided curation of morphine addiction. The stamp shows Columbus landing in America in 1492. The literature showed that Zhang He (Ming Dynasty of China) might have visited the American continent 72 years earlier (Gavin Menzies, 1421: *The Year China Discovered the World*, Bantam Press, 2003) (ISBN 0-553-81522-9).

(2) John Emsley (2008) Diamorphine and the Dr. Jekyll of Hyde in *Molecules of Murder: Criminal Molecules and Classic Cases*. pp. 68–90. The Royal Society of Chemistry, Cambridge, UK (ISBN 978-0-85404-965-3).

(3) John B. Sharkey (2018) Chemistry and Alchemy in Ancient China. *Philatelia Chimica et Physica*, 39(2), pp. 63–71.

(4) Tonio Andrade (2017) *The Gunpowder Age: China, Military Innovation, and the Rise of the West in World History* (Complex Chinese edition), China Times Publishing Company (Taipei) (ISBN 978-957-13-7218-1).

(5) Hugh Aldersey-Williams (2011) *Periodic Tales-A Cultural History of the Elements, from Arsenic to Zinc*, pp. 103–112. HarperCollins Publishers, New York, NY, USA (ISBN 978-0-06-182473-9).

13 肥料革命

空中施肥 [1, 2]
化學武器

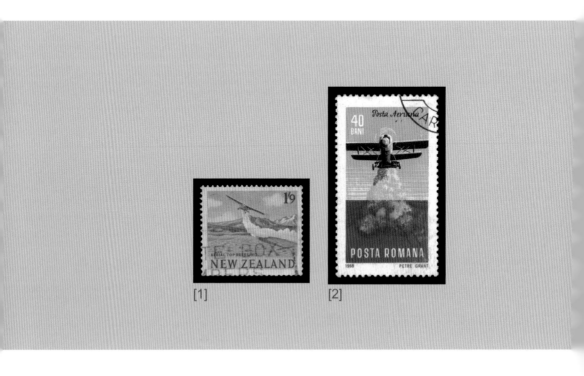

[1]　[2]

光合作用

植物葉細胞特有之葉綠體中含有葉綠素分子 [3]，具有眾多共軛雙鍵，可吸收陽光 [4] 中可見光能量 [5]，推動光合作用之光反應，將光能轉化為化學能，供澱粉合成及其他新陳代謝反應所需 (Ref. 1)。

[3]

[4]

[5]

夜以繼日維繫生命

德國生化學家胡伯 (Robert Huber) [6] 以 X-光繞射法解出葉肉細胞膜上光反應中心結構，獲一九八八年諾貝爾化學獎。

[6]

美國生化學家卡文 (Melvin Calvin, 1911–1997) [7] 建構光合作用之暗反應卡文環，利用碳十四 (C^{14}) 追蹤技術完成固碳過程（郵票背景，清晰可辨），獲一九六一年諾貝爾化學獎。

[7]

氮循環

土壤中眾多嗜氧菌可利用氨為能源,代謝產生亞硝酸,硝酸根([8] 藍色箭頭反應方向)。但另有大量厭氧菌能將氮還原為氨([8] 紅色箭頭反應方向),經植物吸收後轉變為胺酸、核酸等。

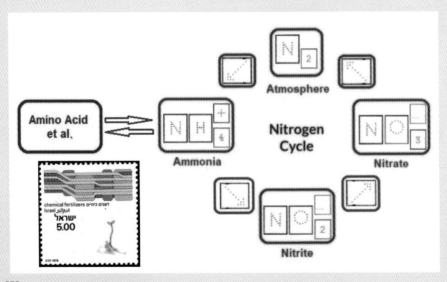

[8]

氮固定

有機堆肥回收後，利用植物及微生物中厭氧菌完成生物界氮循環固定空氣中氮氣 [9]。 回收生物能 (biomass) 為綠色化學重要一環 [10]。

[10]

[9]

土壤肥料鼻祖

德國農化學家李比發明水冷凝管，沿用至今，使有機分析及有機合成獲致重要工具 [11]。李比證實植物的碳原子及氫原子分別來自大氣中的二氧化碳及水分子，並證明植物生長中的必需因子有氮、磷、鉀三元素 [12]。李比重視資源回收，並發表重要肥料理論：植物的生長需要眾多因子，但限速步驟決定於成分最少的因子。肥料宜適材適量，施肥過量完全無益，過猶不及只是揠苗助長。

[11]

[12]

氮肥

農夫們皆知氨或銨鹽有助農作物生長。硝酸鹽、亞硝酸鹽提供固氮循環中間原料，活化固氮效率。是 以 NH_3，NH_4HCO_3，NH_4NO_3，$NH_4H_2PO_4$，NH_4Cl，$(NH_4)_2SO_4$，脲（尿素 Urea）等皆為常用氮肥 [13]。

[13]

肉食動物體內含氮化合物經新陳代謝後的主要產物——脲由尿液排出，土壤中自有大批微生物接收。脲酶將脲再分解為氨及二氧化碳，分別由氮循環及碳循環加入固氮及固碳循環洪流，萬物得以生生不息。

磷肥

許多維持生命的新陳代謝反應以磷酸化為活化形式。磷酸鹽 $CaHPO_4 \cdot 2H_2O$，$Ca(H_2PO_4)_2$ 等亦為常用磷肥。

有些海島小國人口稀少成為水鳥天堂，島上遍布鳥糞磷骨粉，為天然氮肥磷肥資源 [14]。

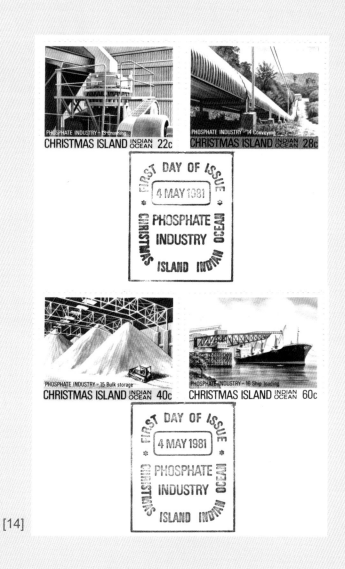

[14]

鉀肥

土地耕作過度，鉀離子抽離太多時需要補充鉀肥。常用鉀肥有 KCl，K_2SO_4，KNO_3，K_2CO_3，KH_2PO_4，及有機鉀等 [15]。

[15]

肥料使用過當或不當皆會使效果打折，甚至適得其反。農家作物栽種宜由農業專家指導，先就土壤分析其現況，再建議農家正確施肥種類、時間，及選種休耕安排維護之道。一般肥料品質以掌握「5–10–5」黃金比例即可，上品肥料含氮、磷、鉀各五份，十份，五份，其餘八十份為填充物。

人工合成脲

德國伍勒 (Friedrich Wöhler) 與同事李比合作提出自由基觀念，他們堅信有機物與無機物本質相同。伍勒使用無機物氰酸鉀與硫酸銨合成了有機脲。他原預測產物為氰酸銨 (ammonium cyanate，NH_4NCO) [16] 卻得到了尿素，瞬間破解盤據多年的生機論 (vitalism)，而且還指出有機物的同分異構現象。氰酸銨與尿素有相同的分子式 CON_2H_4，但結構式不同，此重要訊息也印在郵票右上角處。

此處郵票設計高明，卻也凸顯圖卡設計者化學常識之薄弱。用球軸表示分子模型時，其選色方式通常是：

碳黑　氧紅　氮藍　氫白　硫黃　氯綠　溴棕　碘紫　磷橙　等等。

此處郵票用色正確，圖卡中氮原子應用藍色而非綠色，氫原子應選白色而非藍色。如有其他含意，還需另加說明。

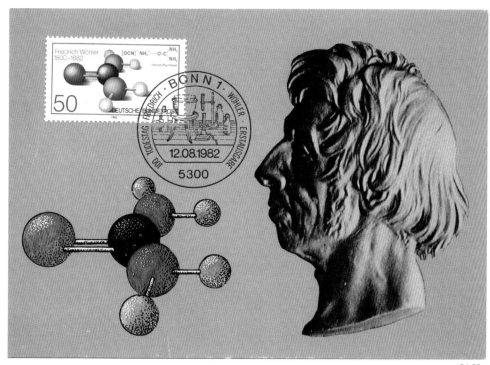

[16]

空氣捕氮

植物生長必需三元素中，磷及鉀天然
資源豐富，大致不虞匱乏。農業發展
所需要者乃以如何捕捉空氣中氮氣
為主。挪威有名實業家艾德 (Samuel
Eyde) 擁有水壩資源，電力不愁。科
學家柏克蘭 (Kristian Birkeland) 尋求
合作，發展工業級固氮製程，成功將
空氣通過電弧產生氧化氮，再轉變
為硝酸，最後生產硝酸鈣。郵票 [17]
下圖所示者乃一對經高度藝術化處
理後，甚難辨認之產物 $(NO_3^-)(Ca^{2+})$
(NO_3^-)。惟此法尚未及推廣，即被更
經濟更有效的哈伯高壓製氨法壓制。

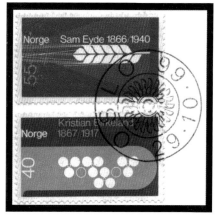

[17]

人工合成氨

德國化學家哈伯 (Fritz Haber, 1868–1934) 挑戰自然成功，將氮氣（來自空氣）與氫氣（來自沼氣）在高溫高壓下合成氨氣 [18]。完成人工固氮工程，達到當時化學界巔峰，肥料工業開始蓬勃發展，貧瘠土地得到滋潤，哈伯使全世界免於飢餓。因此日後獲得諾貝爾化學獎也屬合理。

但此工作也有其黑暗面。如果說由原子彈定勝負的第二次世界大戰算是物理學家的戰爭，那麼第一次世界大戰就可算是化學家的戰爭。因為哈伯製造的氨氣能用於製造肥料，也能用於製造毒氣。

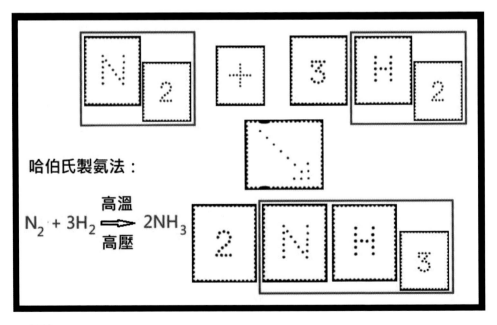

[18]

瑕不掩瑜

哈伯固氮工程成就非凡,獲頒一九一八年諾貝爾化學獎 [19],但頒獎時機非常不宜。該獎甫經宣布,立即引起英法等協約國強烈反彈,斯德哥爾摩頒獎大廳屋頂幾乎被掀翻 (Ref. 2)。時值第一次世界大戰 (WWI, 1914–1918) 剛結束,諾貝爾獎曾因戰爭停辦二年。德國在戰爭後期使用芥子氣,光氣等毒氣於戰場,背負歷史罪名 [20]。哈伯熱烈響應德國政府徵召參與研發由氨氣製造毒氣,違反人道,血跡斑斑。惡戰甫告結束,德國為戰敗國,正待追究哈伯戰犯責任,卻頒予諾貝爾獎,形同鼓勵犯罪,喪盡天理。經再三辯論斟酌,諾貝爾獎審查委員會最後決定不受政治干擾,維持原審意見。瑕不掩瑜或姑息養奸。

哈伯係猶太裔德國人。在反猶環境下,哈伯認為唯有透過加倍努力才能博取同僚信任。但哈伯的積極參與並未得到預期回報。使用毒氣並未使德國在戰場上獲利。短兵相接時,毒氣根本派不上用場。風向難料,有時反倒自傷。在敵區上空投彈造成大量平民傷亡引來撻伐。哈伯受徵召入伍時官拜士官長,助德國發展毒氣,取得戰場震撼效果,最高官階也不過上尉而已。哈伯的猶裔身分使他在卡斯魯大學 (Karlsruhe University of Applied Sciences) 多年不能升等教授。希特勒掌權時,哈伯逃亡英國。昔日敵人開懷接納,全球對哈伯敵意至此冰釋但未全消。當一九六八年,卡斯魯大學舉辦哈伯誕辰百年慶研討會時,還有學生在場外高舉標語牌抗議:哈伯劊子手!哈伯毒氣之父!

 [19]

 [20]

肥料革命

哈伯為德國化學工業打下厚實基礎。他的二位學生卡博施 (Carl Bosch) [21] 及貝吉斯 (Freidrich Bergius) [22] 日後成為同事，再接再厲將化學高壓技術研擬放大至工業等級，對化學肥料界貢獻甚鉅，從而影響全球糧食供應，使廣大人民免於飢餓。德國傑出化學成就再下一城，卡博施與貝吉斯因高壓技術獲頒一九三一年諾貝爾化學獎。

納粹當政後，風聲鶴唳，人人自危。貝吉斯是少數未逃出德國的諾貝爾獎得主之一。貝吉斯將哈伯製氨法放大量產，一九三七年接任 Kaiser Wilhelm Institute 所長，三年後去世。納粹後來才知道貝吉斯發明的高壓法也能增加煤及汽油產量，此時納粹才知道科學家的能耐，逼走哈伯是最大失策，悔之晚矣！

[21]

[22]

化肥工業

天然肥料緩不濟急，因應戰後人口潮，世界各地肥料工廠如雨後春筍般興建 [23–26]，多半為氨廠或脲廠。

[23]

[24]

[25]

[26]

化肥貢獻

戰後世界各地人口爆炸，土地貧瘠地區尤賴化肥滋潤。
土壤肥料使人免於饑餓，行有餘力才能進而追求幸福。
農業機械加速農業效率，農產加工製造追求生活品質
[27–29]。

[27]

[29]

[28]

排放不當 河川污染

黑心肥料工廠排放廢水不當，污染河川時有所聞，原罪在人不在化學 [30]。氮肥工廠常用汞為催化劑，水銀入川，魚兒中毒 [31]，釣客收穫，盤中美食，自食其果，害人害己，法之所禁，天理難容 [32]。

[30]

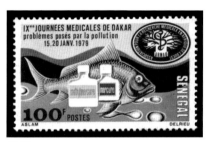

[31]

[32]

水俁病

日本九州熊本縣水俁市氮肥工廠不法排放廢水，導致水銀外洩河川污染 [33]。肥料工廠用甲基汞為催化劑，透過海產進入人體，甲基汞先與胃酸內鹽酸 (HCl) 作用，產生氯化甲基汞 $CH_3-Hg-Cl$，是一種強烴化劑，經腸道吸收進入血液然後與紅血球內血紅素的巰基結合。隨血液輸送到各器官，腦細胞富含脂質，脂溶性的甲基汞很容易蓄積造成腦細胞不可逆損害。孕婦食用有毒的食物後，毒素能透過胎盤進入胎兒腦中。

五十年代水俁地區發生怪病，受害者神經系統受損、手足麻痺、關節疼痛，飽受摧殘。最後神經錯亂而死亡。經記者鍥而不捨查出病因汞中毒，工廠負責人初時抵賴，最後付出巨額賠償。水俁病是日本四大公害疾病之一。

海水污染　環保浩劫

本封為野生動物請命，設計吸睛 [34]。海水中多氯聯苯凸顯其水不溶性，毒性累積，擠壓野生動物生存空間。瀕危動物統計為面值 50^T 郵票背景，多氯聯苯為面值 70^T 郵票背景。

油輪漏油事件頻傳。無辜海豚海豹不禁為人類愚蠢行為流下黑色眼淚。

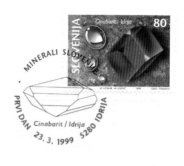

VOLJC SEBASTIAN
Vicava 63
2250 PTUJ

[33]

[34]

化肥巨擘

德國在第一次世界大戰使用毒氣，惡名昭彰。俄國深知化武之危害，而戰後不久德國軍國主義有復燃之勢。在官方參與下，俄國民間陸續成立航空學會及化工學會，灌輸民眾防備化武常識。一九二七年由政府收編，正式成立官方航空化學署。本郵品中央之標誌即屬俄國國家衛材庫 (State Laboratory Supply) [35]。本件為貼有銷戳印花票之正式化學捐證明，可以抵稅，屬珍郵 (Ref. 3)。

美國於一九九零年起連續五年，每年出版一套十張郵票，紀念第二次世界大戰。此處選擇其中一張郵票展示 [36]，其背景格子桌布為美國家庭廚房最常用桌布之一。此郵票畫面顯示美國家庭廚房餐桌已見到防毒面具及頭盔，見證在第二次世界大戰期間，各處民間防毒演練已成家常便飯。也見各國對毒氣之恐懼與排斥。

[35]

[36]

化學武器

有鑒於化武對人體之危害，各國口徑一致，授權聯合國直接干預。聯合國化武委員會執委會乃下令全面禁止任何形式化武存在 [37]。化武不得設計、製造、儲藏，或使用。為彰顯其努力，「禁用化武組織」獲頒二零一三年諾貝爾和平獎。

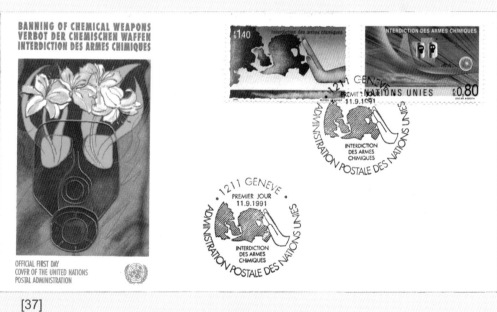

[37]

禁用化武

聯合國下令全面禁止化學武器，其宣傳手法之一便是發行郵票。聯合國在三地總部同步發行三套各兩張主題相同，內容類似，但黑色、綠色對比郵票。三張首日封圖案相同，但首日戳雖皆為防毒面具，設計卻略有不同。日內瓦版 [37] 及紐約版 [38] 皆為隻手擋住防毒面具，維也納版 [39] 則是防毒面具帶滿帶好，毒氣勿近。

[38]

[39]

化武悲歌

一張小郵票，引發大戰爭。有聯合國禁
令背書，美國於二零零三年發動侵伊戰
爭，出兵理由是伊拉克藏匿化學武器，
但除一張小郵票外 [40]，化武遍尋無著，
而伊拉克已肝腸寸斷矣！這張郵票出版
於一九八八年。聯合國禁武令一九九一
年才開始宣傳，一九九三年正式生效。
如果可以追溯，是否該先追回哈伯的諾
貝爾化學獎？

印度曾發生化工廠毒氣外洩事件，受害
者眼睛失明抱憾終生 [41]，見證化武為
禍之烈。

[40]

[41]

參考文獻與註釋

(1) David L. Nelson and Michael M. Cox (2008) *Lehninger Principles of Biochemistry*. 5th Edition, W. H. Freeman, New York.

(2) Burton Feldman (2012) Nobel Chemistry Prizes, 1901–1915,1918–1945. in *The Nobel Prize: A History of Genius, Controversy, and Prestige*. pp. 209–212, Arcade Publisher, New York.

(3) G. Adolph Ackerman (1992) Soviet Semi-official Air-fleet Stamps Supporting both the Chemical Industry and the Public's Defense Against Chemical Warfare. *Philatelia Chimica et Physica*, 14(2), pp. 62–64.

14 葡萄美酒

發酵化學，釀酒工業 [1]

RÉPUBLIQUE FÉDÉRALE DU CAMEROUN
FEDERAL REPUBLIC OF CAMEROON

BRASSERIES DU CAMEROUN
BRASSAGE

PREMIER JOUR D'EMISSION
FIRST DAY OF ISSUE

Tirage limité (numéroté de 1 à 2500)

N° 02162

[1]

鮮豔欲滴

釀造技術是人類文明最早活動之一。所有水果、穀類皆可發酵製酒，但以葡萄酒最為甘醇迷人（含酒精 5~15%）[2–4]。

工業革命後釀酒業已被西方壟斷。

[2]

[3]

[4]

阿基米德

希臘科學家阿基米德 (Archimedes, 287–212 BC) 發明幾何學 [5]，並應用於日常生活螺管水車 [6]。聖馬利諾郵票阿基米德人像右上角一個簡單符號就可代表阿基米德浮力原理 [7]。阿基米德發明天平以度量，可以代入數學公式精確計算 [8]。

[5]

羅馬帝國與迦太基之間為西西里島霸權曾有惡戰。阿基米德家鄉在西西里島西城 (Syracuse)，歸屬迦太基。羅馬大軍壓境時，阿基米德利用幾何原理，製作城防機械，能吊起敵方軍艦。又善用拋物線原理，製作火礮投石機，使敵人無法欺身。羅馬將軍曾有軍令，城破時不得傷害阿基米德。西城終於陷敵，羅馬士兵攻進家門高喊口令，一代哲人正在思考數學問題未予理會，戰爭時期戰士殺紅眼，刀劍不長眼，一劍刺下，哲人其萎。

[6]

[7]

[8]

統一公制

此封圖顯示利用阿基米德浮力原理測量密度。郵票則是日本實施公制度量衡紀念 [9]。一般度量衡指長度、容量、重量。統一度量衡為公平交易，提升生活品質前提。迄今全球皆早已實施公尺 - 公升 - 公斤制度，只有英美自絕於外。

メートル法完全実施記念

COMPLETE ENFORCEMENT OF METRIC SYSTEM

First Day of Issue : June 5, 1959

[9]

品質管制

溫度是另一種需要國際統一的單位。瑞典攝氏發明的記溫法 [10]，以水結冰為零度，水沸騰為一百度，全球採用。但美國還是堅持使用華氏 [11]。

度量衡統一後，手工業 [12] 逐漸不敵工業化產品的製程，後者的品質管制有嚴密監控 [13]。

[10]

[12]

[11]

[13]

釀造工業

葡萄酒製程是一種發酵釀造工業。產品品質與原料優劣關係重大。當地土質是否適宜栽種葡萄，酵母可以選擇，當地水質才是關鍵重點。

發酵槽越做越大，當地人施以訓練後也可以操作精密儀器 [14]。一位員工還可管理多台機器，人力大為精減，利潤大為提升 [15]。

[14]

[15]

共軛雙鍵

依釀製方法不同，葡萄酒有不同風味。紅葡萄酒的紅色來自一種花青素 [16]。與花的顏色、樹葉變紅等有關，是一種天然的抗氧化劑。

花青素鮮豔彩色係來自它的大範圍共軛雙鍵。此類雙鍵的 π 電子活動範圍很廣，較安定，其吸收光譜移向可見光範圍。

R = H, OH, OCH$_3$

Anthocyanins

[16]

商品包裝

釀酒工業製程研發成功後開始生產，大批產品需要推銷。商品包裝各出奇招，爭奇鬥艷嘆為觀止 [17]。餐前酒、飯後酒已成文化。紅酒、白酒、冰酒、香檳任君採購，是應邀赴家宴最輕鬆見面禮。

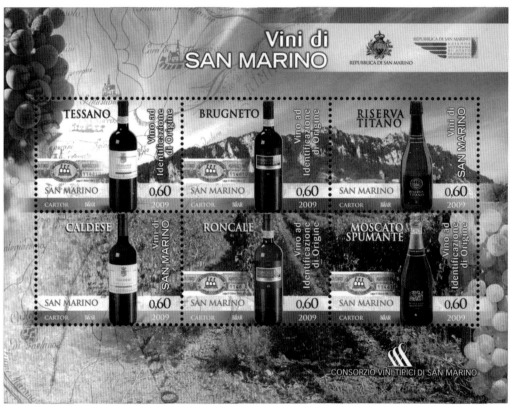

[17]

菸酒公賣

葡萄酒釀造工業化大量製造後，本小利多，各國政府開始干預，成立菸酒公賣制度，高利潤產業收歸國營。

本封戳記念日本公賣制度十周年，戳內「化學知識普及運動」口號與郵票上酒精化學結構式及封圖上燒酒蒸餾吻合 [18]，圖意明確。

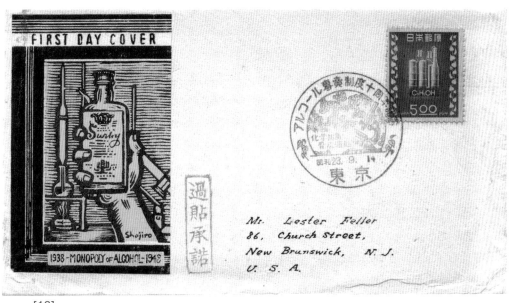

[18]

發酵科學

法國化學家巴斯德 (Louis Pasteur, 1822–1895) [19, 20] (Note 1) 熱衷發酵化學，他發現發酵酒糟中酒石酸有兩種結晶，藉顯微鏡之助分離後又發現兩種結晶除偏極光不同外，其餘化學性質完全相同，但有生物特異性。由此開創立體化學、酶學。

巴斯德再發現空氣中微生物是酒類變酸原因並發明煮沸 – 冷卻 – 密封，殺菌後再密封方法，解決製酒、製奶酸化大問題。此外，巴斯德在疫苗方面也貢獻卓著，但他認為參與發酵反應的發酵素 (ferments) 與酵母細胞不可分割（生機論）卻已過時。

開創酶學

德國化學家布契納 (Eduard Buchner, 1860–1917，諾貝爾化學獎，1907) [21, 22] 發現細胞外也可進行發酵反應，立即說明生機論 (vitalism) 並不正確，自然界並無神秘生命力，有機化合物與無機化合物依循同樣化學定律。發酵過程是酶催化反應結果。生物化學於焉誕生。

[19]

[20]

[21]

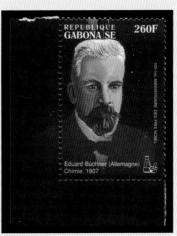

[22]

醣解反應

瑞典生化學家尤確屏 (Hans Euler-Chelpin, 1873–1964) [23]
解出酵母菌中葡萄糖經由發酵過程分解為酒精的各步驟酶
反應，總稱醣解反應。英國生化學家哈登 (Arthur Harden,
1865–1940) 發現除酶分子之外，還需要某種輔助物質參
與。因此發現輔酶 NAD。尤確屏與哈登兩人因醣解反應
獲一九二九年諾貝爾化學獎。

郵票藝術家以分子模型展示此貢獻 [24]。左方為葡萄糖，
右方為乙醇（酒精），當中箭頭代表醣解一串化學反應。

[23]

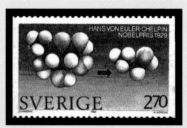

[24]

維生素與輔酶

NAD [25] 是一種雙核苷酸輔酶，其分子中除紅色圈定之菸鹼醯胺外，餘皆可在體內合成。菸鹼醯胺（或菸鹼酸）是一種維生素。人體不能合成，必須由食物供應。

NAD 分子的反應中心在其吡啶圜氮原子正電荷上。NAD 為國際通用縮寫，不必中英對照翻譯。討論觸及反應機轉時用 NAD^+。

細胞內所進行的新陳代謝反應網包括分解代謝途徑與合成代謝途徑兩大部分。NAD 在分解代謝中扮演輔酶角色。合成代謝中扮演輔酶角色的是 NADP，臨近氮鹼核醣的羥基生成磷酸酯。NAD 及 NADP 在反應機轉上完全相同。

Nicotinamide
(Niacinamide)

[25]　Nicotinamide Adenine Dinucleotide (NAD^+)

輔酶角色

德國生化學家瓦伯 (Otto Warburg, 1883–1970) [26] 證明核苷酸輔酶在體內的功能是參與電子傳遞及氧化反應，此重大貢獻使瓦伯獲得一九三一年諾貝爾醫學獎。生化開始進入生理醫學核心，以化學刀解剖各種生命現象。醫學界、化學界、生物界眼睜睜看著一座座諾貝爾獎被生化學者捧走。

[26]

二十世紀風雲生化人物當推瓦伯，他指出呼吸鏈各種酶分子指揮細胞內氧氣流動。他發明精密氣體測量儀，直接量取氧氣消耗。瓦伯觀察到癌細胞生長快速，對醣解依賴較重，據此理論發展對付深層癌組織療法。

瓦伯師承艾米・費雪（Emil Fischer, 諾貝爾化學獎，1902 年）。瓦伯還有幾位學生及合作學者也先後獲得諾貝爾獎：Otto Meyerhof（醫學 1922），Hans Krebs 及 Fritz Lipmann（醫學 1953），Hugo Theorell（醫學 1955）。Meyerhof 研究室又曾訓練過其他諾貝爾獎得主：Severo Ochoa（醫學 1959），Andre Lwoff（醫學 1965），George Wald（醫學 1967），可謂歐洲最大的一支諾貝爾化學家族。

諾貝爾醫學獎光環在瓦伯身上似乎使出一點保護傘功能。瓦伯是猶裔德國人，是希特勒的眼中釘、肉中刺，但希特勒怕自己罹癌，而人人相信瓦伯隨時會發表更有效治癌處方，到時還需瓦伯相救。是故希特勒終其一生不敢動瓦伯。

產地品牌

葡萄酒莊釀出好酒先與鄰居分享，有志一同，打開產地品牌大家共享
[27]。聲名逐漸遠播，有時連酒瓶軟木塞上鏤刻商標亦列收藏品項。

新疆吐魯番出產無籽葡萄遠近馳名，根本不需農藥殺蟲，口感宛如絲
路之旅中的荒漠甘泉。

[27]

葡萄成熟

葡萄初結時皆為綠色，當它顏色開始轉變時表示葡萄
即將成熟，酒莊開始忙碌，釀酒師每天要取樣檢查甜
度、酸度。到採收季節，農家女兒們全體動員，忙碌
又甜蜜 [28]。

驢車運酒

葡萄莊園多在鄉間，鄉間小路與公路系統可能尚有一
段距離，通常皆以驢車代步 [29]。

輪子為人類最偉大發明之一。本封中所示簡單的驢車
已使用數千年。

La Vendimia
JEREZ

PRIMER
DIA DE
CIRCULACION

PRIMER DIA DE CIRCULACION
S.F.C. - A.633

[28]

[29]

轎伕抬酒

驢車不能通行之崎嶇山路上，需全靠人力辛苦付出 [30]。郵票中這位小哥背負重擔卻似不以為意，捶鼓前進，因為他背負的葡萄來自葡萄牙北部杜羅河谷丘陵地帶，專門用於製造一種加強葡萄酒（波特酒、缽酒），甘醇可口。此地葡萄園屬歐盟保護區，保證收購。

[30]

城堡貴族

古代歐洲皇權時期，少數貴族或因戰功分封
或由世襲領地，坐擁城堡豪宅，眾人服侍
[31]。為安全起見，有些城堡建在山頂，易守
難攻。交通雖然不便，但自有管家料理，廚
師、僕役、園丁、護衛執勤。堡主飲宴歡樂，
騎馬打獵，不食人間煙火，鎮日無愁。

[31]

暢飲美酒

少數貴族生活奢靡養尊處優，早已忘却世上苦人多，何不食肉糜，民心思變，革命已起。貴族們舉酒乾杯之時正是在慶祝自己的倒台 [32]。

白藜蘆醇

紅葡萄酒富含白藜蘆醇，是一種天然多酚 [33]。近期研究發現紅酒可能有延緩老化功效，其延年益壽與一種去醯酶活性有關，但多酚類影響層面甚廣，尚無定論 (Ref. 2)。

此外老年失智症常見一種類澱粉胜肽堆積大腦，紅酒多酚有助於類澱粉胜肽清除 (Ref. 3)。適量飲用紅酒有延緩老化效果。

[32]

[33]

Resveratrol

漢唐盛世

葡萄美酒夜光杯 欲飲琵琶馬上催
醉臥沙場君莫笑 古來征戰幾人回

唐　王翰〈涼州詞〉[34–37]

漢朝時主要外患來自北方匈奴，匈奴內部更常自家征伐。漢朝衛青、霍去病、李廣等名將神威所至，張騫、班超等外交家折衝，匈奴誠服。公元前五十四年匈奴王呼韓邪單于向漢稱臣歸附，漢元帝選宮女王昭君和親 [35]。呼韓邪大喜，納之為后。後呼韓邪在西漢支持下統一匈奴全境，絲路貿易開通，吐魯番葡萄酒也打響名號。

唐朝時吐蕃陷入內戰，唐宣宗授敦煌人張議潮為河西節度使，率軍收復吐蕃佔領的河西走廊，光復涼州，打通中斷百年的絲路。甘肅敦煌「莫高窟」第一百五十六窟《張議潮統軍出行圖》[37] 正是為紀念民族英雄張議潮所繪，與宗教無關，王翰之〈涼州詞〉也是有感而發。

[34]

[35]

[36]

[37]

參考文獻與註釋

(1) 郵票設計者簽署之色彩校對稿之一。

(2) Carmen Drahl (2009) Revisiting Resveratrol. *Chemical & Engineering News*, 87(50) (Dec. 14 issue), pp. 36–37.

(3) Nicole Kresge (2006) Compound in Wine Reduces Levels of Alzheimer's Disease-Causing Peptides. *ASBMB Today*, 4(10), p. 15.

15 運動化學

化學與運動互補 [1]
分析化學與應用光譜學年會專用封見證

[1]

風馳電掣

運動需求促使化學發展
化學發展推進運動極限

拜現代化學之賜，滑雪溜冰等運動器材品質精
進 [2]。運動員得以追求暢快完美，迭創佳績。

[3]

小說人物向有誇張、穿鑿附會在所難免。水滸
傳人物山東江州看守所所長「神行太保」戴宗，
將兩隻甲馬栓在腿上，可日行五百里 （台北 –
嘉義），專責飛書快報緊急軍情。以道術解釋
戴宗神行法過於玄虛，但所御「甲馬」或為「鐵
馬」之類，也許我們可以想像戴宗在駕御他所
嫻熟的單車 [3] 或直排輪之類 [4]。太醫安道全
也學會駕御方法，緊急時刻還能借來趕路，騎
上梁山為宋江醫治背瘡。

[4]

[2]

材料科學

工業革命後，化工方面主要之進展在材料科學 [5]：例如壓克力、
矽膠、輕合金、各種聚合物、合成纖維、石蠟等等現今耳熟能
詳，當年可都是劃時代產物。

[5]

天然聚合物

利用少數小分子化合物為原料，製出千變萬化不同功能的聚合物，本是大自然奧秘之處，如：葡萄糖→澱粉，胺酸→蛋白質，核苷酸→核酸莫不如此。

天然橡膠為異戊二烯 (isoprene) 聚合物 [6]，具彈性又防水，為管路接頭、輪胎或雨具最佳材料 [7, 8]。當年日本瘋狂發動太平洋戰爭即為覬覦東南亞橡膠戰略物資。目前各種合成橡膠產能早已超過天然橡膠。

[6]　　　　　　[7]

[8]

創新研究

蜘蛛絲與蠶絲皆由絲蛋白組成。絲蛋白富含甘胺酸及丙胺酸,支鏈所占空間最小。簡單胺酸序列造就絲蛋白全部為規則褶片狀結構,胜鏈間氫鍵達於滿位但又可自由滑動 [9]。是故絲織品光滑堅韌,為上等衣料,冬季禦寒力佳,但並不適合海島型氣候的夏季。棉織品透氣,但洗燙煩人。

在眾多科學家正體會大自然奧妙之際,德國化學家齊格勒 (Karl Ziegler, 1898–1973) [10] 及義大利化學家納塔 (Giulio Natta, 1903–1979) [11] 脫穎而出,因成功合成聚乙烯及聚丙烯,獲得一九六三年諾貝爾化學獎 [9]。塑料由此進入人類生活,遍及全球各個角落。

[9]

[11]

[10]

化工革命

各種人工聚合物塑料如尼龍、達克龍迅速席捲化工業 [12]。塑料產品充斥地球各個角落，環保問題嚴重，弊端顯現。當下重要課題為研發對環境友善，微生物可降解塑料。

本首日封為德國慶祝其合成纖維（聚對苯二甲酸乙二酯，polyethylene terephthalate）商品達克龍成功所發行郵票。回想一九七一年正是德國引以為傲的達克龍席捲免燙襯衣市場時刻。

[12]

塑化工廠

在雨後春筍般林立塑化工廠 [13] 中以下列原料使用最廣 (Ref. 1)：

Butadiene（丁二烯）[14]：合成橡膠

Propylene（丙烯）[15]：PP

Ethylene（乙烯）[15, 16]：PE

Vinyl chloride（氯乙烯）[17]：PVC

[13]

[14]

[15]

[16]

[17]

化工鉅子

BASF 為世界最大化工廠，總部位於德國萊茵河畔路德維希港 (Ludwigshafen)，占地十平方公里，員工逾十萬人。分廠遍及全球，包含台灣及大陸 (Ref. 2)。

德國重要郵品之一：BASF 代表性產品苯乙烯 (Styrene) 化工廠 [18] 生產人造橡膠。

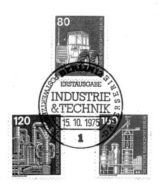

ERSTTAGSBLATT
11/1975

Postwertzeichen-Dauerserie

»Industrie und Technik«

Nähere Angaben zu dieser Postwertzeichen-Ausgabe auf der Rückseite

Bundesdruckerei 500 212 9.75

[18]

人造纖維

回應市場需求，各國紡織業因勢而起，各種合成纖維問市 [19]。在尼龍適用性遭質疑之際，化纖已攻入排汗衣、發熱衣領域。

紡織廠由聚化、紡絲、織布、印染，到成品一氣呵成 [20]，大大降低生產成本，廠家得以低價應市。

[20]

大張旗鼓經典宣傳

維綸 (Vinalon) 是一種聚乙烯醇合成纖維，品質不佳。韓戰時漢城大學教授李升基回歸北韓，將此技術帶到平壤。北韓利用維綸建廠時機大肆宣傳，興建中（一九六一年）[21] 與完工後（一九六二年）[22] 之廠房皆印製郵票，極為少見。該廠出產織品外銷通路不暢，只能靠內銷消化。由於原料供應無繼，一九九四年倒閉停工，為國家大型投資失敗案例。但北韓迄不認輸，李升基去世後第二年（一九九八年）以舉國之力重產維綸，並再出郵票紀念 [23]，讓世人跌破眼鏡。

[19]

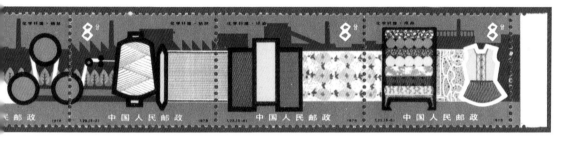

[21]

[22]

[23]

棒球運動

台東紅葉少棒隊曾代表中華隊出征美國,在賓州威廉波特一鳴驚人,榮獲世界冠軍。載譽歸來,新郵票印製不及,中華郵政改以在中山樓郵票上加印賀語方式報喜 [24]。日後中華青少棒隊 [25]、中華青棒隊 [26] 接棒成功,開創台灣棒球世紀。台灣老年人口應該都還記得當年熬夜觀看中華小將們為國爭光時刻 [27]。

[24]

[25]

[26]

[27]

運動殿堂

大型建築維護不易 [28, 29]。拜化學之賜，新型奈米建材氧化鈦 (TiO_2) 具有自我清潔能力，遇太陽光中紫外線照射時，所含銳鈦礦 (anatase) 將催化所附著有機污質之氧化分解作用，永久維持建築物外觀美麗，不必時常加以清洗，節省人力 [30]。此外多孔性奈米建材又具吸附性，有助於清除空污，環保建材日新月異。

[28]

[29]

[30]

水

傳統上，水有氣態、液態及固態三種物理狀態。較新之理論化學研究則指出另有一種介乎液態與固態之間的膠態水，具有重要生物意義 (Ref. 3)。細胞內水分子具半流動結構，有膠體化學性質，屬介面化學領域。

若不識漢字，實難理解世界水日郵票設計奧妙 [31]。游泳為代表性運動項目，運動會常以游泳項目跳水、水球切入 [32]。

[31]

[32]

安心游泳

水為各類生物最需。潮濕之處必生黴菌。泳池池水經常注入之活水有限，為保持池水清潔，必須經常使用藥物抑制黴菌生長，最常用之消毒劑為氯。直接使用氣態氯相當危險，一般皆採用能在水中緩釋氯氣的次氯酸鈣或次氯酸鈉。此為泳池水色湛藍之原因。

泳池游泳極為安全 [33]，善泳者蛙鏡都可不用，但泳畢宜先淋去身上消毒劑，確保皮膚清潔。

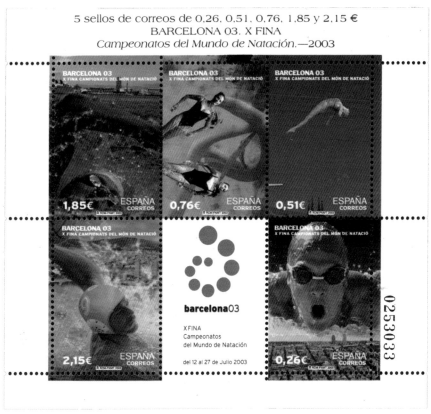

[33]

如魚得水

有了清潔安全又舒適場所，運動員得以放手一搏，發揮全力追求卓越巔峰 [34–36]。

[34]

[35]

[36]

高台跳水堪稱最能展現力與美運動項目之一 [37–41]。跳水講究躍出美姿，空中翻滾，俐落入水，激起最小水花。

[37]

[38]

[39]

[40]

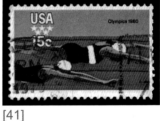
[41]

參考文獻與註釋

(1) J.-F. Tremblay (2010) China's venerable vinyl process. *Chemical & Engineering News* (Jan. 18), pp. 18–19.

(2) M. McCoy (2011) Keeping the faith at Germany's BASF. *Chemical & Engineering News* (June 27), pp. 18–21.

(3) Elizabeth K. Wilson (2009) Watering down Science? *Chemical & Engineering News* (Dec. 14), pp. 32–33.

16 綠色化學

綠色生活：日常生活中融入綠色內涵 [1]

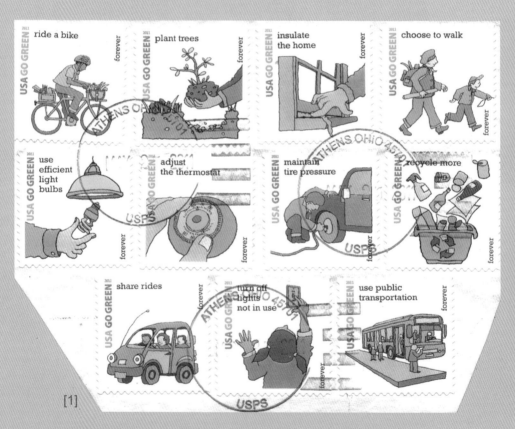

[1]

多騎腳踏車。多種樹。家戶門窗封密。多走路健行。
改用省電燈泡。調節室溫。調節胎壓。資源回收。
儘量共乘。隨手關燈。儘量搭乘公共交通工具。

女媧補天

盤古開天 [2]，化成萬物 [3]。但農耕生活開墾
大地 [4]，鑽木取火燃燒萬物 [5] 將衝擊環境
顯而易見。古人智慧已預言修補臭氧層對環
境的重要。

山西吉縣「人祖山」上「媧皇宮」發現人骨，
經北京大學考古隊以碳十四同位素科學鑑定
已達六千二百年，考古專家認為可能是傳說
中三皇五帝時代的女媧遺骨。史前傳說女媧
補天已有跡可循，不再只是無稽神話 [6]。

「人祖山」位於山西省臨汾市吉縣西北邊，
與壺口瀑布為鄰，海拔高度逾一千七百米，
以人祖廟為核心的自然景觀風景區，是休閒
養怡的絕佳勝境。

[4]

[6]

[2]

[3]

[5]

珍愛地球

從外太空看地球極為美麗 [7]。人類應保護環境、保護森林 [8]、
珍惜礦產資源 [9]、防止大氣汙染 [10]、珍惜生命之水 [11]、保
護海洋資源 [12]。

[7]　　　　　　　[8]　　　　　　　[9]

[10]　　　　　　　[11]　　　　　　　[12]

淨山淨水

山林海岸人跡罕至，美麗山河維護不易 [13]。欣賞美景之餘，除相片外勿留下任何垃圾 [14]。

生活必留下痕跡，反映當時歷史文化。智者留下美好一面供後人景仰 [15, 16]。

[13]

[14]

[15]

[16]

極地淨土

地球七大洲五大洋所餘淨土不多 [17]。 南北冰洋極地探險隊伍絡繹於途 [18–20]。 一九六一年華盛頓極地公約正式生效，極地探險限科學用途，嚴禁軍事用途 [21]。

千禧年南半球迎接
第一道曙光

極光為極地特有風光。極光之旅所費不貲，但賞心悅目令人驚豔 [22]。

紐西蘭於公元二千年一月一日清晨三點五十九分迎來千禧年南半球第一道曙光，當日正值南半球盛夏時分，氣溫攝氏四十度 [23]。

[17]

[18]

[19]

[20]

[21]

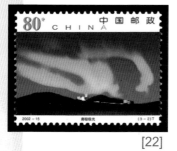

[22]

[23]

大氣臭氧層破洞

在地球大氣層外有臭氧層 (O_3) [24-26] 能吸收過濾紫外線，具保護地球功能。但英國極地探險隊卻於一九八五年發現巨大極地臭氧層破洞，引發全球對大氣環保的關心。

荷蘭化學家克魯岑 (Paul Crutzen) 首先提出大氣中 NO 及 NO_2 等廢氣對臭氧層造成的影響，引發大眾對臭氧層的省思。

拯救地球

美國化學家羅蘭 (Sherwood Rowland) 及莫利納 (Mario Molina) 師徒二人 [27] 鑽研冷媒對環境化學的影響，合力完成大量使用冷凍劑 Freon-31（即氯氟甲烷 Chlorofluoromethane）對環境污染之研究。Freon-31 光解後產生氯原子，破壞臭氧層。對地球生態影響重大。由此引領全球使用環保冷媒已成大勢所趨。

克魯岑、羅蘭，與莫利納三人因研究大氣臭氧層氣候變遷有成，共獲一九九五年諾貝爾化學獎 (Ref. 1)。

[24]

[25]

1999

[26]

[27]

寰宇緝兇

臭氧主要存在於距地球表面上空 15–35 公里的
大氣平流層中。臭氧層在地球上形成了一個保
護層，吸收來自太陽的紫外光輻射線，保護地
球上所有生命。但在二十世紀卻發現大氣臭氧
層被破壞，造成地球極地臭氧層破洞，見在郵
票當中地球上大黑洞。罪魁禍首惡性重大全球
通緝，經查證發現下列重大嫌疑犯 [28]：

[28]

1. 氣溶膠：大量氣溶膠懸浮微粒子，引發霾霧。
2. 非環保冷媒：大量使用，氯污染環境。
3. 噴射客機：每天在臭氧層飛行，排放廢氣。
4. 森林大火：大面積燃燒，污染空氣。

最後，藏在郵票內的元兇終於揪出：郵票左上角小圓圈內，氣溶罐噴
出之「CFC」乃早期冷媒氯氟烴 (chlorofluorocarbon) 也。郵票右上角
小圈內有 N_2O，來自人類大量使用的化學肥料所逸出。追出兇手的克
魯岑、羅蘭與莫利納對地球永續發展有功，也都獲得諾貝爾獎殊榮。

越洋航線

極地長程航線直接穿越北極或南極
[29]。越洋航線中途站經阿拉斯加的
安克拉治市也近極地 [30]。噴射機飛
行高度約 20 公里，正是大氣臭氧層
區域 (15~35 公里)。但是極地航線卻
是最短最省油路徑。經濟與環保再度
面臨兩難。

[29]

[30]

水土保持

一支幼苗長成樹木可能需數十年
[31]，可是一支小火苗如不慎引發森
林大火，整片林木將毀於一旦 [32]。
樹木生長札根於土，有利水土保持
[33]，是故築壩集水灌溉防洪皆為重
要基礎建設 [34, 35]。

[31]

[32]

[33]

[34]

[35]

林業政策

木材為重要天然資源。舉凡建材、家具、紙漿原料所需木料皆來自寶貴森林資源 [36]。重要之林業政策將規範合法伐木，防止濫墾盜伐，更要思考後續的完整復育計畫。

[36]

環保冷媒

有機化合物國際命名法於一八九二年在日內瓦達成協議。瑞士在命名法百周年時出郵紀念，選用對大地臭氧層較友善之無氯環保冷媒二氟丁烷 (2,2-difluorobutane) 為綠色代表 [37]。同年（一九九二年）蒙特婁公約全面禁止再用氯氟烴 (chlorofluorocarbon) 為冷媒媒材，以避免氯的影響，挽救大氣臭氧層。

郵票及首日封皆以環保冷媒二氟丁烷為主角。圖中顯示化學家以平面表示空間結構及空域占有體積方式，深藍色球為碳原子、淺藍色球為氫原子、綠色球為氟原子，綠色化學主題版面和諧。

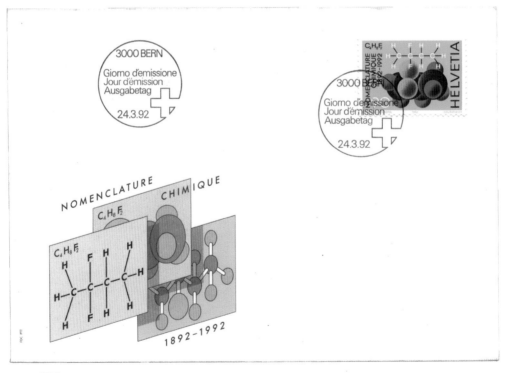

[37]

拯救臭氧層

賴各國法規制定及民眾覺醒 [38–42]，努力多年後，二零二零年傳來
短暫好消息，南極臭氧層破洞初見縮小，全球慶幸還早，原係新冠病
毒肆虐，人類活動降低，大地正在喘息，臭氧層仍待修補。

[38]　　　　　　　　[39]

[40]　　　　　　　　[41]

[42]

節能減碳 保護環境

本封票圖戳主題明確，節能減碳、省水省電、保護環境，
植樹綠化 [43]。郵票以太陽能版製成傘面，具有創意。藍
色海洋經污染成黃色，綠色大地城市經空污染成紅色。郵
戳資源回收環繞成長樹苗喻為氧氣及二氧化碳在動植物間
之共需。首日封圖則以簡體節字燈座涵蓋以上所有概念。

首 日 封 F.D.C.

郵政編碼：

[43]

綠色化學

以科學龍頭自居的美國化學會推動綠色化學多年，定出下列綠色化學規則，供化學家們在設計實驗時做為參考準則 (Ref. 2) [44]：

1. 避免產生廢物
2. 有效使用原子
3. 採用安全合成
4. 設計友善化學物
5. 選擇溫和溶媒
6. 設計節約能源製程
7. 採用遞加原料製程
8. 減少產出衍生物
9. 選擇有催化劑反應
10. 設計生物降解製程
11. 即時監測污染防治
12. 友善化學防止意外

[44]

綠色能源

風力發電 [45]、水力發電 [46] 皆值得投資，但時也成事在天。生物堆肥發酵再生能源經濟環保，最值推廣 [47]。如得地利，有地熱天然資源，可謂得天獨厚，善加利用 [48]。太陽能燈塔自給自足，設計和諧，可以效法 [49]。

[45]

[46]

[47]

[48]

[49]

節水省電

中華郵政郵票節水省電主題明確 [50–51]。葡萄牙郵票節約用水，資源回收主題也一目了然 [52]。紅色垃圾桶回收電池，綠色垃圾桶回收玻璃瓶，黃色垃圾桶回收塑膠瓶，藍色垃圾桶回收紙箱。避免水管未夾緊漏水。以水杯適量取水，用過洗窗水再用於澆花。

[50]

[51]

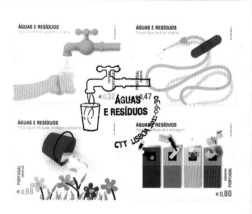

Águas e Resíduos

[52]

求水止渴

水為最珍貴天然資源 [53]。水情吃緊之際，總見臨渴掘井之議，忘卻地下水流失將造成更大危機 [54]。

澳門的一九九九年回歸郵票以擔水人的辛苦來點出澳門人過去用水之窘迫 [55]。

[53]

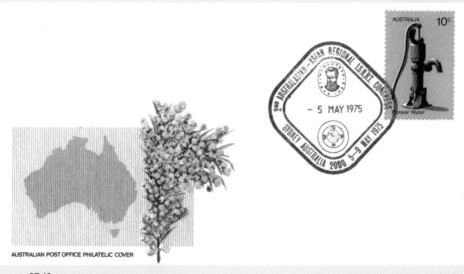

AUSTRALIAN POST OFFICE PHILATELIC COVER

[54]

[55]

海水淡化 工程浩大

海水資源豐富但成分複雜，直接飲用既鹹又澀 [56]。所謂海水淡化以蒸餾法除去各種離子雜質，清淨淡化後之水才甜美可口，但成本高昂。蒸餾設備運轉耗電，所費不貲 [57]。離子交換法有時也不切實際，推廣不易。工業用水如用海水運作，機器皆將鏽蝕。若淡化海水供工業使用，又恐得不償失。

香港為人口高度集中都會區，缺少天然資源。香港飲用水及工業用水絕大部分由廣東供應，沖水馬桶用水則由另外海水系統控管，絕大多數香港人皆深知缺水痛苦，十分珍惜用水。

[56]

[57]

保護水資源

水資源關係人類生存 [58]，其重要性不亞於關係人類發展的石油。水庫區、水土保持、疏濬集水皆為水利單位重要施政措施。

保護水資源郵票首日封
Water Resource Protection Postage Stamps F.D.C.

[58]

參考文獻與註釋

(1) David G. Hendricker (1996) The 1995 Nobel Prize in Chemistry. *Philatelia Chimica et Physica* 18(1), pp. 133–135.

(2) Paul Anastas (2011) Twenty years of green chemistry. *Chemical & Engineering News* (June 27), pp. 62–70.

第三部
生命化學

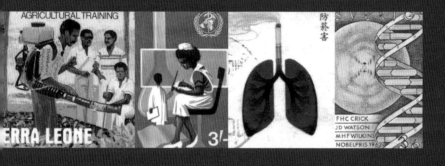

Chemistry of Life

17 生命之泉

血液化學,捐血救人 [1]

[1]

德國馬克鈔票人物,血液學之父歐立希 (Paul Ehrlich,諾貝爾醫學獎,1908) 發明含砷化合物「606」、「914」,以毒攻毒,專治梅毒。

氧氣輸送

維持生命現象的能量來源是氧化反應。紅血球 [2] (Note 1) 是氧氣補給後勤指揮官,唯一任務就是攜帶氧氣,於肺動脈滿載後運送至全身各處,無遠弗屆 [3]。

在回程中,紅血球附帶任務是將細胞新陳代謝所產生的二氧化碳帶走,經靜脈帶回至肺臟與氧氣交換,使二氧化碳排出體外,因此,紅血球中的血紅素是此行任務執行官。

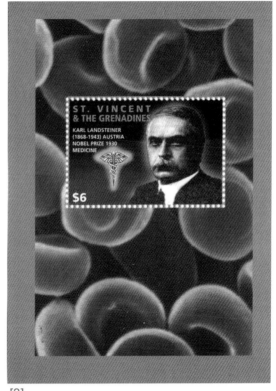

[3]

[2]

運輸系統

血液循環系統負責體內運輸功能，由各種血管組成，從主動靜脈系統以迄微血管遍佈全身每一角落，提供氧氣及養分輸送及廢物排出 [4]。

主動脈與主靜脈猶如兩條高速公路，而微血管則是遍布各地的鄉間小路。紅血球是運補車隊，車內裝載血紅素；白血球是巡邏兵，防止敵人滲透，血小板則是工兵，負責修補防漏。

[4]

心肺功能

肺葉構造可使氣體充分交換，O_2/CO_2 得以快速進行換補。心臟猶如加壓馬達，將飽含氧氣之動脈血強力送往體內各處 [5]。

[5]

防禦系統

動脈血液因氧氣飽和度高而呈鮮紅色故以紅色表示。靜脈血液因去氧而呈暗紅色則以藍色表示 [6]。

[6]

為確保血管補給通道暢通,白血球在循環系統中擔任防禦功能又兼清道夫角色,清除路障、抵禦外侮 [7] (Note 2)。

[7]

血小板參與重要的凝血功能,保護珍貴血液不致因意外而流失。

凝血瀑布

蛋白酶之功能在切斷某一特定胜鍵，每種凝血因子都是一種蛋白酶，但都以備戰的無活性酶原方式存在。酶原多了一段胜鍵卡在凝血因子活性中心，當血液凝固啟動時，凝血因子活性中心內的保護胜鍵被切斷，致使該凝血因子活化。

血液凝固是一種天然保護機制，防止血液大量流失。局部創傷時，組織液觸發連環蛋白酶反應，一環扣一環，宛如瀑布。參與蛋白酶至少有八種，平時皆以酶原方式管制，此處以方框框之代表其活性中心受到保護 [8]。無方框時，代表障礙已除，該凝血因子可催化酶解反應。各凝血因子是依照被發現的時間來命名，且無一定順序 (Ref. 3)。生命奧妙之處在於有血凝需求時，此方式能迅速放大訊號，短時間內止血。

血友病是一種遺傳病，常見的原因是第八凝血因子有缺陷，因此患者小小外傷亦流血不止，內出血時更為痛苦。血友病為歐洲皇室普遍遺傳病，原始禍首英國維多利亞女王。女王多產，遺禍子孫。其中最惹人惋惜者當推俄國沙皇二世的小皇子，沙皇耗盡心力於照顧幼子，疏於國政，未及時疏導或撲滅民怨，致使十月革命情勢已不可逆，最後全家被處死。

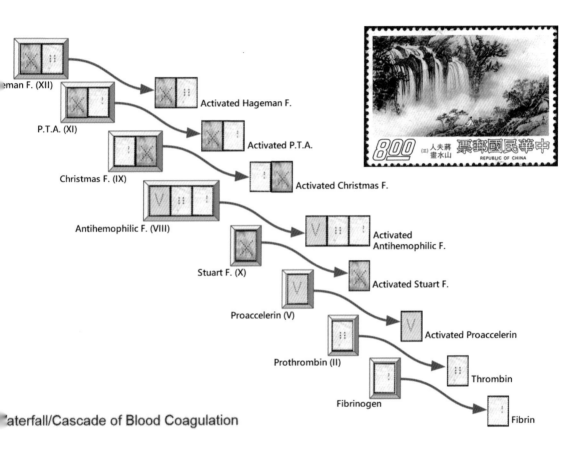

eman F. (XII)

P.T.A. (XI)

Christmas F. (IX)

Antihemophilic F. (VIII)

Stuart F. (X)

Proaccelerin (V)

Prothrombin (II)

Fibrinogen

Activated Hageman F.

Activated P.T.A.

Activated Christmas F.

Activated
Antihemophilic F.

Activated Stuart F.

Activated Proaccelerin

Thrombin

Fibrin

Waterfall/Cascade of Blood Coagulation

[8]

血液凝固

血液凝固神奇而複雜，由組織創傷引發，大致可分三階段：(a) 受創處血管立即收縮減低血流。(b) 形成暫時性血小板栓子檔住血流。(c) 形成安定血栓封住傷口。

有些凝血因子之酶反應需要鈣離子參與 [9]，而維生素 K 則參與血栓素 (thrombin) 功能。任何一種凝血因子有問題時，都將引起血栓或血流不止。

硫酸肝素 (heparan) [10] 由一種白血球細胞分泌，參與免疫反應以及血凝。普通肝素 (heparin) 是由硫酸肝素中分離而出的防血凝成分，常用於血液庫存。

科學發展迅速，如今所有凝血因子基因序列皆已建立，可用遺傳工程方法製備，人們所擔心的人造蛋白質在現代反倒成為最安全的方法，不必為來自捐血中心的天然血液可能有肝炎病毒、愛滋病毒污染而煩惱，乃是血友病患一大福音。

[10]

血庫之父

美國外科醫師德魯 (Charles Drew) [11] 研究血液成分有成，建立美國第一座血庫 (Blook Bank)，研擬紫外線殺菌，並發明冰箱血車，第二次世界大戰時供應英國戰場，有如天將神兵，發揮關鍵作用，救傷無數。德魯獲選登錄偉大美國人郵集。本首日封圖特以傘兵空降方式呈現德魯及時將血液送入戰場情景。

德魯以其專才受聘美國紅十字會第一任血庫董事長，後德魯因反對美國種族政策中歧視黑人血液而辭職。

[11]

扶傷救難

戰場或災變現場扶傷救難工作有二項特點 [12]：

1. 緊急輸血需求孔急，平日即應有所因應，要求百分百的準備。

2. 血液品質管制要求嚴格，
   生物製劑不容出錯，錯誤
   零容忍。

[12]

血型之父

奧地利裔美國醫師藍斯坦 (Karl Landsteiner, 1868–1943) [13] 於一九零
二年即發現人類有 O、A、B、AB 四種不同血型，產生四種抗體，同
血型抗體不會攻擊自己。細胞能辨認早期遇過之外來物，此重要發現
遲至一九三零年才獲諾貝爾醫學獎認同，只因藍斯坦的發現太先進，
評審委員尚無足夠免疫學知識去評估其重要性。一九二零年之後血型
的認知才開拓輸血及免疫領域，器官移植亦已在望。

四種血型的區別乃是因紅血球表面醣分子抗原略有不同。

KARL LANDSTEINER
*Received the Nobel Prize for Medicine
December 10, 1930 • New York, New York*

AMERICA'S IMMIGRANTS

先天血型

紅血球表面醣分子決定該血球血型 [14]。

1. O 型血之紅血球表面醣分子只含基本抗原 Fuc-Gal-GlcNAc-Gal。
   只能接受 O 型血；不能接受 A 型，B 型，或 AB 型血。

2. A 型血則為當中 Gal 再多一個分支 N- 乙醯半乳糖胺 GalNAc，會
   產生額外抗體對抗 B 抗原，因此可以接受 A 型及 O 型血；不能
   接受 B 型及 AB 型血。

3. B 型血為當中 Gal 再多一個
   分支半乳糖 Gal，會產生額
   外抗體對抗 A 抗原，因此可
   以接受 B 型及 O 型血；不
   能接受 A 型及 AB 型血。

4. AB 型血則為當中兩個 Gal
   各多分支 Gal 或 GalNAc，
   均為其基本抗原，不會產生
   額外抗體；因此可以接受任
   何血型血液。

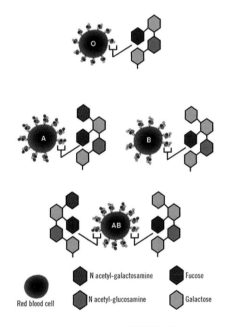

[14] ASBMB Today 授權使用。

血液檢查

多數諾貝爾獎得主於獲獎名利雙收後，或應酬演講，或改作他題，再無學術表現者所見多是。

一九二二年，藍斯坦於第一次世界大戰後移民美國，獲得諾貝爾獎後依舊親自上陣，在實驗台上心臟病發時還手執滴管。

在紐約洛克斐勒大學，藍斯坦與同事再發現多數人還有另一種血型因子 (Rh factor)，為蛋白抗原 [15]。因此輸血、驗血均先驗明此八種血型歸屬 [16–18]。

[15]

[16]

[17]

[18]

輸血救命

奧地利為紀念人類血型發現一百週年所出郵票將 A-B-O-AB 血型嵌在血滴中,設計高明,雖不易看懂,正説明其背後重要含義 [19]。血型發現為世紀偉大貢獻之一,輸血前之驗血工作使輸血更為順利,拯救無數生靈 [20, 21]。

維持血庫成本不貲,醫界一直在檢討輸血標準。外科手術技藝日益精進,對輸血的需求也有下降趨勢 (Ref. 4)。但對 O 型血的需求不降反升,各處急診病患時有緊急情況急待輸血,如若來不及檢查其血型,O 型血可以立即派上用場。

腸道細菌數量上兆,具有豐富生態資源。科學家已由其中篩選到可以分解 A 型紅血球表面醣分子菌種,能除去 A 型紅血球多出的 N- 乙醯半乳糖胺,加拿大供血中心已可將 A 型全血轉變為 O 型血供應血液市場。

[19]

[20]

[21]

紅十字會

世界各地軍事衝突不斷，造成無數平民傷員，亟待輸血救援。瑞士商人杜南 (Henry Dunant) 於一八六三年在瑞士日內瓦成立國際紅十字會，扶傷濟難。美國紅十字會由芭菏 (Clara Barton) 成立於一八八一年 [22]。國際紅十字會為人道慈善團體，各方均十分敬重 [23, 24]。由其主持捐血活動，維持血庫運作，並於一九一七、一九四四，及一九六三年三獲諾貝爾和平獎。

人體內全部血液約六公升，捐血一次約五百毫升，骨髓細胞可在四週後補足紅血球，因此健康成年人每八週可捐血一次。

[22]

[23]

[24]

捐血步驟

捐血人到達捐血站時，由工作人員接待，初步問診並檢驗血紅素及鐵含量以判定是否適合捐血。適合者抽血五百毫升，分裝一大袋及數小管，均貼條碼可供溯源，輸血用血液不應混合再分裝，小管血送驗合格後，大袋血經初步離心除去紅血球及血小板，獲得血漿備用，冰箱冷藏可存放四十二天 [25] (Ref. 4)。

紅十字會血庫保存所有血液製品，醫院僅保留少量庫存，必要時再向血庫申請。

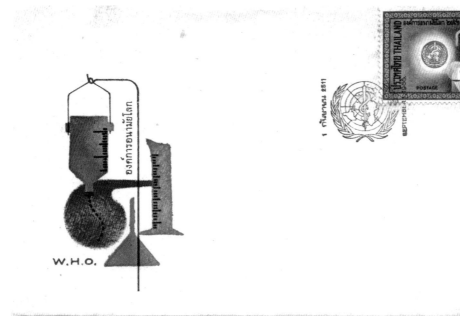

[25]

安全輸血

血液十分珍貴而又處處潛藏危機，捐血人過去生活史無法充分掌握，因此血液使用前必先盡量做好安全檢查。已知肝炎病毒 (HVC) [26]，愛滋病毒 (AIDS) [27] 皆先篩檢剔除。

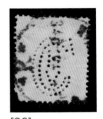

[26]

血友病患須常跑醫院輸血以救命。一九八零、一九九零時期曾發生血友病輸血大災難，大批血液被愛滋病毒感染，未經檢驗即為病患使用，造成大量血友病患感染後天免疫不全症、抵抗力變差，最後死於免疫不全併發症。血友病患長時間面臨接受輸血與否兩難抉擇：「留血而死」或「流血而死」。

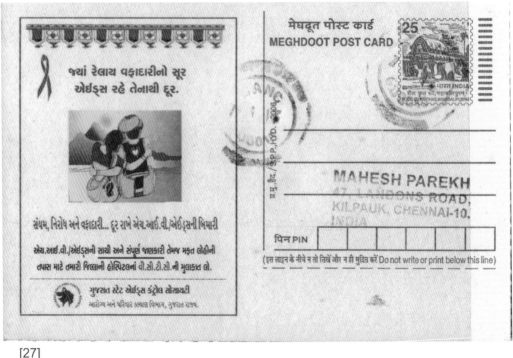

[27]

血清藥廠

血漿再除去凝血因子則得血清，有些血清可能進入血清藥廠製造各種抗血清以備不時之需 [28]。

此封為澳洲郵局正式發行之郵資已付郵封。蓋有首日戳印，紀念澳洲血清藥廠 (Commonwealth Serum Laboratories) 七十五週年慶。如細心檢視圖片，可得知其公司對於血清等生物製劑要求嚴謹，不容出錯。如此則已達該封宣傳目的。

75th Anniversary of the Commonwealth Serum Laboratories

[28]

參考文獻與註釋

(1) Perfin RBC for erythrocytes (red blood cells).
(2) Perfin WBC for leukocytes (white blood cells).
(3) Earl W. Davie (2003) A Brief Historical Review of the Waterfall/Cascade of Blood Coagulation. *Journal of Biological Chemistry* 278(51), pp. 50819–50832.
(4) John Arnst (2019) Making O. *ASBMB Today* 18(2), pp. 20–30.

18 化學大師

鮑林 (Linus Pauling) [1]
建立 化學鍵 氫鍵 共振理論

[1]

The Nobel Prize
1901-2001
USA 34
ALFRED NOBEL

WASHINGTON DC
MAR
22
2001
20066

FORCE *of* NATURE

THE LIFE *of* LINUS PAULING

Nobelpriset
1901-2001
8 KR SVERIGE
ALFRED NOBEL

POSTEN STOCKHOLM
2001-03-22

NOBEL PRIZE 100TH ANNIVERSARY
JOINT ISSUE
US AND SWEDEN

1954 PRIZE IN CHEMISTRY
Linus Pauling
Quantum chemical bonding theory (1928-32)

1962 PEACE PRIZE
Linus Pauling
Campaign for nuclear test ban treaty

BGC

化學反應

瑞典化學家阿瑞尼 (Svante Arrhenius)
[2] 提出化學反應活化能及電解理論獲
頒一九零三年諾貝爾化學獎 [3]。鮑林
進一步指出酶催化反應乃由於酶分子
「活性中心」與化學「反應過渡狀態」
結構互補，降低活化能，建立重要化
學觀念。

[2]

為解釋化學反應之抽象觀念，某教授
發明下列比喻 (Ref. 1)，化學反應之發
生需符合三項條件：(一) 反應分子必
需先相撞。(二) 相撞分子必需要有足
夠動能 (≥活化能)。(三) 相撞分子撞

[3]

擊角度還必需正確。教授徵求一名同學上前，示範表演下列化學反應：

教授的拳頭 + 學生的頭 → 痠痛的拳頭 + 流血的鼻頭

以上反應之發生需要拳頭與頭先接觸 (分子先相撞)。輕輕一拳顯
然不易使鼻頭流血，所以反應物相撞時需有足夠動能也就不言而喻。
最後，朝後腦勺一拳也不會讓鼻頭流血，只有迎面一拳才會收到預期
效果。換言之，反應物相撞後，還需要方向正確才會看到化學反應
（以上文字純供揣摩，切莫仿效）。

化學大師鮑林提出的酶反應理論完美解釋以上三條件：酶活性中心提
供媒合場地，條件一，三已迎刃而解。酶活性中心結構與化學反應過
渡狀態結構互補將促使反應進行。酶反應降低活化能，猶如不必辛苦
爬經山頂，另循地道下山也抵達目的地。

化學大師鮑林

鮑林以數學公式、量子力學理論演繹出原子陰電性、氫鍵及共振理論，極為重要 [4]，獲一九五四年諾貝爾化學獎。最後卻又能以極為簡明方式介紹給一般學習化學者。鮑林於一九三九年出版的《化學鍵原理》(*The Nature of the Chemical Bond*) 為有史以來最暢銷的化學教科書之一 (Refs. 2, 3)。

[4]

氫鍵

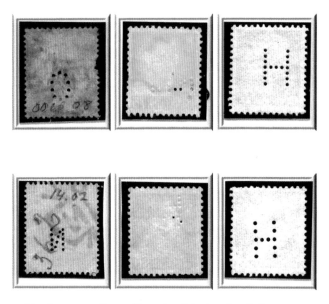

Hydrogen Bonding in Biological System

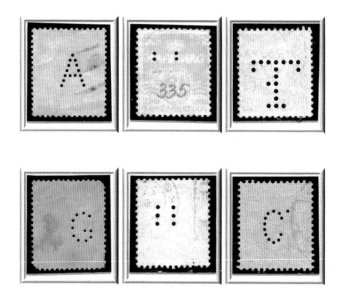

Base Pairing in DNA

鮑林新創氫鍵理論，包含 O··H，N··H 等在生物界獲得巨大迴響 [5]。DNA 雙股螺旋間的鹼基配對 G≡C 及 A=T 分別有三個及二個氫鍵 [6]。氫鍵鍵結力較共價鍵弱，但其可觀數量賦予生物大分子重要之結合力量。當這些鍵結力集體行之時即賦予生物分子特殊的可逆性結合與解離性質，例如酶與其基質、抗原與抗體、賀爾蒙與其受體，莫不如是。當細胞需要生長分裂時，DNA 雙股螺旋拆為二條單股，各為母版，合成二條雙股，分別去到二個子細胞，各得完整雙股螺旋 DNA。

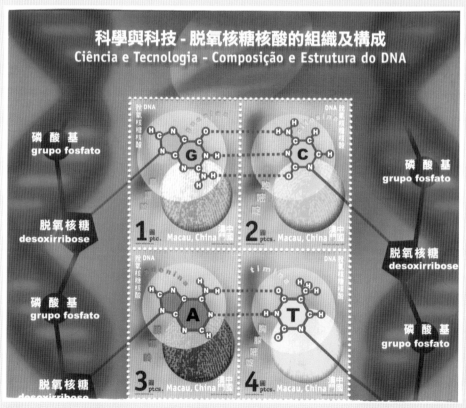

[6]

共振理論

鮑林的共振理論，說明電子不固定現象。最重要的例子是苯圜平面結構，π 電子雲分布在苯圜平面上下方，活動範圍有六個碳而非兩個碳原子，比較自由，因此比較安定，共振能是負值。有機化學界以雙箭頭 ↔ 代表共振現象 [7]，以資與正反應逆反應之化學平衡 ⇆ 區別。有時以圓圈代表 π 電子之遊走。鮑林的共振理論不需具有堅強的量子物理背景即能在紙面上運用自如。有機化學家趨之若鶩。在不違反各原子化學鍵原則下，能寫出共振式越多者，共振能愈大，分子越安定。

胜鍵平面結構

鮑林將其共振理論應用於蛋白質胜鍵研究，收穫豐碩。每種蛋白質都是由二十種胺酸無支鏈串接而成的一條多胜鏈。前一個胺酸α1的羧基與後一個胺酸α2的胺基脫水生成之胜鍵有共振現象，羧基 C=O 雙鍵具單鍵性質，而新生之醯胺鍵 C–N 單鍵又具雙鍵性質，因此 O–C–N–H 是在一個平面上 [8]，而蛋白質多胜鏈係由重複性的胜鍵與α碳原子組成。序列有譜，結構有序，大大簡化蛋白質多胜鏈結構分析。鮑林發現蛋白質序列中，鄰近胜鍵之間的的安定力量主要由氫鍵貢獻。

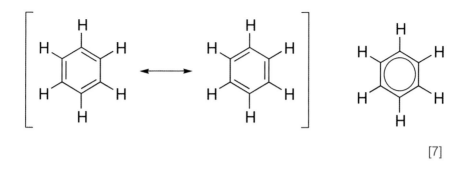

[7]

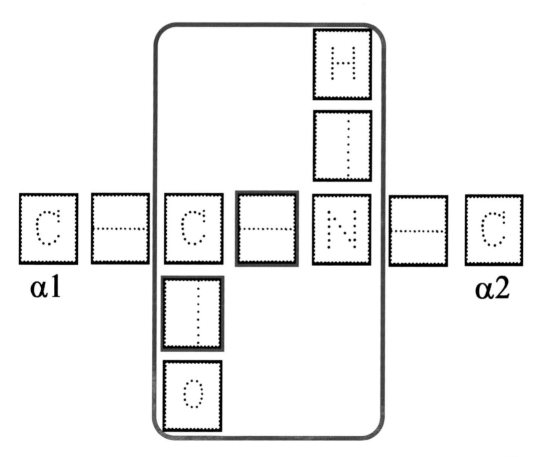

[8]

蛋白質多胜鏈立體結構

鮑林建立胜鍵平面結構後，開始進行蛋白質多胜鏈結構分析 [9]。
創紀錄的完成蛋白質α- 螺旋狀，及β- 褶片狀等兩種二級結構，開
創結構分子生物學領域，氫鍵在生物界之關鍵角色躍然紙上。

first day of issue
american scientists.
March 6, 2008 | New York, NY 10199

Linus Pauling 1901 - 1994
CompuChet

[9]

電泳分離技術

細胞內具生化功能的蛋白質多為球形蛋白，其中疏水性或非極性胺酸被包裹於分子內部，而親水性或極性胺酸則分布於表面，故球形蛋白分子雖大卻能溶於水並帶電荷。蛋白質水溶液置電場中，通電即開始游泳比賽。蒂塞流 (Arne Tiselius) [10] 建立電泳法分離各種蛋白質，非常實用，對蛋白質化學研究有重大貢獻，獲得一九四八年諾貝爾化學獎 [11]。

另一種層析技術有如野外負重行軍，年輕力壯適應環境能力佳者，跑得快，老弱適應能力差者，跑得慢。蛋白水解酶又只能分解特定胜鍵。分解後之水解物含有一組胜肽，經電泳層析分離得到之二維胜肽圖譜猶如蛋白質之指紋有跡可循，可以鑑別各種有關蛋白之間的差異。

英國劍橋大學佩魯茲 (Max Perutz) 與肯德魯 (John Kendrew) 當時正在開創分子生物學歷史。血紅素由兩條α鏈及兩條β鏈組成，他們由 X-光繞射法解出血紅素完整立體結構，是第一個完全瞭解結構與功能關係的蛋白質。血紅素分子 80% 為α-螺旋結構，完全印證鮑林的蛋白質研究結果，並引起化學大師鮑林極大的興趣。

[10]

[11]

分子醫學

鮑林所任職加州理工學院的同事戴維森 (Norman Davidson) 回憶某日在走廊閒聊，鮑林說他很想知道鐮刀型貧血病的致病原因，不旋踵間鮑林實驗室已解決問題並發表論文 (Ref. 2)，由此鮑林已悄然開創分子醫學領域。鐮刀型貧血病是第一個被完全瞭解致病原因的分子疾病。鮑林於二零零八年入選美國科學家郵集，鐮刀型貧血病已成主題。

鮑林晚年深受老年失智困擾之事也見證於此首日封中。只見黑板上除推演化學結構之痕跡外，也布滿老友名字，以防遺忘 [12]。

[12]

鐮刀型貧血症

紅血球 97% 重量來自血紅素。血紅素唯一功能在與氧氣行可逆性結合，將氧氣由肺臟攜帶運送至各處組織以供新陳代謝所需。鐮刀型貧血症是一種遺傳病，其特徵是病患於激烈運動或高山旅行空氣稀薄時發作，血紅素聚集沉澱，紅血球變形為新月鐮刀狀或不規則狀 [13]，同時出現嚴重缺氧狀況。鐮刀型貧血症病患攜氧能力減弱，不能應付日常生活，依達爾文適者生存理論，是屬於不適者淘汰族群。但在某些地區，鐮刀型貧血症卻代代相傳已逾數千年未被淘汰。達爾文適者生存進化論似有缺章，很難解釋 [14] (Ref. 4)。

[14]

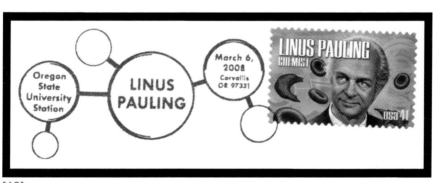

[13]

血紅素胜肽圖譜

鮑林利用電泳層析法發現成年人血紅素 (Hb A) 與鐮刀型貧血患者血紅素 (Hb S)，其 α 鏈胜肽圖譜完全一樣，而 β 鏈僅一個胺酸不同，經查僅 DNA 內一個鹼基不同，是一種點突變造成的結果。Hb S 只改變 β 鏈第六胺酸 (Glu⁶–Val⁶)，但此胺酸在分子表面，關係重大，血紅素表面由親水性帶負電荷麩胺酸轉為疏水性纈胺酸，形成黏著點，在低氧濃度時，容易聚合成絲，並扭結成團，終致沉澱。紅血球因而變形造成缺氧。此點突變造成分子疾病，嚴重時堵住血管，甚至致命，故患此病者多英年早逝。

胎兒血紅素 (Hb F) 與氧氣結合力較強 [15]，因此母親能保證胎兒有足夠氧氣供應，嬰兒出生後，Hb A 即迅速取代 Hb F 以適應環境。

抗瘧基因

流行病學調查發現瘧疾流行區與鐮形貧血遺傳基因分布區重疊 [16]。鐮型血紅素對瘧原蟲有稍強之抵抗力。這一點點抵抗力被引用於鐮型基因為抗瘧基因依據，使達爾文適者生存學說得到合理解釋。抗瘧新藥迄今仍為重要研究課題，只要瘧原蟲未從地球上完全消失，抗瘧基因就有其存在價值。

粒線體　互取所需　和平共存

鮑林晚年研究重心傾向與人體健康有關之生物化學，特別關注全身性新陳代謝氧化反應之進化與調適。

粒線體 [17] 原為客居人體細胞之有氧菌。真核細胞原無有氧氧化，粒線體可提供其完全氧化機會，有效利用能量。經長時間演化，粒線體已成細胞內不可或缺之胞器。

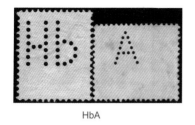
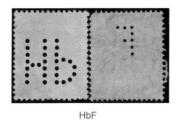
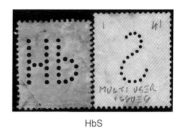

| HbA | HbF | HbS |

[15]

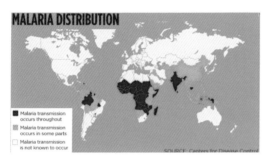

Sickle Cell Trait Distribution

[16]

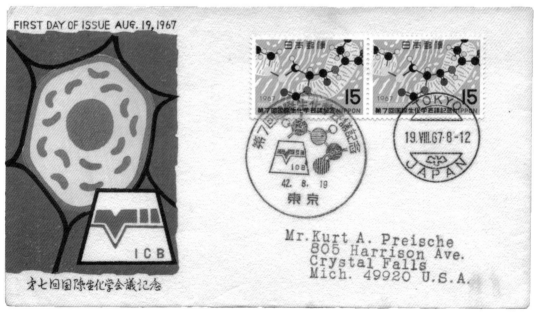

[17]

維生素 C

粒線體提供代謝反應完全氧化之機會,但也加速氧化,加速老化。匈牙利生化大師聖捷爾吉 (Albert Szent-Györgyi) [18] 率先分離維生素 C,獲一九三七年諾貝爾醫學獎。同年之化學獎則屬英國哈沃斯 (Norman Haworth) [19]。哈沃斯鑽研維生素 C 糖化學,發明醣分子以平面表示立體結構方法,在醣化學領域頗受歡迎。

維生素 C 為脯胺酸烴化反應所必需,參與關節軟骨組織健全發展。鮑林認同維生素 C 重要性,晚年強烈建議每人每天服用高劑量維生素 C,以對抗夜以繼日之氧化壓力,延緩老化,同時抵擋感冒病毒,唯舉證困難,尚未獲得醫界普遍認同。

[18]

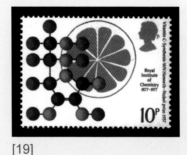

[19]

反核立場

第二次世界大戰希特勒迫害猶太人時，鮑林愛莫
能助，有所反思。戰後鮑林開始關切公共議題，
有鮮明反戰立場，反對美國核子試爆 [20–22]，
與當時美國政府對立甚為激烈。彼時韓戰正熾。
美國國內自己有重量級學者舉牌上街，公開抗議
政府政策，與是時社會風氣相左。在麥卡錫年
代，鮑林被疑為共黨同路人，顧慮其出國之言論
顯將不利於美國。因此吊銷其護照，檢查其信
件，所到之處特務跟蹤 (Ref. 5)。鮑林原計畫訪
歐宣揚其α-螺旋結構。並已安排於訪問倫敦時與
英國生物物理學家羅莎琳 (Rosalind Franklin) 會
晤。如能成行將改寫 DNA 歷史。但鮑林沒有護
照不能出國，與 DNA 雙股螺旋結構擦身而過。

[22]

鮑林之特立獨行也不見容於加州理工學院某些同僚。但鮑林政治立場
堅定，另行成立鮑林研究所 (Pauling Institute)，招兵買馬，全力投入
維生素 C 預防流行性感冒研究。

[20]

[21]

雙股螺旋 失之交臂

[23]

一九五二年鮑林之子彼得 (Peter Pauling) 正在英國劍橋大學攻讀博士學位。彼得並無心機，與華生 (James Watson)、克里克 (Francis Crick) 有同窗之誼，時而分享與父親家書，洩密而不自知。竟成華生及克里克重要情報來源。是時有三組人馬競逐以 X-光繞射法解出遺傳物質 DNA 的立體結構。第一組：英國倫敦大學生物物理學家羅莎琳及威爾金 (Maurice Wilkins)，二人專長皆在 X-光繞射，但各自為政，長時間累積無盡數據，每天面對黑白底片上的無數黑點，苦無頭緒。第二組：英國劍橋大學的華生及克里克，二人專長不同，合作無間。華生是甫獲生物學博士學位的美國二十三歲小伙子，對 X-光繞射一竅不通，但能抓住生物問題的核心，而克里克已三十五歲，物理系畢業，尚在攻讀博士學位，指導教授佩魯茲正在解開血紅素結構。華生及克里克用的方法叫「分子模擬」，還是由鮑林身上所學來的技巧。他們設法將羅莎琳及威爾金以 X-光繞射法得到的黑點再推衍回原來的分子。就像將一盒 Lego 直升機模型拆散，要組裝回去，但苦無說明書！第三組：人人敬仰的化學大師美國加州理工學院鮑林正在解出 DNA 結構，而且已經完成，投稿也已接受正要發表，看似領先，實則已陷入泥淖而不自知。

鮑林在 DNA 雙股螺旋結構馬失前蹄。他的 DNA 檢體不幸的是A型B型混合物，導致鮑林誤判 DNA 為三股螺旋結構 (Ref. 2)。一九五三年一月初，彼得出示論文炫耀時，華生與克里克心中狂喜，因為 DNA 不可能是三股螺旋。化學大師也有失誤的時候，但他們決定不動聲色，劍橋上下一心，保守機密。眼見鮑林滅頂而不出手相援。X-光繞射法原是鮑林的看家本領，依經驗只要瞄一眼解出雙股螺旋背後的羅莎琳那張關鍵B型 DNA 51 號 X-光繞射圖 [23]，就能研判出正確的雙股螺旋結構。但鮑林未能與英國學者羅莎琳交流，錯失解出 DNA 結構機會 (Ref. 6)。

得失之間

倫敦大學一九五二年度評鑑時，佩魯茲擔任生物物理所評鑑委員，在評鑑時看到羅莎琳及威爾金的資料，不經意將之與克里克分享。克里克及華生於一九五三年三月初完成最後一張拚圖，立刻解開 DNA 立體結構，並於一九五三年四月二十五日於《自然雜誌》發表 DNA 雙股螺旋模型。鮑林正懊惱之際，傳來好消息，他因化學鍵貢獻獨得一九五四年諾貝爾化學獎。克里克、華生與威爾金獲一九六二年諾貝爾醫學獎時，鮑林失之東隅收之桑榆。再獨得一九六二年諾貝爾和平獎 [24]。DNA 雙股螺旋幕後功臣羅莎琳卻已因卵巢癌去世，享年三十八歲。讓諾貝爾獎委員會省卻再為人選費心。不過此役最大贏家是劍橋大學卡文迪許實驗室。除醫學獎外，佩魯茲及肯德魯還因解開血紅素結構囊括一九六二年諾貝爾化學獎。

Linus Pauling

Nobel Prizes
Chemistry 1954
Peace 1962

The Nobel Prize
1901-2001

WASHINGTON, DC 20056
MARCH 22, 2001

The Nobel Prize

FIRST DAY OF ISSUE

The Nobel Prize
Centennial 1901 - 2001
First Day of Issue   Washington DC

[24]

鮑林墨寶

鮑林兩獲諾貝爾獎，在美國化學
會百周年紀念郵票上親筆簽名表
示其熱愛化學 [25]。

[25]

上伏塔共和國紀念鮑林郵票在傳
出有鮑林親筆簽名背書消息後，
行情看漲 [26]，該郵票背景中原
子彈爆炸的蕈狀雲代表其反核立
場。兩個苯圜共振式代表其主要
化學貢獻。

[26]

參考文獻與註釋

(1) Arthur M. Last (1983) A bloody nose, the hairdresser's salon, flies in an
elevator, and dancing couples: the use of analogies in teaching introductory
chemistry. *Journal of Chemical Education*, 60(9), p. 748.

(2) Stu Norman (1995) Linus Pauling is remembered fondly by those who knew
him. *Chemical & Engineering News*, 73(19), pp. 28–35.

(3) Maurice L. Huggins (1955) The scientific work of Linus Pauling. *Chemical &
Engineering News*, 33(3), pp. 242–244.

(4) Lucio Luzzatto (2012) Sickle cell anemia and malaria. *Mediterranean Journal
of Hematology and Infectious Diseases*, 4(1), pp. E2012065.

(5) Robert D. Simoni, Robert L. Hill. Martha Vaughan, and Herbert Tabor (2003)
Linus Pauling: Scientist and Social Activist. *Journal of Biological Chemistry*,
278(51), pp. 83–84.

(6) Roger Griffiths (2008) The Race to the Double Helix and Beyond. *American
Philatelist, June Issue*, pp. 544–553.

19 分子木馬

諾貝爾醫學獎 (2015) 屠呦呦
新木馬屠城記 [1]

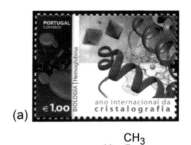

(a)

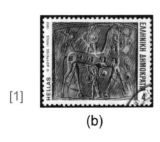

[1]

(b)

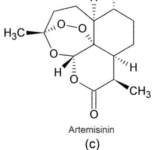

Artemisinin

(c)

(d)

(a) 新木馬屠城記戰場：紅血球　　(b) 木馬屠城記古戰場：特洛伊
(c) 抗瘧新藥：青蒿素　　(d) Art：國際通用青蒿素縮寫

屠家有女天下聞

中國抗日戰爭時期，軍醫學校在貴州安順維持校務，教研不輟。國難時刻孿生兄弟樓方岑與樓之岑，分別錄取醫科 （醫 32 期）及藥科 （藥 24 期），日後畢業皆名列前茅並不約而同專攻傳染病相關領域。樓方岑成為傳染病專家，主編《軍醫提絜》，軍醫人員人手一冊，戰場扶傷救難，厥功至偉。樓之岑鑽研傳統生藥古籍，頗有心得，成為當代生藥泰斗，日後傳授弟子屠呦呦全世界發光發亮 [2]。

樓氏高足之屠呦呦獲得諾貝爾醫學獎絕非偶然。說來神奇，《詩經‧小雅‧鹿鳴》篇中就有「呦呦鹿鳴，食野之蒿」等字句提示屠呦呦到後院野地去尋找黃花蒿藥草，並預言其父所吟「蒿草青青，報之春暉」的未來成就。樓之岑教導紮實的生藥訓練派上用場。傳統中藥典籍浩瀚，蒿字索引導向葛洪，葛洪秘方揭開謎底，青蒿素埋沒千年後再經屠呦呦發掘於藥用植物中，然後製成全新分子木馬劑型問世，成為瘧蟲剋星。

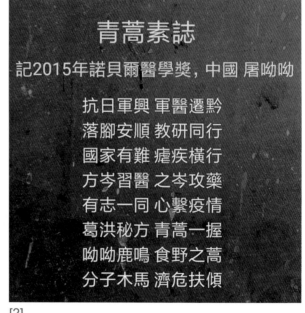

青蒿素誌

記2015年諾貝爾醫學獎，中國 屠呦呦

抗日軍興 軍醫遷黔
落腳安順 教研同行
國家有難 瘧疾橫行
方岑習醫 之岑攻藥
有志一同 心繫疫情
葛洪秘方 青蒿一握
呦呦鹿鳴 食野之蒿
分子木馬 濟危扶傾

[2]

瘧疾為寄生蟲傳染病

瘧疾是一種古老疾病，有記錄可考者已達數千年以上。感染瘧疾之忽冷忽熱症狀 [3] 實為瘧原蟲生活周期之表徵 [4]。瘧原蟲寄生於人體紅血球中，吸取養分，繁衍生活時患者感到刺骨寒意，蓋十床棉被亦不足以禦寒。面對外來寄生蟲入侵，體內免疫系統亦有一番激烈抵抗，放出大量熱能，見證於病患隨之而來的發燒、燥熱感，就算脫得只剩內褲亦覺熱不可擋。

[3]

[4]

瘧疾病原體

軍醫人員在人類抗瘧史中扮演重要角色，法國軍醫拉佛恆 (Alphonse Laveran) 發現單細胞瘧原蟲 Plasmodium vivax 為瘧疾致病原 [5, 6]。受寄生蟲感染之病人血液經染色處理後，可以用顯微鏡直接觀察 [7]。此發現在醫學中非常重要，拉佛恆因此獲得一九零七年諾貝爾醫學獎。

拉佛恆出身軍醫世家，父子兩人均曾擔任法國拿破崙時代軍醫首長（École du Val-de-Grâce, 法國國防醫學院）。拉佛恆發現瘧原蟲為瘧疾致病原後，當然立即想知道瘧原蟲在體外又位於何方？傳染途徑又是如何呢？拉佛恆在疫區空氣、飲水、污水、泥土中苦苦追尋瘧原蟲足跡，但迄無所獲。最後將幕後黑手指向蚊子，元凶這才呼之欲出。

[5]

[6]

[7]

瘧疾病媒蚊

其實英國科學家榮納羅斯 (Ronald Ross) 早已發現蚊蟲為傳播瘧疾病媒源，並已為此獲得一九零二年諾貝爾醫學獎，只是尚未鑑定出真正作怪的那隻蚊子究係何方神聖。

羅斯幼年時，在印度長大，長年與蚊蟲奮戰，深受其苦。對瘧疾疫情尤其感同身受。一八八零年羅斯回到英國時，得知法國人拉佛恆已經從瘧疾病人血液中找到瘧原蟲，於是羅斯回到印度，展開系統性、挨家挨戶的地毯式搜查蚊戶，終於揪出藏匿多時「按蚊」(Anopheles)為傳染瘧疾的病媒蚊 [8]，完成最後一張拼圖。

[8]

人類抗瘧史

瘧疾古時稱為瘴氣，常見於沼澤地區。人類與瘧疾奮鬥史已歷數千年，時有勝負。公元前兩千七百年，中國就有關於周期性發燒記載。現代醫學之父希波克拉底 (Hippocrates) 已按發燒周期將瘧疾分類，常見兩周瘧，也有三日瘧、七日瘧。瘧疾在羅馬帝國也非常流行，故也有「羅馬熱」之稱。

自瘧蟲及瘧蚊陸續被發現後，人類開始思考對策，其中 DDT 的發明及青黴素的成功最為關鍵。聯合國世界衛生組織 (WHO, World Health Organization) 於一九五五年推出全球根除瘧疾計劃。美國於一九六二年甘迺迪總統主政時加入全球抗瘧行列 [9] (Ref. 1)。由一零三國出版抗瘧郵票即可嗅出大規模抗瘧行動大業已揭開序幕。

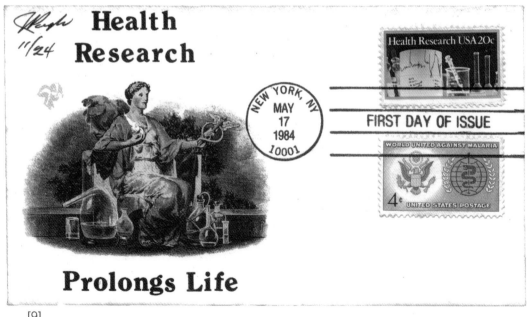

[9]

公共衛生教育

瘧疾為傳染病，與環境衛生關係密切，戰時尤難控制。兩次世界大戰，時而失控，影響戰力甚鉅，預防醫學重要性在此顯現。聯合國開始訓練各級農業技術人員 [10]， 噴灑殺蟲劑，防止病媒蚊滋長 [11]。

[10]

[11]

重點防治傳染病

WHO 將瘧疾列為重點防治項目，護理及公共衛生人員被賦予重要任務，全面教導兒童個人衛生習慣，宣導改善社區環境衛生 [12–14]。

[13]

[12]

[14]

瘧原蟲生活史曝光

瘧原蟲經由瘧蚊進入人體寄生於紅血球之生活史曝光後，人類開始研擬剿滅大計 [15–18]，主其事者 WHO 受到盤尼西林成功影響，連堅固如細菌胞壁都已攻破，信心滿滿，有些輕敵。WHO 抗瘧策略為直搗源頭，殺滅瘧蚊。

[15]

[16]

[17]

[18]

全面撲殺令

WHO 採用手段甚為劇烈，聯合國授意，祭出全球撲殺令，株連九族，不分好蟲壞蟲，一律格殺，不讓蚊蟲子孫後代親朋好友再有任何翻身報仇機會，人類採取曹操法家主張：「寧我負蟲，蟲莫負我」，昆蟲界大為恐慌。

這種一網打盡做法恰有一組阿富汗抗瘧郵票堪可比擬 [19–22]。下列四張郵品只有一張成品 [22] 能獲郵政當局認同為郵資已付，願意替你寄信。其餘郵品皆未完工而流出，無論面值，彩印樣票 [19, 20]，無齒 [21]、有齒 [22]，因此儘管你花更多錢購買，金錢只流向商人，而非郵局，郵局自無義務替你寄信，郵差也將以欠資郵件處理。如同郵政當局又發現該郵票圖案有誤，乃一律收回銷毀。

[19]

[20]

[21]

[22]

昆蟲剋星　環保惡夢

瑞士化學家穆勒 (Paul Hermann Müller) 發明DDT (dichloro-diphenyl-trichloroethane) 可有效防治病媒蚊，效期長、成本低廉 [23]，被聯合國看重，各國競相採用。DDT 頓時遍及全世界每一角落 [24]，穆勒因此發現而獲得一九四八年諾貝爾醫學獎。

[23]

蚊蟲也是一種生命，生命自會尋找出路。在人瘧數千年大戰中，DDT 不過早期一場小勝，成果隨即被渲染擴大，DDT 被大量使用。但DDT 水溶性差，無法進行生物降解，節制使用可有效防治病蟲害，無節制使用終於造成嚴重環保問題，是故，聯合國要為 DDT 由農藥變毒藥負全責。

[24]

昆蟲末日　鳥魚遭殃

蚊界面臨末日，無處藏身，貓鳥池魚之殃，環境污染嚴重，大地反撲 [25–27]。美國海洋生物學家瑞秋卡森 (Rachel Louies Carson) 於一九六二年發表《寂靜的春天》喚起環保意識，敲醒 DDT 警鐘。

[25]

[26]

[27]

DDT 立功遭絀

DDT 雖然協助許多國家擺脫瘧疾 [28–31] (Ref. 2)，包括台灣已根除瘧疾，但代價不小，DDT 本性難移，功高震主，影響人類生活環境。到一九七零年代，DDT 被疑為化學致癌物後，全球多數國家已選擇禁用 DDT，不過穆勒已看不到這些遺憾，他已在一九六五年過世。真正的遺憾在大規模滅蚊運動留下伏筆，此後蚊蟲引起疾病，如登革熱時有所聞，瘧疾亦未保證完全根絕。越戰時期東南亞瘧疾疫情慘重，耗損雙方戰力。

檢討 WHO 根除瘧疾計畫，殺蚊戰略正確，全面撲殺戰術錯誤。射人先射馬、擒賊先擒王。農業專業人員應繼續努力朝向研發專殺「按蚊」殺蟲劑。更改現有殺蟲劑配方與施藥方法，避免過量施藥，保護大地元氣。

[28]　[29]　[30]　[31]

金雞納樹

殺蚊防瘧為治本之道，雖有過當，不得不爾，DDT 勞苦功高，功成身退。

殺蚊還不是人類的最後防線，對付漏網之魚或已在紅血球內盤據數代之瘧原蟲，南美金雞納樹萃取物曾經是相當有效的天然治瘧藥物 [32]。

[32]

金雞納樹為常綠小喬木，高度約三公尺。其樹皮和根部都可用於提取俗稱金雞納霜的奎寧藥物。奎寧能與瘧原蟲 DNA 結合，抑制 DNA，RNA 複製轉錄而達到殺蟲目的，一度被引用為殺滅瘧原蟲特效藥。

治瘧神藥奎寧

法國藥師佩勒帝 (Pierre Joseph Pelletier) 及卡文圖 (Joseph Bienaimé Caventou) [33] 於一八二零年由金雞納樹中分離出治瘧有效成分奎寧，製成藥錠、靜脈注射劑或口服用藥 [34]，造福人群，厥功至偉。

[33]　　　　[34]

奎寧救人無數

二次世界大戰，戰場環境惡劣，蚊蟲滋生，瘧疾橫行。奎寧發揮關鍵作用，佩勒帝與卡文圖功德無量，拯救無數生靈。法國於巴黎街頭鑄建銅像以資紀念 [35] (Ref. 3)。二戰納粹占領巴黎，因應戰備需求，銅像被破壞並用於鑄造砲彈，德軍敗象已露。戰後法國再重鑄銅像以表彰兩位藥師不朽功績。

但奎寧過度使用，衍生抗藥性，逐漸失效。到一九六零年代，東南亞瘧疾疫情開始失控。就在這時，美國意圖接收二戰前法國在越南殖民利益，發動規模浩大、動搖國本的越南戰爭。

美軍介入越戰後，開始感覺到前所未有之瘧疾疫情壓力，瘧原蟲比子彈炸彈還兇險可怕。一九六四年美軍病員較砲火傷員多四至五倍，多數是因瘧疾病倒。第二次世界大戰才合成的神藥氯奎也宣告無效後 [36]，美軍指派隸屬美國國防部陸軍華德里醫學中心 (Walter Reed Army Medical Center) 負責研發抗瘧新藥任務。華德里是美國英雄，曾帶領古巴美軍克服埃及「伊蚊」傳染的黃熱病，而贏得美西戰爭。但好運不再，這次華德里醫學中心從化學資料庫中篩選了二十萬種以上化合物，終無所獲，美國在越戰最後也以失敗告終。

[35]

[36]

神藥退色　新藥接替

奎寧類藥物已完全無效後，交戰雙方均
深受瘧疾之苦。北越困苦，完全無藥物
研發能力，轉向中國求助。當時正值文
化大革命時期，資深科學家皆陷於政治
運動鬥爭中，一九六七年五月二十三
日「代號 523 抗瘧新藥研發國家型計
畫」展開，規模浩大尚無具體進展。
一九六九年該計畫生藥組交由屠呦呦負

[37]

責，屠呦呦當時職位相當於助理教授 （助研究員）[37]。

屠呦呦由六百四十件古代治瘧處方中選出葛洪秘方，由菊蒿類草本植
物黃花蒿 [37] 中分離純化得到青蒿素結晶並與化學家合作完成結晶結
構，在海南臨床現場確認治瘧效果，新藥青蒿素由抽取到臨床實驗，
四年間一氣呵成，殺蟲原理亦見闡明 (Ref. 4)。四十年後青蒿素引起國
際注意 (Ref. 5–7)，美國國家科學院院士米勒 (Louis Miller) 在二零一三
年親訪大陸後認定屠呦呦 [37] 應得諾貝爾獎，在《細胞雜誌 (Cell) 》
中專文介紹並在各種場合公開推薦 (Ref. 6)。

晉葛洪治瘧急救藥方

屠呦呦已有生藥學專業訓練。詳讀中醫
藥古籍，受命後遍訪地方老中醫，反覆
推敲古人智慧，終於領略千年前晉朝葛
洪治瘧急救方之備藥方法 [38]。一般中
藥以水煎煮或以酒精浸煮成酊劑皆會破
壞治瘧成分青蒿素，乙醚常溫萃取為關
鍵處，治瘧新藥由此開發，化學結構及

[38]

治瘧原理亦陸續闡明，青蒿素分子內暗藏殺手，堪稱「分子木馬」。

「木馬屠城記」是古希臘神話，敘述古特洛伊城近十年攻防。特洛伊位於現在土耳其西部海域，已劃為古蹟保護區。當年特洛伊王子帕里斯英俊瀟灑，誘拐希臘皇后海倫，雙雙私奔回特洛伊。希臘人認為是奇恥大辱，興兵討伐，陣容浩大艦隊到達特洛伊海灘才發現城牆高大，難以一舉攻破。希臘軍紮營海灘，展開近十年圍城攻防，已成雞肋。希臘軍師心生一計，連夜打造與城門齊高木馬一具，木馬肚內藏匿一隊戰士，悶聲不響只等信號。第二天一大早特洛伊衛兵發現希臘船艦已揚帆而去，他們已贏得戰爭！全城歡騰拖回戰利品巨型木馬，飲酒狂歡，午夜全部醉倒。木馬肚內希臘戰士夜深人靜時，悄悄出關，打開城門，十年攻不破的特洛伊城於十分鐘內陷落。

新木馬屠城記

新木馬屠城記為分子階層之聯合縮小軍，戰場在血液循環系統。城防重心在負責運輸補給的紅血球，紅血球本身並無戰鬥能力，戰鬥兵白血球都在鄉間堅壁清野保衛城防。瘧原蟲經由「按蚊」叮咬進入血液，抵抗力較差者遂被傳染瘧疾，噩夢開始。

Artemisinin

Dihydroartemisinin (Artenimol)

[39]

紅血球淪陷，瘧原蟲享用無盡資源，生活愜意，繁衍一代又一代，人類一次又一次忽冷忽熱打擺子，生活痛苦不堪，極思反擊。屠呦呦由黃花蒿植物中分離出青蒿素，為分子木馬 [39]，肚中隱藏戰力極強之過氧分子，分子木馬青蒿素被送進紅血球，瘧原蟲不知死期將至，猶自狂歡作樂。

屠呦呦後又發明水溶性較高，毒性較低，療效高十倍的雙氫青蒿素，商品名「科泰新」，是大陸元首訪非伴手禮，受者欣喜若狂。

紅血球內應

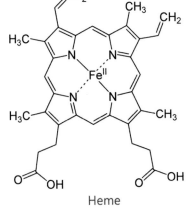

分子木馬入城，進入魑
魅世界，原任運氧執行
官血紅素已成奴隸，正
被敵人驅使服勞役，個
個面黃肌瘦飽受摧殘。
分子木馬救兵到了，大

[40]

家屏息以待，只等夜幕低垂，預備反撲。

Heme

紅血球內應血紅素 [40] 原為我方人馬，於夜深人靜時，將鐵紫質中還
原鐵送入木馬，激活等待已久之過氧分子，產生活性極強之超氧離子，
是為殺生魔王，凡在附近有機體，殺無赦，瘧原蟲並無武裝，未穿盔
甲亦無防彈衣，醉生夢死任憑宰殺 (Ref. 4)。淪陷區血紅素皆成烈士，
但只需一個月左右，全新紅血球即將報到，病患體力也將逐漸恢復。

屠呦呦因發明抗瘧神藥青蒿素及雙氫青蒿素榮獲二零一五年諾貝爾醫
學獎 (Ref. 8)，是唯一一座中國本土諾貝爾獎。

飲水思源

屠呦呦，北京大學醫學院藥學系畢業，在校時捨熱門藥物化學，而就
較冷門生藥學，師從樓之岑。樓教授於一九四二年國防醫學院藥學系
畢業，留任助教 [41, 42]，一九四五年考取留英赴倫敦大學進修，於
一九五零年獲生藥博士學位，一九五一年回國時，江山易主。

樓之岑被北京大學藥學系網羅，適屠呦呦考取北京大學藥學系，樓之
岑喜獲英才，畢生所學傾囊相授。屠呦呦未曾出國，也無其他顯赫學
經歷，唯一正規藥學訓練來自樓之岑。

與美國華德里醫學中心相對應者當推國防醫學院無疑。屠呦呦的成功也代表樓之岑的成功，樓之岑的成功更代表國防醫學院的成功，戰場上的勝負也就不足為奇了，此番中美抗瘧大戰中方完勝。

[41]

[42]

參考文獻與註釋

(1) Kay Thomas Finley (2014) Mr. Kennedy and the mosquito. *Philatelia Chimica et Physica*, 36(2), pp. 56–67,

(2) Roger Cichorz (1983) Herm Island and its Anti-Malaria Stamps, *Channel Islands Reporter*, August issue, pp, 1–7.

(3) Hallie Bundy (1995) Quinine: From bark to synthesis, *Philatelia Chimica et Physica*, 17(2), pp, 46–50.

(4) Amy E. Mercer, Ian M. Copple, James L. Maggs, Paul M. O'Neill, and B. Kevin Park (2011) The Role of Heme and the Mitochondrion in the Chemical and Molecular Mechanisms of Mammalian Cell Death Induced by the Artemisinin Antimalarials, *The Journal of Biological Chemistry*, 286(2), pp. 987–996.

(5) Cong Cao (2004) Chinese Science and the 'Nobel Prize Complex', *Minerva*, 42, pp. 151–172.

(6) Louis H. Miller and Xinzhuan Su (2011) Artemisinin: Discovery from the Chinese Herbal Garden. *Cell*, 146 (September 16), pp. 855–858.

(7) Xin-zhuan Su and Louis H. Miller (2015) The discovery of artemisinin and Nobel Prize in Physiology or Medicine. *Science China Life Sciences*, 58(11), pp. 1175–1179.

(8) Youyou Tu (2011) The discovery of artemisinin (qinghaosu) and a gift from Chinese medicine, *Nature Medicine*, 17 (Oct.), pp. 1217–1220.

20 智取胰島

蛋白質化學黃金年代

[1]

胰島素結晶 [1]

胰島素蛋白胺酸序列 [2]

[2]

A-Chain

G I V E Q C C A S V C S L Y Q L E N Y C

N-Terminal   C-Te

B-Chain

F V N Q H L C G S H L V E A L Y L V C G

N-Terminal

Insulin Primary Structure

A K T Y F

C-Terminal

胰島素發現史

希臘醫師阿泰斯 (Aretaeus) [3] 早在公元第二世紀即已提及糖尿病症狀。法國生理學家班納 (Claude Bernard) [4] 採用盲試法 (blinded experiment) 發現糖尿病與血糖有關。立陶宛裔德國生化學家閔可斯基 (Oskar Minkowski) [5] 指出將狗以手術摘除胰臟，引起糖尿病。一九二一年加拿大志工醫師班廷 (Frederick Banting) 隨多倫多大學教授麥克勞 (John J.R. MacLeod)、客座教授柯里 (James Collip)，及醫科學生貝斯特 (Charles Best) 於是年七月二十七日首創由胰臟分離之胰島素治療狗糖尿病成功案例。四個月後已在多倫多大學公開發表，隔一個月後再於美國生理學會報告，再一個月後奇蹟般拯救一位病入膏肓的糖尿病小男孩生命。胰島素治療糖尿病一砲而紅。死馬救成活馬，沒人追究醫學倫理，反正人死了也不會有醫療糾紛。班廷與麥克勞分獲提名，並同獲一九二三年諾貝爾醫學獎，一步登天。

[3]

[4]

[5]

加拿大之光

發現胰島素是加拿大之光 [6]。班廷只做了三個月實驗即衝上雲霄獲諾貝爾獎，理應手足失措，驚喜莫名。但班廷非常不滿，他認為應由自己與貝斯特得獎，因實驗是他們二人做的，而麥克勞只是坐在桌上寫論文，但貝斯特還是醫科一年級學生，只做了血糖分析，無人提名，如何給獎？科學研究團隊合作被班廷澈底扭曲。班廷一度氣憤難平到揚言拒領，但經資深人士提醒這是加拿大第一座諾貝爾醫學獎，於是班廷高調宣布將獎金與貝斯特平分，麥克勞隨即跟進宣布與另位客座教授柯里平分獎金 (Ref. 1)。本應是皆大歡喜場面、互相砥礪，卻落得吃相難看、分崩離析。

[6]

消化道生理權威

蘇格蘭生理學權威麥克勞 [7] 研究醣代謝與糖尿病多年，著作等身。多倫多大學借重其長才，延聘為醫學院教授主持生理研究室。當班廷尋求其支持，麥克勞便同意其暑期實驗計畫，分配實驗桌，並派貝斯特協助化學分析。麥克勞示範後，由班廷進行後續胰臟手術，貝斯特抽血檢查血糖濃度。當麥克勞瞭解到班廷遭遇胰島素純化困境，害死多條實驗狗時，再派生化專家柯里協助胰島素純化工作，終獲成功，可喜可賀！最後口頭發表胰島素成果時，班廷因從未登過講壇，時而詞不達意，台上受窘，麥克勞對前因後果瞭如指掌，輕鬆解圍。團隊工作理應由資深者負責，但班廷開始覺得麥克勞意在搶功，憂心失去主導權，開始防衛，殊不知自己才是搶功者。

[7]

開業醫師力爭上游

班廷 [8] 一九二零年時為加拿大外科開業醫師，生意蕭條。有志進行闌氏小島（胰島）與糖尿病之關係研究，獲麥克勞同意安排實驗室、實驗狗與實驗助手，實驗進行中再提供協助胰島素提純。麥克勞自始至終參與指導胰島素研究，不容混淆視聽 (Ref. 2)。班廷不懂科學研究，僥倖獲獎後改做癌症治療，一無所獲，再無任何學術表現。

[8]

團隊合作破功

生化博士柯里，一九二一年時在亞伯塔大學 (Alberta Univ.) 任副教授已滿七年，赴多倫多大學麥克勞實驗室休學術假。柯里接到麥克勞支援胰島素純化任務，彼時蛋白質純化技術尚屬初階，柯里學有專精，終於解決消化酶干擾問題，提供純化胰島素先交麥克勞，轉供班廷進行動物實驗，胰島素最後成功柯里實居首功 [9]。二零二一年胰島素百周年慶時，加拿大印製紀念郵票，郵票選用圖案為班廷自白書及一小瓶柯里當初純化的胰島素，當時已是博物館展示品。

貝斯特是醫科學生，協助血糖分析。渡過一個暑假返校，全班側目。四年後貝斯特以第一名成績畢業於多倫多大學醫科。

一九二三年諾貝爾醫學獎更合理之得獎名單為：麥克勞、班廷及柯里三人。

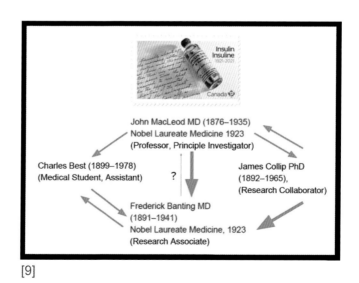

[9]

獨攬研究成果

班廷獨攬研究成果，抵制昨日恩人，不符學術倫理。但多倫多大學完全採信班廷説法。另成立獨立的班貝醫學研究所 (Banting & Best Institute)，發現胰島素光環因此集中班廷 [10–13]。麥克勞自覺無趣，回蘇格蘭老家去了，而貝斯特回校完成未竟學業，柯里則與班廷大吵一頓後回亞伯塔。亞伯塔立即晉升柯里為正教授並擔任生化系主任，且柯里終被蒙特婁麥吉爾大學相中，轉赴麥吉爾擔任生化系主任，後任西安大略大學醫學院院長。最後班廷不幸發生空難，得年五十歲。

[10]

[11]

標準生化教科書 *Lehninger Principles of Biochemistry* 將胰島素之發現者定位為班廷、麥克勞、貝斯特、柯里四人，較為公允。

[12]

[13]

胰島素紀念郵票主題悄悄改變

班廷事件影響深遠，是一場有名的科技界勞資糾紛。資深者掌握資源，動腦指導方向。資淺者經驗不足，動手需要訓練。此案班廷與麥克勞，勞資雙方同時得獎，本極恰當，班廷吵鬧反而模糊焦點。此後胰島素郵票主題逐漸不提科學家名字 [14]。美國二零零一年所出糖尿病郵票就沒有人名，而後加拿大胰島素研究曇花一現無以為繼。

[14]

胰島素後續研究

胰島素甫告發現，其激素作用機理尚未得而知，麥克勞研究團隊已告瓦解 [15]。生理內閣，生化接手。美國聖路易華盛頓大學 Coris 實驗室為箇中翹楚，於研究新陳代謝時，陸續產出八位諾貝爾獎得主：

1. Carl F. Cori (1947 醫學) Cori 酯，1- 磷酸葡萄糖
2. Gerty T. Cori (1947 醫學) 肝醣，Cori 代謝環
3. Severo Ochoa (1959 醫學) RNA 合成
4. Arthur Kornberg (1959 醫學) DNA 合成
5. Luis F. Leloir (1970 化學) 醣類生物合成
6. Earl W. Sutherland, Jr. (1971 醫學) 激素作用
7. Christian de Duve (1974 醫學) 升糖激素
8. Edwin G. Krebs (1992 醫學) 癌症酶學，磷酸化反應

Christian de Duve 發現升糖激素 (Ref. 3)，與胰島素拮抗，激素對新陳代謝反應的調控極為細緻也極為複雜，至今仍為重要的研究課題。

貝斯特 繼承大業

美國人貝斯特放棄美式足球生涯，就讀多倫多大學醫科。表現不俗，甫畢業即獲聘班貝醫學研究所。麥克勞離職後貝斯特繼任其教職，但終無能力進一步發揚胰島素研究。二戰時期貝斯特加入血液研究，研究肝素血液凝固 [16]。

[15]

[16]

發現胰島素之爭

歐洲胰島素研究如火如荼 [17]。 巴黎大學校友，現任羅馬尼亞醫學教授的保列斯古 (Nicholae Paulescu) [18] 宣稱他才是最早發現胰島素之人。專利日期一九二一年七月二十三日。較柯里純化成功且提供班廷進行動物實驗時間早四天。但保列斯古無可靠動物實驗記錄，專利不過是牆上一紙證書而已 (Ref. 4)。

專利保障智慧財產

本封為專利百年封，郵票圖案為德國專利局大樓 [19]。

在胰島素一案中，柯里功勞最大，客卿被推上火線。柯里胰島素純化方法當然可以申請專利，但班廷憂柯里自己申請專利，便慫恿柯里放棄，其時班廷已公然造反，在未知會麥克勞情形下，矇騙柯里，以一元代價轉讓多倫多大學，不符學術倫理。麥克勞不予承認，另邀禮來藥廠量產胰島素，阻擋多倫多財路，種下與多倫多大學心結恩怨。此後多倫多大學所有行徑皆在逼麥克勞走路。

[17]

[18]

[19]

血糖測定

葡萄糖有醛基，具還原性，能將斐林試劑中二價銅（藍色）還原為一價銅（紅色）(Refs. 5, 6)。本首日封為加拿大紀念胰島素發現五十週年所設計。郵票主題杜布斯克 (Duboscq) 比色計 [20]，正是貝斯特當年用於分析血糖濃度儀器。血糖濃度是一種信號。當血糖濃度高時將發出胰島素召集令。

胰島素召集令

胰島 B 細胞生產的「前胰島素原」(preproinsulin) 是一條很長的多胜鏈，其氮端胺酸被賦予特殊任務，有如郵遞區號。收到徵召令時，此氮端二十三肽為信號旗帶領整隊多胜鏈向分泌區報到，集中後切除信號肽得「胰島素原」(proinsulin) 待命 [21]。因應血糖濃度，管制出發令。需要胰島素時，卸除多餘裝備，切掉多胜鏈當中一段「C肽」（郵票中白色小圓圈）得到成熟胰島素 A 鏈與 B 鏈二段胜肽（郵票中黑色部份）。此時 A 鏈與 B 鏈組成的結構才具胰島素活性。出發執行賀爾蒙任務，調節新陳代謝反應。

[20]

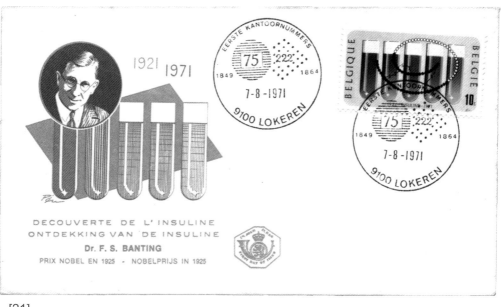

[21]

蛋白質化學重要里程碑

英國桑格 (Frederick Sanger) [22] 定出胰島素胺酸順序，為第一個揭曉之蛋白質一級結構，獲一九五八年諾貝爾化學獎。胺酸順序測定方法既已抵定，世界各地有關蛋白質定序，蛋白質結構與功能研究乃如雨後春筍般冒出。生化進入蛋白質化學黃金年代。代表人物有美國史坦 (William Stein)、摩爾 (Stanford Moore)，及安芬森 (Christian Anfinsen) [23]。史坦與摩爾為紐約洛克斐勒大學一對長期研究伙伴。解出第一個酶分子（核酸酶）胺酸序列，並以化學修飾法研究酶活性中心催化反應相關基團。他們發展出的高精密胺酸分析儀已量產，應用甚廣。另一組由服務於華府附近的美國國衛院安芬森領軍，也在做核酸酶定序，也做酶結構與功能關係研究。兩組人馬一直處於高度競爭狀態，互有勝負。史坦與摩爾早一步解出核酸酶全長胺酸序，但出了一點小錯。安芬森隨後也完成核酸酶定序，指出史坦與摩爾的錯誤，但不小心自己也出了一點小錯。所以在核酸酶定序方面雙方不分勝負。安芬森另由可逆性變性實驗結果演繹出蛋白質一級結構胺酸序決定蛋白質最後之完整結構，亦即遺傳決定一切蛋白質結構與功能創見。諾貝爾獎委員會決定三人並獲一九七二年諾貝爾化學獎 (Refs. 7, 8)。

[22]

[23]

胰島素研究黑馬

美國華府喬治華盛頓大學及紐約康乃爾大學杜維紐 (Vincent du Vigneaud, 1901–1978) [24] 用化學方法合成九肽催產素、加壓素獲一九五五年諾貝爾化學獎。杜維紐證明胰島素之雙硫鍵來自胱胺酸 [25]，並推測胰島素為蛋白質，這才有桑格之胰島素定序。中國大陸隨即展開一項企圖心極強之合成胰島素國家型計畫，定名「601 智取胰島計畫」，代表一九六零年第一項最重要的國家型大型計畫，是一項空前挑戰。

[24]

[25]

眾志成城

智取胰島計畫肇始於一九五八年大躍進時代，人人瘋狂。上海生化所資深人員在討論偉大研究課題時，全場七嘴八舌莫衷一是。突然某個角落飄出一句話：「我們來用化學方法合成一個蛋白質。」頓時全場鴉雀無聲。這個主意太瘋狂，但這個會議不正是在找一個瘋狂的議題嗎？當初是誰提出這個議題？據參與智取胰島會議的張友尚回憶認為是當時最年長的沈紹文教授。生化學者瞭解其生物意義而興奮莫名，而有機學者則較為保留，認為涉入的化學反應並無新

意而工作繁重。胜鏈合成主要反應是前一個胺酸的羧基與後一個胺酸的胺基脫水生成胜鏈。適當的脫水劑並不難找，問題是每個胺酸還有不同的支鏈，支鏈上的羧基、胺基或其他活性基團都要先保護。完成胜鏈合成後再除去保護，每一步驟都要摸索尋找最佳反應條件，都有產率、純度、純化問題。一切完備後再預備下一循環，週而復始，全部手工打造，連試管振盪機都沒有。更恐怖的是當時環境並不是各種溶劑、試藥，二十種胺酸都排在架上等待取用，許多胺酸及化學藥品尚等待自己製造。

最後終於取得共識，開始遴選蛋白質時，才發現無蛋白質可選。當時只有胰島素（五十一個胺酸）知道胺酸序，一百二十四個胺酸的核酸酶定序工作尚在紙上談兵。智取胰島就此定案，開始分工。全世界矇在鼓裡。

智取胰島分工陣容

智取胰島主要參與人員來自三個單位。中國科學院上海生物化學所為主要負責單位。分工如下 [26]：

上海生物化學所
1. B 鏈合成：鈕經義，龔嶽亭
2. A 鏈 B 鏈拆合折疊：鄒承魯，
   杜雨蒼，張友尚
3. 酶激活，轉肽：沈紹文
4. 肽庫：曹天欽

上海有機化學所
　　A 鏈合成：汪猷，徐杰誠

北京大學化學系
　　參與 A 鏈合成：邢其毅，季愛雪

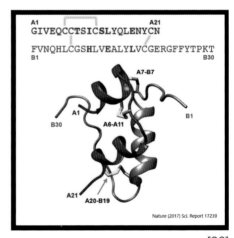

[26]

日夜趕工

智取胰島計畫執行曾採取大兵團作戰方式，敲鑼打鼓，日夜趕工，卻一無所獲，所浪費的溶媒幾乎可填滿一座游泳池。後來採取菁英方式，慎選高手參與，才得成功。

本案主角上海生化所鈕經義負責 B 鏈三十個胺酸合成。鈕經義專長為蛋白質胺酸定序，現在要反向思考。好在胜鏈合成已有先例，各種方法有跡可循，鈕經義先以杜維紐九肽催產素練習胜鏈合成。成功後進軍 B 鏈。有龔嶽亭為得力助手，於一九六四年完成 B 鏈合成，鄒承魯隨即得到具活性半合成胰島素 (NatA–SynB) (Note 9)。

生化所鄒承魯負責 A 鏈 B 鏈拆合折疊，有杜雨蒼協助，進展順利，一九五九年即成功發現天然胰島素 A 鏈 (NatA) 及 B 鏈 (NatB) 可逆性解離條件，發表受阻。

上海有機化學所汪猷負責 A 鏈二十一個胺酸合成。 汪猷師從德國魏蘭 (Heinrich Otto Wieland)，習得有機合成精髓。生化所借重其長才，邀請參與。先鋒大將由徐杰誠擔綱。龔嶽亭催生最後臨門一腳，於一九六五年完成胰島素 A 鏈合成 (SynA)。鄒承魯隨即得到具活性半合成胰島素 (SynA–NatB) 及具活性全合成胰島素 (SynA–SynB)。

北京大學化學系邢其毅協同汪猷共同負責 A 鏈合成，邢其毅指派博士班研究生季愛雪參與。

智取胰島計畫成果

鈕經義完成人工胰島素 B 鏈合成，汪猷完成人工胰島素 A 鏈合成，鄒承魯完成人工胰島素 A 鏈及 B 鏈重組，而緊急調回已下放農場的張友尚亦結晶成功。經分析胺酸組成、電泳層析、二維胜圖、抗原抗體凝膠沉澱，六角結晶均與天然無異。最後由小鼠驚厥實驗驗證人工胰島素是否具生物活性。動物房很小，只能容下三人，受班廷事件影響，大家非常慎重選出三位直接相關見證人。隨著一陣歡呼傳出外廳，全人工合成具活性胰島素宣告成功！[27] 世界第一，時值一九六五年九月十七日，文化大革命前夕 (Refs. 10–17)。

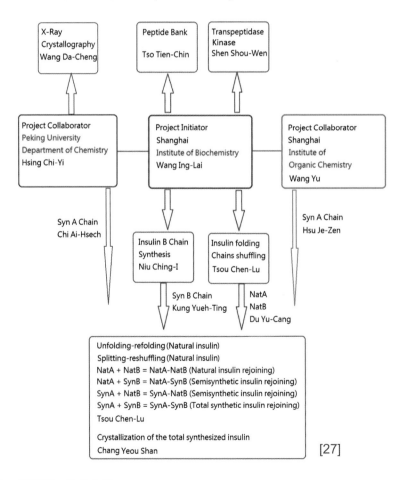

[27]

胰島素立體結構

上海生化所於一九六五年完成人工
全合成胰島素，得到完美六角晶體
[28]。隨即由北京大學王大成接棒，
於文革干擾期間，用 X-光繞射法
進行晶體結構解析，一心想要得到
四分滿壘全壘打，解出第一個胰島
素晶體結構！為時稍晚，又受政治
干擾，胰島素結構由英國牛津大學

[29]

霍奇金於一九六九年拔得頭籌，解得 2.8 埃結構。王大成並不氣餒，
於一九七一年獲 2.5 埃結構。一九七二年再精進為 1.8 埃 [29]。中國
大陸於一九七九年申請諾貝爾獎。這些成就原擬做為其建國三十周年
獻禮 [30]，但為時已晚，希望落空。

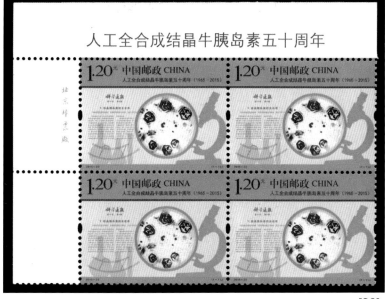

[28]

[30]

晶體結構分析先驅

英國牛津大學霍奇金 [31] 曾解出維生素 B_{12}、盤尼西林等立體結構，獲一九六四年諾貝爾化學獎。她於一九六九年再解出 2.8 埃胰島素結構。一九七一年當霍奇金獲悉北京大學王大成已得更精細之胰島素結果時，立即專程搭機親赴北京驗證這些差點讓她陰溝翻船的數據，最後公開承認大陸的確已獲得全世界最準確之胰島素分子晶體結構。至此三分全壘打最後一位打員已安全奔回本壘。此時申請諾貝爾獎還來得及。

[31]

本案胰島素故事提醒科研人員不必刻意追求四分滿壘全壘打。忽略一分全壘打天A-天B及二分全壘打人A-人B，天A-人B，人A-天B等拆解回折實驗即時發表是科學界莫大損失 (Note 9)。

提名失誤　名實未歸

回顧胰島素進展史程，應提出諾貝爾獎申請之合適時間為一九六五至一九七二年，候選三人：鈕經義、汪猷、鄒承魯。楊振寧曾於一九七二年努力過，因正值文化大革命高峰，未獲鄧小平回應。其實機會很大。一九七九年為時已晚，科學家們在北京友誼賓館開會討論候選名單時，各方篩選到四人（三資深：鈕經義、汪猷、鄒承魯。一資淺：季愛雪）。北大化學系由邢其毅教授領軍，協助A鏈合成。

邢教授自覺貢獻不多，不願列名，參加提名與會成員也無從得知季愛雪是如何安上的。也許是有心人士有意要羞辱西方諾貝爾獎。按諾貝爾獎慣例每屆各行給獎最多三人。又受班廷影響，竟無人敢請下北大博士班研究生季愛雪！最後二位資深教授陪學生下來，只提名鈕經義一人，拆掉了鄒承魯這顆深水炸彈，形同折翼，勢單力薄註定失敗。

再回顧一九七二年諾貝爾化學獎得獎工作內容能不扼腕？獎勵領域：蛋白質化學，得獎人：史坦、摩爾、安芬森三人，主要工作：核酸分解酶（一種消化酶）胺酸定序。史坦與摩爾發明胺酸分析儀，對胺酸層析分離方法貢獻良多。安芬森提出創新學說：用簡單透析方法說明蛋白質一級結構胺酸序已決定該蛋白質最後完整立體結構。

智取胰島也是蛋白質化學，是由合成方向重組一個蛋白質，其困難度及生物意義不言而喻。糖尿病與消化不良哪種病比較重要殆無疑義。鄒承魯的結構打散再回折還包括二條胜鏈相認及鏈內鏈間雙硫鍵的重組，實質內容遠較核酸分解酶豐富，並排評比有的一拚，鹿死誰手還不一定。活生生的政治扼殺學術例子。

諾貝爾獎遺珠

鄒承魯在劍橋大學的指導教授凱林（David Keilin, 1887–1963）開創電子傳遞鏈細胞呼吸。凱林訓練學生方式屬典型劍橋模式：放諸大海自己游上岸，注重每日實驗室互動，新生必有舊生帶領，先讀文稿。鄒承魯的師兄是日後任國際生化學會會長的史萊特（E. C. Slater, 荷蘭阿姆斯特丹大學），二人遂成終生好友。凱林實驗室每位工作人員必須於週六上午交出一篇週記，記錄當週實驗結果及心得。週一就會收到詳細眉批稿及進一步實驗方向。鄒承魯在研究細胞色素時，看

到一項前人未見的新穎結果，立即向凱林報告，凱林教他寫出來，於是鄒承魯寫了一篇由凱林及鄒承魯署名的論文，凱林對這篇論文十分滿意。小做修改並劃掉自己名字，讓鄒承魯自己投到《自然雜誌 (Nature)》發表。

天然胰島素 A 鏈 B 鏈拆解回折於一九五九年成功，申請發表以國家機密為由未准！此時胰島素合成工作尚正火熱進行，列為機密有些道理。但在胰島素全合成工作於一九六五年完成後，人工合成胰島素 A 鏈 B 鏈拆解回折也成功時，鄒承魯又沒有列名於胰島素合成論文內 (Refs. 10, 16, 17)，應該給鄒承魯一個月時間單獨完成他的胰島素 A 鏈，B 鏈拆解回折論文，當使安芬森吐血。但唯一能寫這篇文章的人關在牛棚政治審查，奈何？劃時代化學全合成具生物活性胰島素完全成功。一隻全壘打球已然揮出，眼見躍出牆外遠甚，不料紅衛兵牆外橫空一把接住封殺。二十年後鄒承魯寶刀未老，再展實力於《自然雜誌 (Nature)》(1979) 277, 245。再次印證胰島素 A 鏈 B 鏈的拆解回折恐有一篇或二篇自然雜誌期刊文章被耽誤，也讓安芬森驚險飛過諾貝爾獎門檻。

固相胜肽合成

科技發展日新月異。美國生化學者梅瑞菲 (Robert Bruce Merrifield) 發展之固相胜肽合成法獲一九八四年諾貝爾化學獎 [32]。使用梅瑞菲固相胜肽合成儀合成胰島素只需一週時間。

如今胰島素已由遺傳工程方法供應 (Ref. 18)。但 A 及 B 鏈最後之回折依然是採用鄒承魯所建立之方法 (Refs. 19–21)。

[32]

鄒承魯投筆從戎

鄒承魯西南聯大化學系畢業時，正值抗日戰爭末期，日軍陷貴州獨山，直逼貴陽、昆明、陪都重慶震動。蔣委員長喊出「一寸山河一寸血，十萬青年十萬軍」號召知識青年從軍報國。鄒承魯投筆從戎，編入青年軍二零七師礮一營補給連擔任二等兵，隨後加入遠征軍飛越駝峰遠赴印度受訓。鄒承魯在異國習得駕駛技術，回國後駕駛十輪大

卡車在滇緬公路運補 [33]。抗戰勝利後青年軍二零七師開赴東北瀋陽。鄒承魯因擔任美軍顧問團翻譯得以順利退役。日後於一九四七年考取公費留學發揮潛力,在英國劍橋大學進修生化博士期間發表論文七篇,單一作者六篇,包括 Nature (1949) 164, 1134,著實驚人。

[33]

塞翁失馬　焉知非福

文革期間鄒承魯雖曾關入牛棚三個月,未有進一步迫害。幸無西方大獎在手,否則後果堪慮 [34]。塞翁失馬,焉知非福。鄒承魯 (1923–2006) 得以安享晚年 (Ref. 10)。

[34]

參考文獻與註釋

(1) Tom Wilson (1999) *American Philatelist*, August issue, pp. 791–792.

(2) Burton Feldman (2012) Did anyone or everyone discovered insulin? in *The Nobel Prize: A History of Genius, Controversy, and Prestige*, pp. 272–276. Arcade Publisher, New York.

(3) Christian de Duve (2004) My love affair with insulin. *Journal of Biological Chemistry*, 279(21), pp. 21679–21688.

(4) Florin Patapie-Raicu (2017) Nicolae Constantin Paulescu Discovery of Insulin. *Philatelia Chimica et Physica*, 38(2), pp. 48–51.

(5) Robert D. Simoni, Robert L. Hill, and Martha Vaughan (2002) Benedict's Solution, a Reagent for Measuring Reducing Sugars: the Clinical Chemistry of Stanley R. Benedict. *Journal of Biological Chemistry*, 277(16), pp. 10–11.

(6) Robert D. Simoni, Robert L. Hill, and Martha Vaughan (2002) Analytical Biochemistry: the Work of Otto Knuf Olof Folin on Blood Analysis. *Journal of Biological Chemistry*, 277(20), pp. 19–20.

(7) James M. Manning (1993) The contributions of Stein and Moore to protein science. *Protein Science*, 2, pp. 1188–1191.

(8) Nicole Kresge, Robert D. Simoni, and Robert L. Hill (2006) The thermodynamic hypothesis of protein folding: the work of Christian Anfinsen. *Journal of Biological Chemistry*, 281(14), pp. 1–3.

(9) 由天然牛胰臟中分離得到的純化胰島素稱天 A－天 B (NatA-NatB)，拆解後得到結構已散之天 A 及天 B。上海生化所鈕經義人工合成的是人 B (SynB)。有機所汪猷合成的是人 A (SynA)。胰島素 A 鏈及 B 鏈本是兄弟被戰火打散。上海生化所鄒承魯創造條件讓兄弟相認。1959 年即找到天然胰島素可逆性拆解條件：天 A－天 B ⇆ 天 A＋天 B （一分全壘打）。

　　1965 完成攣生兄弟相認 (二分全壘打)：

　　天 A＋人 B ⇆ 天 A－人 B (B 半合成胰島素)

　　人 A＋天 B ⇆ 人 A－天 B (A 半合成胰島素)

　　人 A＋人 B ⇆ 人 A－人 B (全合成胰島素)

(10) Xiong Weimin and Zou Zongping (2008) *Chen Lu Tsou's Biography*. Science Press, Beijing, China (in Chinese, ISSN 978-7-03-011090-9).

(11) Chen Yaoquan (2011) The Endless Knowledge and Endeavor of Generations. Wang Yu's Major Scientific Achievement and His Academic Idea. *Progress in Chemistry*, 23(11), pp. 2177–2182.

(12) Ma Li (Editor) (2006) *Scientific Chinese*: Chen-Lu Tsou. A personal visiting record (in Chinese) (http：//scitech. people. com. cn/GB/25509/55787/74836/7 4843/5085865.html).

(13) Yeping Sun (2015) The creation of synthetic crystalline bovine insulin. *Protein Cell*, 6(11), pp. 781–783.

(14) Zhang Youshang (2010) The first protein ever synthesized in vitro—a personal reminiscence of the total synthesis of crystalline insulin. *Science China Life Science*, 53(1), pp. 16–18.

(15) Chen-Lu Tsou (2008) *My scientific road*. Pdf file available in Chinese (rcir. sjtu. edu. cn/PRE/resources/myroad.pdf)。

(16) Kung Yueh-Ting, Du Yu-Cang, Huang Wei-Teh, Chen Chan-Chin, Ke Lin-Tsung, Hu Shih-Chuan, Jiang Rong-Qing, Chu Shang-Quan, Niu Ching-I, Hsu Je-Zen, Chang Wei-Chun, Chen Ling-Ling, Lee Hong-Shueh, Wang Yu, Loh Teh-Pei, Chi Ai-Hsech, Li Chung-Hsi, Shi Pu-Tao, Yieh Yuen-Hwa, Tang Kar-Lo, Hsing Chi-Yi (1965) Total synthesis of crystalline bovine insulin. *Scientia Sinica*, 14(11), pp. 1710–1716. (Synthesized insulin crystal photo published).

(17) *ibid*. Kung Yueh-Ting et al. (1966) Total synthesis of crystalline bovine insulin. *Scientia Sinica*, 15(4), 544–561. (Detailed experimental procedures provided for Ref. 16).

(18) Vecchio I., Bragazzi N. L., Martini M. (2018) The Discovery of Insulin: An Important Milestone in the History of Medicine. *Frontiers in Endocrinology*, 9, 613. (doi:10. 3389/fendo. 2018. 00613).

(19) Stephen Kent (2010) Origin of the chemical ligation concept for the total synthesis of enzymes (proteins). *Biopolymers (Peptide Science)*, 94(4), Editorial vi–xi.

(20) Victor K. McElheny (1966) Total synthesis of insulin in Red China. *Science*, 153(3733), pp. 281–283.

(21) Alessia Belgi, Mohammed Akhter Hossain, Geoffrey W. Tregear, and John D. WadeImmun (2011) The Chemical Synthesis of Insulin: From the Past to the Present. *Current Medicinal Chemistry*： *Immunology, Endocrine & Metabolic Agents*, 11(1), pp. 40–47.

21 管制固醇

類固醇骨架具椅形結構形狀
給藥劑型多樣化 [1]

[1]

膽固醇

醫院檢驗報告單放榜那一刻，血液膽固醇、血糖含量最令人關心。膽固醇惡名昭彰似已成常識 [2]。但實際上固醇化學是既多采多姿，又血跡斑斑，頗不尋常 [2] (Note 1)。

[2]

膽固醇與心血管疾病

膽固醇含有二十七個碳原子，但只有一個親水性羥基，其餘部分皆為拒水性。膽固醇因水溶性低，在血液中輸送時易沉澱造成血管阻塞而引發心血管疾病 [3, 4]。

[3]

為改善溶解度問題，膽固醇在細胞及血管中概以脂蛋白方式運送。美國達拉斯德州大學西南醫學院布朗 (Michael Brown) 及哥施坦 (Joseph Goldstein) 在脂蛋白領域研究有成，發現脂蛋白進出胞膜需要特定受體，獲一九八五年諾貝爾醫學獎。

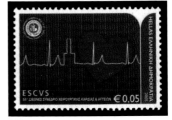

[4]

膽固醇與蛋白質結合可增加溶解度

膽固醇與蛋白質結合成脂蛋白 [5]。依蛋白含量區分：

蛋白含量最多者、溶解度好、密度最高，稱高密度脂蛋白 (HDL)，是好膽固醇。

蛋白含量較少者、溶解度差、密度低，稱低密度脂蛋白 (LDL)，是壞膽固醇。

蛋白含量更少者，溶解度更差、密度最低，稱極低密度脂蛋白 (VLDL)，是最壞膽固醇 (Note 2)。

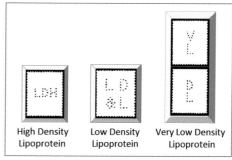

High Density Lipoprotein   Low Density Lipoprotein   Very Low Density Lipoprotein

[5]

在血液中，是由 HDL 負責將膽固醇及酯質運送至肝臟轉運站，由此再分配至身體需要之處。多餘膽固醇將立即排出體外。蛋白質在 HDL 中，扮演保護角色，護送固醇賀爾蒙信差傳達軍情，完成使命後蛋白質重複再用。

脂蛋白分離

各種脂蛋白密度不同，可用離心機分離 [6]，但需用超高速冷凍離心機。密度大者沉降快，在底部。密度小者沉降慢，在上層 [7]。瑞典化學家賽柏 (Theodor Svedberg, 1884–1971) 發明此方法獲一九二六年諾貝爾化學獎 [8]。其應用範圍早已遍及各領域之分離工作，沉降係數單位 S 正是為紀念賽柏的貢獻而訂。

[6]

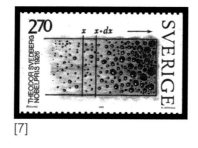

[7]

[8]

固醇構形

英國學者巴頓 (Derek Barton) 研究固醇類結構形狀著有成績獲一九六九年諾貝爾化學獎，印在郵票右側邊 [9]。英國於一九七七年設計郵票紀念，巴頓親筆簽名於絲綢印製首日封上 [9]。該票另一目的為英國皇家化學會成立一百年，印在郵票女王頭下方。英國郵票特色之一便是沒有國名，只認女王頭，得見大英帝國睥睨天下之勢。

[9]

珍貴郵品

諾貝爾化學獎得主巴頓在紀念自己郵票上親筆簽名留念。同一張郵票正反面以不同色筆皆簽尤其難得 [10]。

原來巴頓曾應邀至密西根州立大學作專題演講，化學系方豪瑟教授 (John Fankhauser) 負責接待，有許多相處時間。方豪瑟為世界知名化學郵票收藏家，得地利之便，收得無數化郵珍品。

巴頓嚮往牛仔生活

巴頓熱愛美國西部牛仔生活，於英國退休後，應聘至美國德州農工大學擔任講座教授，依舊活躍於學術界，曾應邀至密西根州立大學作專題演講 [11]。本封特為此場合打造，只見巴頓全身牛仔裝扮閱讀文獻，馬刺掛牆。貼有美國化學會及美國藥學會郵票，亦有演講會當地當日郵戳，並得演講人親筆簽名，該講者還是諾貝爾獎得主，屬珍藏郵品無疑。

[11]

膽固醇生物合成原料

輔酶 A 是維生素泛酸之輔酶形式。一九六四年諾貝爾醫學獎得主，德國生化學家李能 (Feodor Lynen) [12] 首揭乙醯輔酶 A 為乙酸（醋酸）之活化形式 [13]。與一般常見之磷酸鍵類似，硫酯鍵（紅色）在水解時，釋出能量推動合成反應進行 (Note 3)。

經放射性元素標記追蹤證明膽固醇生物合成之原料，與其他脂質相同，皆為乙醯輔酶 A [13]。

[12]

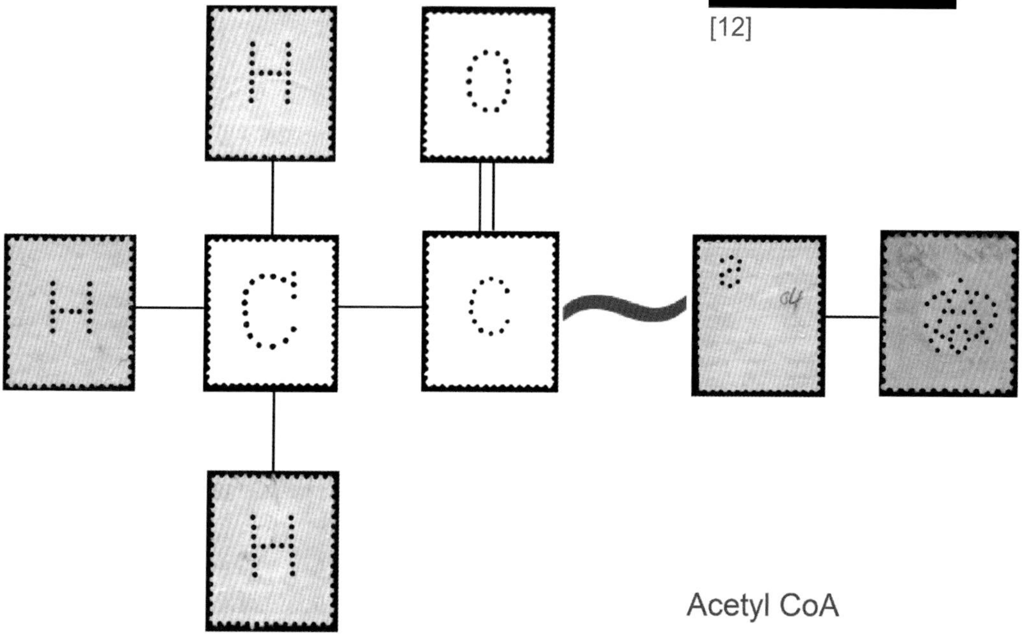

Acetyl CoA

[13]

異戊二烯為生物界重要共同中間物

異戊二烯 (Isoprene) [14] 為膽固醇、維生素 A、維生素 E、維生素 K、胡蘿蔔素、植物賀爾蒙、橡膠、植醇、泛醌、萜類、香精等生物分子合成時的共同中間物,有如位居通衢大道十字路口的中繼站,有重要生物意義 (Note 4)。

洞票組成的化合物與郵票內主角分子模型都是異戊二烯。模型旁一棵橡樹正在接收乳汁,用於生產天然橡膠。此郵票正是為紀念在馬來西亞召開的天然橡膠研討會而印行。

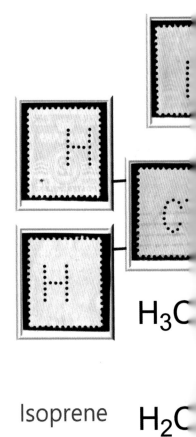

H_3C

Isoprene H_2C

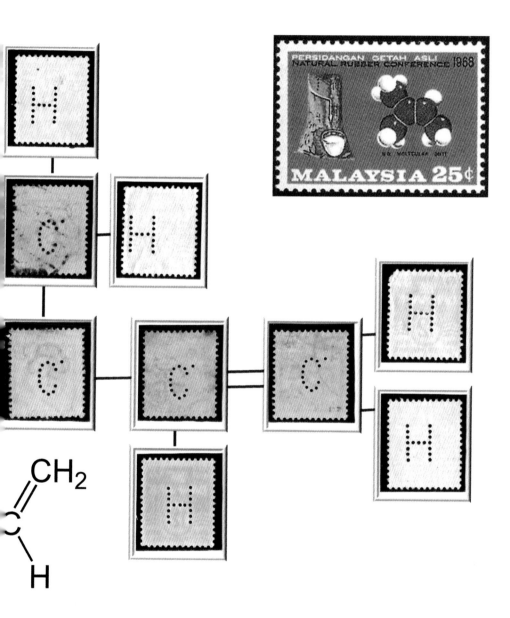

[14]

膽固醇亦為共同中間物

膽固醇之骨架結構 [15] 為許多固醇類化合物所共有，皆由膽固醇衍生而來，有不同功能。膽固醇在人體非常重要。人體可以自行合成，但合成數量之多寡完全依據身體需要，有嚴密之管控，多餘膽固醇將以膽酸方式排出體外，正常人不必擔心 (Note 5)。但對患有遺傳性高血脂症者又另當別論。

膽固醇就像家中某個桀驁不馴的孩子，個性孤僻，但他依然是我們兄弟。我們要試著瞭解他、接納他，不能一腳踢出門外。

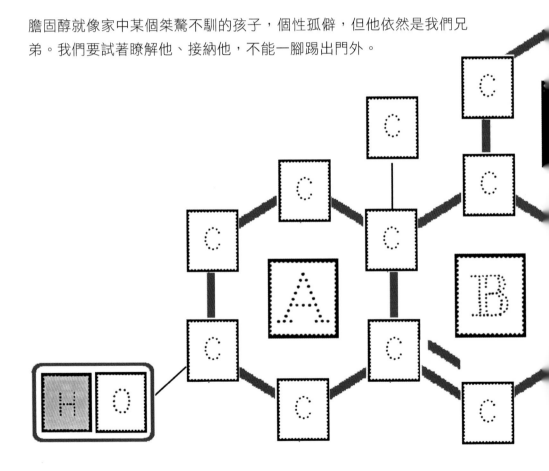

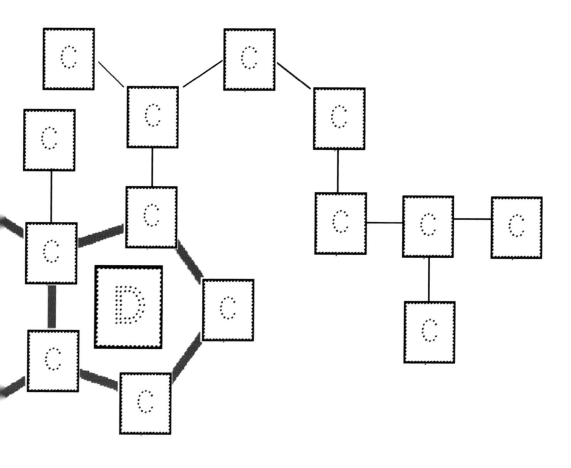

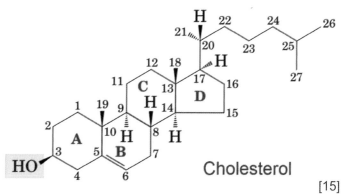

Cholesterol

[15]

膽固醇合成管制

[16]

匈牙利化學家海委希 (George de Hevesy) 成功發展放射性元素標記追蹤法，獲一九四三年諾貝爾化學獎 [16]。德裔美國生化學家布洛 (Konrad Bloch) [17] 善用此法研究膽固醇生物合成過程及合成管制機理，成果卓著，獲一九六四年諾貝爾醫學獎。如果説布洛是希特勒送給美國最大的禮物也不為過。布洛出身菁英猶太家庭。完成基本教育後，跟隨漢斯・費雪（Hans Fischer，諾貝爾化學獎，1930）學習有機化學，獲漢斯・費雪極優評價。但希特勒上台後，布洛走投無路，經漢斯・費雪協助來到瑞士達沃斯 (Davos)。以化學家的敏鋭發現地處五千呎高的阿爾卑斯山上，丙酮沸點不同，物性有異。輕易解決前任研究者困惑。隨後在膽固醇研

[17]

究出類拔萃。其指導教授病理學家勞萊 (Frederic Roulet) 認為布洛的博士論文份量完備且足夠，但最後論文審查時，得票 2：1 未能通過。那位堅持不通過的德裔教授理由是論文中未引用該領域一篇極重要文獻。經查那篇文獻正是該德裔教授自己的文章。政治追殺不留餘地。猶太裔菁英將另闢蹊徑、趨美避凶（Ref. 6）。布洛輾轉逃到美國哥倫比亞大學接續膽固醇脂質研究。指導教授克拉克 (Hans Clarke) 也曾由漢斯・費雪訓練，發現布洛歐洲重要結果尚未發表，允許寫入論文。一年半後布洛獲哥大博士學位，開始學術生涯，走向諾貝爾之路。

膽固醇生物合成關鍵管制點

細胞合成之膽固醇以主動運輸方式向細胞外輸送，由 ATP 供應能量，立即輸出，絕不逗留 [18] (Note 7)，再經由血液輸往需要處。HMG-CoA 還原酶為膽固醇生物合成關鍵酶 [19] (Note 8)。脂質專家萬傑洛 (Roy Vegelos) 被默克藥廠延攬後，即針對此酶開發出第一個美國聯邦食品藥物管理局核准之控制膽固醇藥物史他汀 (Statin)。萬傑洛主要貢獻在攜脂蛋白 [20] (Note 9) 於脂肪酸合成酶 [21] (Note 10) 中所扮演之角色 (Ref. 11)，複雜得多。接手 HMG-CoA 還原酶輕而易舉。再說他有個忠實又可靠的合作伙伴才能一切順利。萬傑洛一九五九年在美國國衛院 (National Institutes of Health, NIH) 博士後研究時，亞博 (Alfred Alberts) 還是研究助理，尚在馬里蘭大學攻讀博士學位。課已修畢但論文尚在努力，兩家家庭周末歡聚融洽。一九六六年萬傑洛受邀赴聖路易華盛頓大學主持生化系時，勸亞博留在美國國衛院，因為沒有博士學位在研究型大學發展困難。第二天一早，亞博說他想跟萬傑洛去聖路易，於是二個家庭一同搬家。亞博在華盛頓大學任講師，教授醫科學生生化實驗。膽固醇及脂質研究進展順利，亞博由講師升等助理教授。研究工作越形重要，再升至終身職副教授。週末二家還可分別欣賞足球、橄欖球、冰球、交響樂、歌劇、動物園，生活愜意。一九七五年默克藥廠禮聘萬傑洛擔任默克研究部主任，發展心血管疾病新藥。萬傑洛告知亞博此去前途未卜，留在聖路易前景可期，但亞博這次更堅定同進退，於是亞博與萬傑洛二家再次一同搬家，風雨同舟，走向發明降血脂藥物洛伐他汀 (Lovastatin) 及辛伐他汀 (Simvastatin) 之路。

[18]

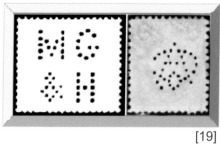
[19]

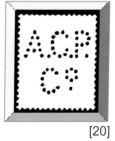
[20]

[21]

人為干預膽固醇生物合成

藥局廣告 [22]，採用默克藥廠出品即代表品質保證 (Note 12)。史他汀由默克藥廠研發成功 [23]。說來簡單，史他汀有部分結構與甲羥戊酸 (mevalonate) 類似。是 HMG-CoA 還原酶的競爭性抑制劑 (Note 13)。史他汀藥物佔據酶分子中原與甲羥戊酸結合之位置，阻斷膽固醇合成之路。因酶與其基質或藥物之結合皆為可逆性，毒性較小，但也勿隨意停藥。

[22]

Lovastatin (Mevacor)　　Simvastatin (Zocor)　　Mevalonate

[23]

膽固醇合成關鍵酶之管控

細胞內既有之 HMG-CoA 還原酶以磷酸化方式 [24] 管制其活性：

胰島素使 HMG-CoA 還原酶去磷酸化並致活而導致膽固醇合成速度加快。

升糖激素使 HMG-CoA 還原酶磷酸化並去活而導致膽固醇合成速度放緩。

HMG-CoA 還原酶酶分子本身之生物合成另有轉錄階層之管制，在高爾基體，有一類固醇基因管制蛋白 (Sterol regulatory element-binding proteins，

[24]

SREBP)，此蛋白管制 HMG-CoA 還原酶基因之轉錄，而其活性由血液中自主合成加食物來源膽固醇總量管制。管制失敗將引致十分嚴重後果。血管中堆集太多膽固醇將導致動脈硬化血管堵塞，因此心血管疾病是營養太好工業化社會通病。

膽固醇合成何不請細菌代勞？

由有機化學角度來看，膽固醇結構非常複雜，其化學合成頗不簡單。但經多位頂尖科學家多年努力終於了解膽固醇在人體內的生物合成完整過程，也造就了至少三位諾貝爾獎得主：布洛（1964 醫學獎），李能（1964 醫學獎），康福（John Cornforth，1975 化學獎），惟細胞付出代價高昂，由乙醯輔酶 A 到膽固醇須經至少三十幾個步驟，耗能近二十個 ATP。一不小心生產過量還可能造成心血管疾病。一個有趣的問題是：既然合成膽固醇這麼勞民傷財，人類在演化過程中，為何還要保留膽固醇生物合成步驟，而不是像維生素或必需胺酸一樣由膳食中攝取。答案也很直接：膽固醇對細胞而言太重要了，不容有失。膽固醇是胞膜成分之一。也是維生素 D、固醇激素、膽酸的先質。膽固醇是細胞內要素，但非食物內所必需，細胞自能合成所需膽固醇並有嚴密之管控機制。

女性避孕藥

奧地利裔美國化學教授傑拉西 (Carl Djerassi) 成功開發女性避孕藥。親自參與奧地利為其發行之郵票設計 [25]。在此小型張之背景，隱約若現傑拉西頭像（傑拉西親筆簽名處）[26] 係由無數避孕藥（化學結構見右上角）組成。

避孕藥是一種人工合成黃體酮與雌二醇，防止受孕。有人認為這項發明影響深遠，改善人類生活品質、避免悲劇。應得諾貝爾獎。另一種聲音則是：「他是在殺人，不是在救人」。

[25]

[26]

類固醇 膽酸 維生素 D

類固醇研究先驅德國化學家魏蘭 (Heinrich Otto Wieland) [27] 發現膽酸,已見固醇類化合物特有之骨架結構,獲一九二七年諾貝爾化學獎。

德國化學家溫道斯 (Adolf Windaus) 由膽結石中分離膽固醇,並證明其結構與維生素 D 密切相關而獲一九二八年諾貝爾化學獎 [28]。

[27]

[28]

膽固醇與類固醇激素、性激素

溫道斯之高足布坦南 (Adolf Butenandt) [29] 發揚師門，以化學合成方式直接證明雌激素及雄激素與膽固醇有類似結構，達到有機合成世代巔峰，與研究植醇香精的魯奇卡 (Leopold Ruzicka) [30] 同獲一九三九年諾貝爾化學獎。但當時德國政府已由納粹接掌。布坦南為猶太裔德國人，希特勒聞後大怒，猶太人怎配上台受獎！禁止布坦南領獎，政治公然干預學術，布坦南當然不敢出席。諾貝爾獎頒獎典禮現場，受獎人居然無故缺席，引發軒然大波。諾貝爾獎為此停辦三年，十年後於一九四九年，諾貝爾獎委員會再慎重其事補發布坦南他應得的金牌。

[29]

[30]

與膽固醇相關之諾貝爾獎

至少有十五位諾貝爾化學獎或醫學獎得主其研究成果與膽固醇直接相關。見證膽固醇之多采多姿 [31]。

區區膽固醇
一髮動全身
掌握關鍵點
新藥在眼前

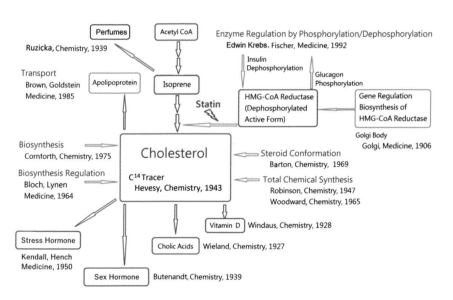

[31]

諾貝爾獎金牌花絮

第二次世界大戰時期，希特勒的排猶政策使歐洲猶太人人人自危。一九二二年諾貝爾物理獎得主丹麥鮑爾 (Niels Bohr) 在哥本哈根主持理論物理研究所，庇護許多猶裔德國重量級物理學家如馮勞 (Max von Laue，諾貝爾物理獎，1914)，法蘭克 (James Franck，諾貝爾物理獎，1925) 等。希特勒原無意侵略丹麥，想留下丹麥當櫥窗裡的花瓶。只是挪威的重水資源太誘人，而侵略挪威需要丹麥為基地。

[32]

德軍只花二小時即攻破丹麥防線。丹麥政府軍投降，德軍迅即開進哥本哈根市區，幾個諾貝爾獎得主急如熱鍋上螞蟻，量子力學大師也無力自保。希特勒頒有鐵律，黃金管制出境。每塊諾貝爾獎金牌都是量身打造，刻有姓名，賴也賴不掉。想吞金自殺也不成，那塊金牌太大，直徑有 6.6 公分，足有 175 公克！物理學家們束手無策。緊急關頭，化學家海委希 [32] 伸出援手。先提掩埋，鮑爾否決，這方法太笨，很容易被發現，被發現死定了。後來海委希請出「王水」解決問題 (Note 14)。千鈞一髮，就在德軍挨戶搜查之際。馮勞，法蘭克的金牌溶入王水，置入燒瓶，放在架上，肉眼凡胎，認它不出。德軍仔細搜查，終無所獲 (Ref. 15)。

戰後那瓶金液還能回收。諾貝爾獎委員會再重鑄兩面金牌頒予馮勞、法蘭克。海委希也是猶裔，他後來給馮勞的私函中透露金子性惰，還真難溶解。海委希不僅救了許多物理學家，也為許多化學家搭橋鋪路，他發展的放射性元素標記追蹤法促成固醇類生物合成的全盤瞭解，沒有海委希，那來今天多采多姿膽固醇。

參考文獻與註釋

(1) A slogan meter *"common sense/uncommon chemistry"* from Midland (Michigan, USA, 01/14/1983) is quite suitable here for cholesterol.

(2) Various serum lipoprotein fractions with different protein/lipid compositions are the diagnosis basis for physicians.

(3) Perfin Acetyl-CoA, the building block of cholesterol and fatty acids. This is the activated form of acetate. The energy-rich thioester linkage between the acetyl group and the sulfhydryl group of coenzyme A is shown in a wave.

(4) Perfin Isoprene.

(5) Perfin Cholesterol.

(6) Eugene P. Kennedy (2001) Hitler's Gift and the Era of Biosynthesis. *The Journal of Biological Chemistry*, 276 (46), pp. 42619-42631.

(7) Perfin ABC for ATP Binding Cassette.

(8) Perfin &H/MG CoA for HMG-CoA reductase.

(9) Perfin ACP/C for Acyl Carrier Protein, the Central actor key in acyl group transfer.

(10) Perfin FAS for Fatty Acid Synthase.

(11) Roy Vagelos (2018) Alfred Alberts (1931–2018). *ASBMB Today*, 17(8), pp. 6–8.

(12) A local pharmacy advertising poster stamp, Merck means quality.

(13) Chemical structures of Lovastatin and Simvastatin, the FDA approval statin drugs.

(14) 王水，由濃硝酸和濃鹽酸按 1:3 (v/v) 混合而成，是少數能溶解黃金的溶液。

(15) 諾貝爾獎官網 https://www. Nobelprize. org/prizes/about/the-nobel-medals-and-the-medal-for-the-prize-in-economic-sciences/

22 麻醉故事 故麻
事醉

關公刮骨療毒 [1]
華佗發明麻沸散

中華郵政「刮骨療毒戲曲明信片」，
聖手神醫，刮骨去毒，英勇神將，談笑自若。

[1]

外科鼻祖 華佗

古代中國醫藥發達 [2]。東漢末年華佗 (110–207) [3] 即已發明麻沸散用於外科麻醉。相傳關羽與曹軍激戰於襄樊時,中毒箭,疼痛難當。華佗前往救治,只見毒已入骨,骨已見黑,要趕緊用刀刮去黑色皮肉,不使蔓延,再晚恐要截肢。英雄豪語不必下麻藥,但想必華佗暗中有施麻沸散。華佗刮骨療傷時,關平在旁觀看,心驚肉跳,不忍卒睹。關羽猶能與馬良談笑下棋 [1],可見麻沸散之效力。

[2]

[3]

神經外科先驅

華佗 [4] 觀察喝酒昏醉現象得到啟發,發明麻沸散酒精酊劑,可能含有蔓陀羅、草烏或羊躑躅等止痛麻醉藥。在全身麻醉加持下華佗對剖腹割除盲腸或腫瘤駕輕就熟。

曹操國事如麻,時而頭痛欲裂,召華佗前來治療。華佗已有腦神經外科造詣,指操顱內壓過高,需要開腦減壓,曹操大疑之。開腦太先進,曹操性多疑猜難以接受。事實上他曾假獻刀謀刺董卓,計洩逃亡期間又錯殺友人呂伯奢全家,養成「寧我負人,人莫負我」的人格特質。曹操現居高位,自然擔心政敵謀害,加以華佗不願長久服侍他,故有意除去華佗。華佗自知性命難保,覺得獄卒待他不錯,有意將自己收藏多年秘方相贈,日後必有大用。 獄卒卻説:「你有這麼大本領都性命不保,我收藏後必將惹禍上身。」遂丟火中燒之,麻沸散配方自此失傳。

[4]

阿片類麻醉藥

鴉片是一種一年生草本罌粟類植物。開花結果後生產天然麻醉藥嗎啡，其止痛鎮定效果極佳。鴉片原產兩河流域美索不達米亞 (3400 BC)。漢朝絲路開通後，此藥用植物逐漸傳入中原。華佗麻沸散是否含有鴉片不得而知。鴉片是伊斯蘭世界的醫藥成就 [5]，但被西方世界濫用糟蹋。鴉片用於醫藥之外用途後弊端叢生。大英帝國國家販毒，難辭其咎，是其永遠的歷史污點。

近代外科麻醉先驅

美國外科醫師龍開佛 (Crawford W. Long, 1815–1878) 出生於南方喬治亞州，於費城賓州大學完成醫學博士學位，先在紐約市開業，後回喬治亞州行醫。是醫學史上最早記錄使用人造麻醉劑乙醚的外科醫師。有票為證，龍開佛因為乙醚麻醉成就入選美國名人專集郵票 [6]。

乙醚麻醉

龍開佛於一八四二年已使用乙醚麻醉於外科手術切除腫瘤，但當時美國國內情勢嚴峻，南北戰爭 (1861–1865) 一觸即發。加以通訊不良，或因地域偏見，北方外科醫師竟然不清楚南方同僚早已使用乙醚麻醉之事！現代麻醉因此延宕多年。有票可考，龍開佛的事蹟清楚顯示在本首日封圖像及說明中 [7]。

[5]

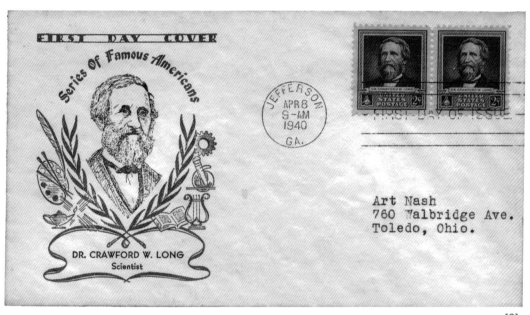

[6]

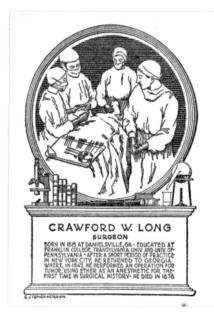

[7]

產褥熱

在尚無微生物觀念年代，許多悲劇起因於無知，產褥熱是其中一例。十九世紀之前家有喜事，有嬰兒要誕生時，通常會約請產科醫師或助產士到家協助。窮苦人家無力負擔接生費用，才送往慈善機構公立醫院待產，尚無超音波檢查 [8]，環境衛生也較差，產婦甚易在產後數天內發燒死亡。是謂產褥熱、壞血病。匈牙利產科醫師謝曼偉 (Ignaz Semmelweis, 1818-1865) [9,10] 洞察原因：環境惡劣、病菌叢生。在要求所有醫護人員進入產房前必須用漂白水澈底清洗雙手後，產褥熱發生率立刻下降十倍。

[8]

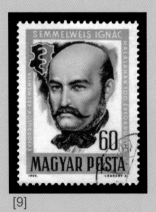

[9]

[10]

無痛分娩

由古至今，醫者慈悲為懷，一直都在尋找安全又能減輕病患痛楚的方法。鴉片或麻沸散屬天然藥物，副作用不明。乙醚是第一個人造麻醉劑，迅速成為外科界寵兒、病患救星。但還是有些外科醫師反對手術用麻藥。內科見熱，外科叫痛，司空見慣。他們堅持疼痛是一種自然現象，也是治癒

[11]

病痛必要過程。無痛分娩有時會對產婦造成危險。但氯仿 (chloroform) 的出現及維多利亞女王的加持將改變其心意 (Ref. 1)。

氯仿正式使用記錄由愛丁堡大學產科教授辛普生 (James Y. Simpson) 創於一八四七年。當天 (11/08/1847) 他正為一位產婦接生第二胎。這位產婦頭胎生產時，歷經三天痛徹肺腑的煎熬，生下死胎。這次辛普生使用氯仿麻醉順利產下健康寶寶。辛普生立即投稿有名的醫學雜誌《刺胳針 (Lancet)》，二週後刊出 (11/21/1847)，氯仿麻醉立即風靡全球 (Ref. 2)，包括用於剖腹產 [11]。

英國維多利亞女王多產，每次生產時痛苦與喜悅的交織記憶刻骨銘心。剛好女王近侍女官甫經氯仿麻醉拔牙，毫無痛苦。女王決定這次敦請名醫史諾 (John Snow) 為其接生第八胎。史諾過去也曾使用乙醚，後來改用氯仿。史諾於 04/07/1853 奉召進宮。女王全程清醒，當天下午 1:13 pm 順利生下小王子。鳳心大悅、雜音全噤，氯仿又有價廉、好儲存、易施藥等優點。氯仿麻醉超越乙醚定調。可是女王對醫藥見解究屬外行。氯仿突發意外率居高不下，乙醚相對安全。氯仿的有效劑量範圍較窄，致死劑量一線之隔。氯仿使用不當致死案例有時還波及醫護，致有如 ACE 王牌配方的出現 (Note 3)。但當動物實驗發現氯仿可能致癌時，風靡一時氯仿終於壽終正寢。

滅菌

法國化學家路易巴斯德 (Louis Pasteur, 1822–1895) 觀察入微。他看到曝露的肉湯很快混濁發酵,但封在真空消毒罐裡的肉汁卻能保持清澈。於是提出創新的微生物觀念:空氣中有肉眼看不到的微生物進入肉汁裡生長。血栓或傷口都是微生物繁衍生長的好地方,因此開刀房必須維持清潔,器械需先消毒滅菌,以防止細菌感染。

法國巴斯德是化學、微生物學、免疫學,醫學集郵界寵兒。本件郵品摩納哥巴斯德郵票校色稿是寵兒中的驕子 [12]。

[12]

消毒

[13]

英國外科醫師李斯特 (Joseph Lister, 1827–1912) [13] 立即領悟巴斯德論點重要性。李斯特觀察清道夫以石炭酸(酚)清洗工具獲得靈感。酚具芳香羥基,解離後氧原子與苯圜有共振效應,是以酚有弱酸性,此性質足以殺死細菌。不必排除空氣,只要用石炭酸敷料紗布蓋住傷口即可,術後感染大為降低。外科進入嶄新世紀。

在本件郵品中,郵票設計師納入外科消毒主題,主角人物李斯特肖像,及化學主角「酚」,難能可貴,美中不足處在化學表示法有瑕疵。六角圜代表苯圜可以接受。羥基看似飄浮位置不對,氧原子如能與圜角落碳原子連接更理想。

444　第三部　生命化學

談笑拔牙

英國化學大師戴維 (Humphry Davy)
最早發現笑氣 (Nitrous Oxide, N₂O)
有麻醉止痛作用。笑氣無痛拔牙，
在大英國協早已行之有年，有票可

[14]

循。紐西蘭維多利亞女王頭郵票，
使用年代在一八八二年。在此之前
笑氣使用技術必已成熟，都已進入
藥廠笑氣廣告 [14] 連同氣體施藥工
具 [15]，就印在郵票背面，鐵證如山。

[15]

牙醫使用笑氣，只等病患張口笑問何時拔牙，就是拔牙時機，説時遲
那時快，病人剛問完，醫師説你的牙已在我手裡。

麻醉專科

笑氣 [16] 麻醉在牙醫界雖已是成熟
技術，但在外科界尚不普及。美國
波士頓麻州總醫院牙科部主任威爾
斯 (Horace Wells) 胸有成竹，乃於

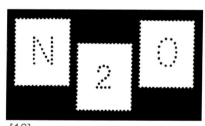

[16]

一八四五年在外科講堂示範笑氣麻醉。在各級大小醫師，醫學生注視
之下，威爾斯按部就班進行無痛拔牙，病人是個胖子又酗酒，主刀醫
師顧此失彼，氣態麻醉藥劑量未控制好，手術中病患叫痛而失敗，威
爾斯大失顏面，黯然離職。

威爾斯雖然功敗垂成，但屬非戰之罪，卻也見證麻醉之重要，促成外
科開刀房需另設專職麻醉醫師負責生命現象之監護，外科醫師得以專
心追求外科藝術。

現代麻醉

在威爾斯後繼任的牙科主任為莫頓 (William T.G. Morton)。莫頓在巴爾地摩攻讀牙醫學時，威爾斯曾是他的老師，他們早已在無痛拔牙有豐富經驗，莫頓於一八四六年十月十六日，在麻州總醫院再次當眾示範麻醉，這次使用乙醚，大獲全勝 [17]，乙醚因此敲開現代麻醉之門。該外科講堂現命名「乙醚宮」(Ether Dome)。如果威爾斯去年成功，現在的乙醚宮也許會命名為「笑宮」豈不更為有趣。

麻醉普及

西方現代麻醉遲至十九世紀始由莫頓開創普及。若無麻醉，誠不知外科手術如何進行。外科麻醉迅速為歐洲採用 [18]，並立即遍及全世界 (Ref. 4)。

參考文獻與註釋

(1) John Emsley (2008) Chloroform and Mrs Barlett in *Molecules of Murder: Criminal Molecules and Classic Cases*. pp. 113–135. The Royal Society of Chemistry, Cambridge, UK (ISBN 978-0-85404-965-3).

(2) Paul Cranefield (1986) J. Y. Simpson's Early Articles on Chloroform. *Bulletin New York Academy Medicine*, 62(9), pp. 903–909.

(3) 一種由酒精 (alcohol)，氯仿 (chloroform)，乙醚 (ether) 以 1:2:3 比例組成的液體麻醉劑。

(4) Sekhar KC (2013). A philatelic history of anesthesiology. *Journal of Anaesthesiology Clinical Pharmacology*. 29(1), pp. 19–25.

WILLIAM T.G. MORTON

His pioneering work with ether and chloroform
paved the way for modern anesthetics.

[17]

5 Februarie 1847

Prima anestezie cu eter efectuată la Timisoara
de dr. Musil si dr. Siess la Spitalul Militar.

[18]

23 萬病之王

Paul Lauterbur
磁振造影先驅 [1]

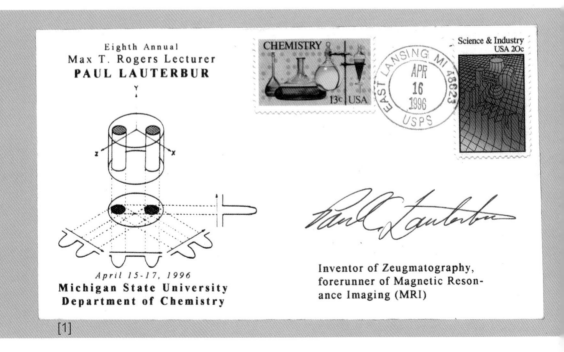

Inventor of Zeugmatography,
forerunner of Magnetic Resonance Imaging (MRI)

[1]

巨蟹座與癌症無關

癌症為古老無解疾病。最早記錄在西元前二千六百年埃及醫師印和闐的行醫紀錄中。另外，希臘醫學鼻祖希波克拉底 (Hippocrates) [2] 已提及癌症，源自希臘字螃蟹，與巨蟹座同名 [3]。但與十二生肖一樣，星座僅為符號，巨蟹座與癌症無關。

另一個更貼切的名字「腫瘤」也源自希臘字「onkos」，意在「團塊」或「負擔」。

[2]　　　　　　[3]

顯微鏡檢查

細胞生物學利器顯微鏡發展迅速。三位生物物理學家：瑞士杜波謝 (Jacques Dubochet)、美國姚阿幸 (Joachim Frank) 及英國韓德森 (Richard Henderson) 鑽研冷凍電子鏡有成，獲二零一七年諾貝爾化學獎，對細微結構解析助益甚大。但癌細胞一般顯微鏡如蔡司 (Carl-Zeiss Gfl) 標準顯微鏡 [4] 足以使之現形。取樣位置更為要緊。

細胞變異成腫瘤，顯微鏡下現蟹影 [5]。癌細胞形態特徵：胞核大，染色深，狀不規則，空泡出現，核仁變大增多 (Ref. 1)。

[4]　　　　　　[5]

癌細胞特性

美國麻省理工學院教授溫伯格 (Robert Weinberg) 對癌細胞整理出下列特性：細胞不斷增生、規避正常細胞凋亡機制、逃避免疫監控、促進血管增生、染色體不穩定、不斷產生基因突變、侵犯周圍組織。簡而言之，癌細胞為不斷生長之失控細胞 [6–10]。找尋失控原因方有治癌之道。

荷蘭這套加值郵票主題明確，顯微鏡頭下找尋癌細胞，加值發行，溢收款項用於癌症研究。

[6]　　　　　[7]　　　　　[8]

[9]　　　　　[10]

螃蟹何罪 橫行其過

如果視細胞為海灘成片細沙，隨浪起落，則以螃蟹喻癌細胞倒有幾分神似，因為螃蟹四處橫行恰似癌細胞之四處擴散蔓延。

此郵簡票戳圖主題明確一致，不論用火把照明（票）或 X-光透視（戳），均為尋找出螃蟹癌細胞，聚而殲之，一劍刺死（票）或以高能輻射線電死（圖）[11]。

[11]

乳癌防治

美國密西根大學特別為乳癌防治募款成立基金投入製作首日封戳 [12]。此票官方郵局正式溢價發行，溢收票款提撥美國癌症研究所專供乳癌防治研究用途。積少成多，相當成功，曾多次再印發行。

郵票設計由巴爾地摩藝術家謝曼 (Whitney Sherman) 擔綱，以希臘狩獵女神阿提米斯 (Artemis) 為模特兒切入乳癌主題，象徵罹癌患者勇敢面對，奮戰到底。以黑色線條勾勒出女性體態，再以粉臘筆著色讓畫面顯得樂觀活潑，最後以文字襯托出乳癌重點部位以及主要訴求：支援戰鬥，尋求解方。

[12]

硬塊自我檢測

與其他深層組織相較而言，乳房腫瘤較易進行自我檢測 [13]。

此郵簡為羅馬尼亞首都布加勒斯特癌症研究所召開全國腫瘤會議時採用郵品，郵戳紀念倫琴發現 X-光一百五十週年。

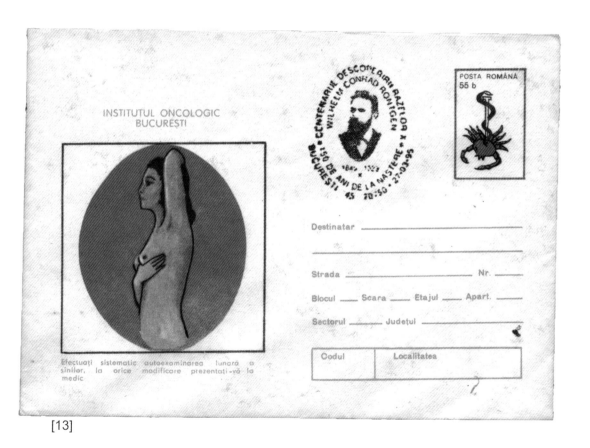

[13]

胸部硬塊檢測

胸部硬塊自我檢查可初步檢出可能腫瘤 [14]。有一種先期安全檢查為熱域圖 (thermogram)。癌細胞生長快速，耗能產熱較多，熱域圖記錄身體各部位溫度，提供癌變可能區域，進一步抽樣檢查 [15]。

外科手術

美國外科醫師龍開佛於一八四二年首先使用乙醚麻醉於乳癌切除手術，嘉惠醫病甚鉅。但龍開佛在南方開業，乙醚麻醉被忽視多年後才傳到北方。龍開佛在外科治療貢獻卓著，當選美國名人郵票主題人物 [16]。

在十九世紀前癌症尚無藥可醫，外科切除為唯一方法。乳癌根除手術曾風靡一時，但外科手術永遠存有過猶不及疑惑，而遇到腫瘤轉移病患也束手無策。

攝護腺癌

如果乳癌是女性同胞夢魘，攝護腺癌則是男性同胞天敵 [17]。美國芝加哥大學泌尿外科主任赫金 (Charles B. Huggins) 發現賀爾蒙新療法，開闢特定性化療途徑。男性攝護腺癌居然可用雌激素治療。雌激素是天然類固醇，治療劑量也非殺手級劑量，化療不必亂槍打鳥。赫金因此發現榮獲一九六六年諾貝爾醫學獎。

在英國攝護腺癌是男性死亡率最高疾病。本封銷戳英國攝護腺癌協會 (Prostate Cancer UK) 是倫敦國王學院瓦克斯曼 (Jonathan Waxman) 教授所領導，專門對付攝護腺癌的慈善組織。照顧男性同胞，拒絕過早手術去勢，尋求其他治療方法。

[14]

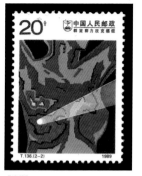

[15]

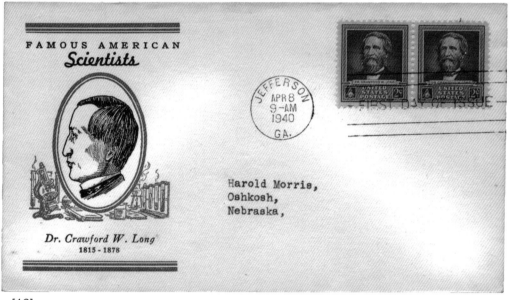

[16]

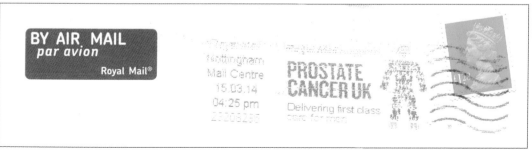

[17]

世紀發現

德國物理學家倫琴 [18–20] 在進行陰極射線研究時，發現一道外漏的新透明光線不知為何物，倫琴姑且稱之為 X-射線，延用至今。後來倫琴發現 X-光可以穿透人體，立即體認可應用於醫界檢視病理。倫琴實至名歸獲得第一屆（一九零一年）諾貝爾物理獎。

[18]

[19]

[20]

產生 X-光電子管

在電子加速撞擊金屬靶過程中，使電子突然減速，其減少的動能會以光子形式放出，就是 X-射線 [21–23]。

[21]

[22]

[23]

第一張 X-光透視照片

偉大發現歷史時刻需要見證人。倫琴拉夫人伸手到 X-光燈前照射
[24]，只見血肉透視，骨骼清晰 [25]，結婚戒指說明一切 [26]。X-光
雖不能穿透金屬，但不必切開皮肉，即可看到骨頭，在醫學診斷上大
有用處，是影像追蹤首要選擇。

[24]

[25]

[26]

新舊世代

隨著科技進步，對 X-光依賴絲毫未減。
此事實反映在一組兩張郵票，分別展示
早期及新式 X-光機 [27]，以及美國紀念
X-光發現七十五週年銷戳 [28]。

[27]

[28]

諾貝爾之路

法國貝克勒 (Henri Becquerel) 發現鈾元素具有如同 X-光般的放射性 [29]。皮耶與瑪麗居禮 (Pierre, Marie Curie) 婚後在鄉間小路騎腳踏車蜜月旅行時獲得靈感 [30]，他們在大量煤渣中找到鐳元素，放射性更強，直奔諾貝爾之路。居禮夫婦與貝克勒同獲一九零三年諾貝爾物理獎，居禮先生後遇馬車車禍早亡。居禮夫人發現放射性元素蛻變與外在環境無關，是元素本身特性。居禮夫人發現鐳及釙，執著研究鐳元素發出的放射線於治癌醫學應用，再得一九一一年諾貝爾化學獎 [31]。

居禮夫妻的女婿福德里 (Frederic Joliot Curie) 在戴高樂時代擔任法國能源部長時，催生法國第一座原子反應爐ZOE (Note 2)。法國郵票 [31] 乃為紀念鐳元素發現一百週年及 ZOE 反應爐完工五十週年而發行。

[29]

[30]

[31]

居禮一家

居禮夫婦 [32] 育有一女，名曰依蓮 (Irène Joliot-Curie) [33]，與其夫
婿福德里 [34, 35] 鑽研放射線有成，人工合成放射性元素磷三十，獲
一九三五年諾貝爾化學獎。一家四口得五座諾貝爾獎。居禮家族科學
家不計其數。

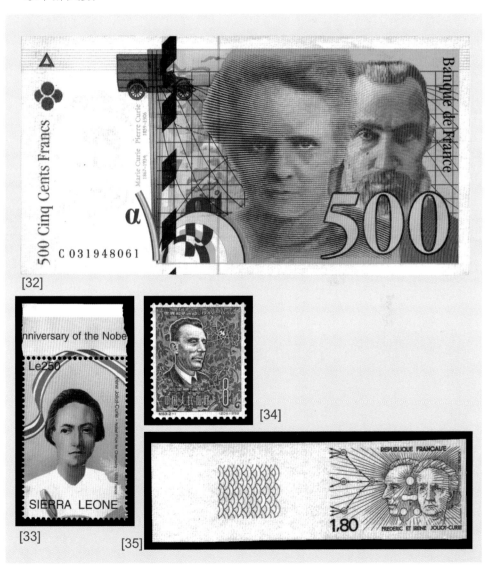

[32]

[33]

[34]

[35]

居禮夫人

鐳放射性強烈到可以破壞 DNA 結構，造成細胞死亡或停止分裂，並能選擇性殺死分化迅速細胞。癌症醫學部放射腫瘤科於焉誕生。放射治療讓癌症治療進入核子醫學年代。

居禮夫人追求鐳治癌效果不遺餘力 [36–39]，但未做好防護措施，治癌與致癌一體兩面。居禮夫人因長期曝曬於鐳放射線下，最後得白血病而亡，享壽六十六。她女兒依蓮也亡於急性白血病，享年五十八。時值今日，放射治療劑量拿捏仍是醫術也是藝術。

[36]

[37]

[38]

[39]

子宮頸抹片檢查

希臘裔美國醫師帕伯尼可婁 (George Papanicolaou) 鍥而不捨，成功發展婦科子宮頸抹片檢查。 其最大貢獻不在於發現癌症，而是讓無症狀婦女也可以接受檢查，如此有助掌握子宮頸癌變的最初階段，使子宮頸癌得以及早治療，子宮頸癌死亡率因而大幅降低。美國特出郵票紀念 [40]，郵票發行首日儀式選在白宮舉行，由當時總統夫人羅莎琳卡特主持。

[40]

診斷利器

英國電機工程師豪斯菲 (Godfrey Hounsfield, 1919–2004) 與美國物理學家柯瑪克 (Allan Cormack, 1924–1998) 發明電腦斷層攝影 (CT, computed tomography) [41]，獲一九七九年諾貝爾物理獎。

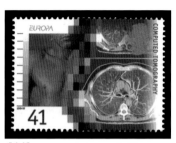

[41]

美國伊利諾大學化學教授勞特柏 (Paul Lauterbur, 1929–2007) 與英國諾丁翰大學曼斯飛（Peter Mansfield, 1933–2017，諾貝爾醫學獎，2003）開創磁振造影 (MRI, magnetic resonance imaging) 技術，引入醫學成為非侵入性診斷利器 [42]，身體軟組織的造影對醫學診斷助益甚大，但也有巨大的商業利益在環伺著。諾貝爾醫學獎評審會甫經宣布二位得獎人名單，三天後即見華盛頓郵報、紐約時報等媒體巨幅廣告聲稱福那公司總裁達瑪汀才是磁振造影發明人，結果是一場鬧劇，無人理會。只要再回頭瞄一眼本章章名頁那張有勞特柏親筆簽名、化學界認可、MRI 公開演講會，即可判知一二。

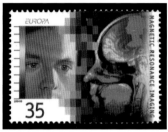

[42]

勞特柏原任紐約州立大學石溪校區化學教授，他將核磁共振原理應用於人體疾病檢查。當時石溪校區最好的的核磁共振儀器在化學系，可是化學系只有他一人觀察生物大分子，其他教授都是研究小分子的有機化合物。勞特柏在石溪身不由己做了二十二年夜行生物，每天通宵達旦、挑燈夜戰。清晨當他旗下最後一位夥伴或學生在離開實驗室時，必須記得將儀器設定回歸為小分子區域，否則會引來同事的抱怨不快。勞特柏轉赴伊利諾大學後才得恢復常規作息時態，石溪痛失英才。

戒菸

吸菸與肺癌呈正相關無庸置疑 [43]。菸油中有許多致癌物長期累積相當危險。各處拒二手菸意識尤其高漲，吸菸場所越來越少，為了個人健康，不如早戒，醫院診所已有戒菸門診。

肺癌第二致病原是因為散見於大氣中之氡。氡為放射性元素鐳衰變後之氣體產物。美國定每年十月第三週為氡動週 [44]，喚起民眾注意並檢測居家環境安全。美國全國僅有十八所郵局能隨機蓋上氡動週銷戳「氡動週保護家人檢測房屋」[44]，因為隨機，又只有一週時間，故集郵人士專程赴郵局窗口索蓋此戳，不一定成功。倒是另有集郵人士聲稱備好回郵信封，直接寫一封禮貌信給郵政局長索取有蓋此戳之回信，效果不錯。

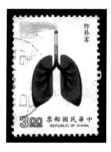

[43]

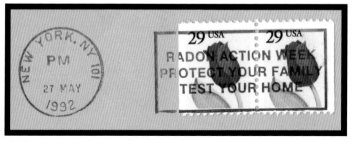

[44]

戒酒

酒精 [45] 在肝臟代謝。但肝有一定能耐，飲酒過量，超出肝臟能耐，將引起肝中毒，導致肝癌。酗酒等同邀請肝癌上身幾是定論。飲酒適度生活寫意，健康防癌方是上策。

台灣這兩張防癌郵票吸睛成分不高 [46, 47]。設計者匠心以小方格表示散布在人體四週可能導致癌症之污染環境，不計其數。十字形代表可用醫學預防或治療之癌症，為數有限。郵票比較別緻的地方在那方配襯圖騰，屬陶聲洋防癌基金會會徽，此徽既與世界各地以十字軍方式刺死癌細胞圖騰吻合，又與漢字相呼應。試拆癌字，癌症為古老疾病，又是萬病之王，圈广於外，百毒不侵，保護大地江山及眾多人物（口口口）。特別的防癌標誌竟成最大賣點。

癌症早期發現治療

此首日封將發現癌症理想化為注意七則規律 [48] (30c)：

腫塊、長疣、食慾不振、長咳或血絲、出血或潛血、傷口不癒、體重突減。發現異狀立即放射治療 (60c)，然後回家做個健康人 (80c)。

本郵品由荷屬安地列斯出版，設計簡潔美麗，主題明確易懂。郵票及首日封內文字為某地方言古語，連荷蘭烏鍥大學化郵專家也未能逐字翻譯得出那郵票邊紙所印文字，姑且以常識依圖列之。

放射治療

放射治療與外科切除面臨同樣「過猶不及」困境。在外科手術與放射治療均無法達到絕對安全情形下，近年多數人（包括醫護）傾向早期放射治療。避免不必要手術切除。X-光機設備也更精密 [49]，可以更精準定位並控制劑量。

[45]

[46]

[47]

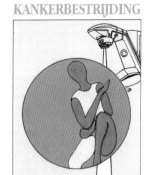

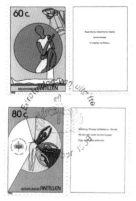

[48]

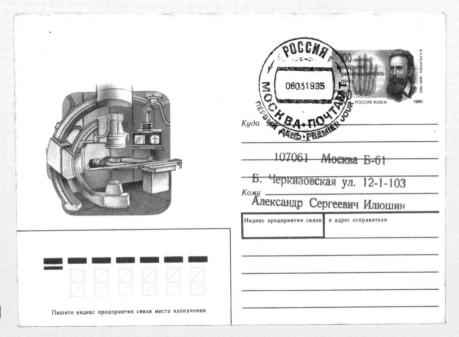

[49]

高劑量放療

鈷六十為加拿大發明的人造放射性同位素，加拿大引以為傲，特出郵紀念 [50]。郵票中清晰指出鈷六十放出伽瑪射線，衰變為鎳四十，半衰期 5.27 年。醫院採用此儀器，每五年需由專門人員更換能源。鈷六十能量強，可照射深層組織，但也更為兇險，會導致脫髮，甚至因白血病送命。

自倫琴發現 X-光後，醫學立即將之應用於診斷骨折，X-光其他應用也迅速推廣。有鑑於輻射安全防護、輻射劑量測量、輻射教育推廣等皆為全球性問題，國際放射線年會自一九二五年在瑞典斯德哥爾摩召開第一屆大會後，每三年或兩年召開大會討論共同議題 [51]。

[50]

[51]

宣戰

第二次世界大戰後，受到盤尼西林成功鼓勵，醫界大放異彩，新的抗生素氯黴素、四環黴素、鏈黴素陸續被發現。一個個疫苗新藥相繼問世，多數由於細菌感染的疾病已受控制，癌症化學去勢療法也已成熟，醫界志得意滿，下一步癌症完全治療，箭在弦上，勢不可當。美國於一九六五年四月一日愚人節，以十字軍聖戰方式向癌症宣戰，一般相信幾年之內將徹底消滅癌症 [52]。但時隔五十餘年，人類依舊無法一統癌症療法，大規模手術已不流行，放射治療也有一定限度，化學治療因應時機彌補缺塊。

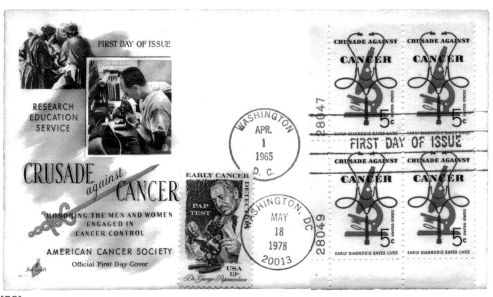

[52]

化療先驅

印度裔美國生化學家蘇巴洛 (Yellapragada Subbarow, 1895–1948) 發現肌肉收縮時需要 ATP 參與供給能量 [53]。蘇巴洛首先純化 ATP，並提出 ATP- 肌酸能量儲備觀念。現在已知 ATP 是所有需能反應的立即能源，可視之如能量鈔票，可立即使用於肌肉收縮：

肌肉 + ATP → 肌肉收縮 + ADP

肌肉細胞內另有磷酸肌酸為儲能分子，可看成能量銀行，應付不時之需。兌換手續為：

磷酸肌酸 + ADP ⇌ 肌酸 + ATP

蘇巴洛在能量代謝貢獻卓著，只因鄉音太重，無緣取得哈佛大學正式教職，轉赴氰胺公司立達藥廠。他最早提供抗癌藥物葉酸拮抗劑甲胺喋呤供法柏用於治療白血病。此類藥物現仍使用中。蘇巴洛早該獲頒諾貝爾獎，恐怕還是兩座，一座 ATP、一座甲胺喋呤。

डा॰ वाई. सुब्बाराव Dr. Y. SUBBAROW

[53]

化療艱困

癌症化療先驅法柏 (Sidney Faber) 在波士頓兒童醫院病理部開始化療研究。彼時癌症致病原因不明，每種抗癌藥物對正常細胞而言都是劇毒，最多達到八種藥物的雞尾酒式療法更是以毒攻毒，病患飽受摧殘。

以色列那張抗癌郵票已高度藝術化，乍看之下實難辨認其主題何指 [54] ？還是靠下方邊紙上那張一劍刺中癌細胞圖像及文字解說才得以解讀郵票之主題為：「抗癌救命 (FIGHT CANCER AND SAVE LIFE)」。在維也納舉行的第十三屆國際化療會議宣布盤尼西林治癌無效 [55]，想也如此。第十五屆國際化療會議在伊斯坦堡舉行。郵票也經高度藝術化，但猶可看出設計師用心良苦，白色雙股螺旋提醒生命受到威脅。紅色正常細胞，藍色癌細胞。取樣稍不留意，可能錯失誤判 [56]。

[54]

[55]

[56]

化療療程

華裔醫師李敏求首度以甲胺喋呤治癒胎盤癌，成就非凡，但李敏求擅改傳統療程，多打數劑藥物，被美國國家癌症研究所抓包，以未經核准，拿人命當兒戲，炒他魷魚以儆效尤，扼殺閃耀新星。李敏求病人各個痛心疾首，一塊浮木又被抽走。

李敏求後來轉赴紐約康乃爾大學醫學院史隆凱特琳癌症研究所 (Sloan-Kettering Cancer Institute)，證明所用策略實開先河，得到第一次成人癌症化療痊癒結果，再未復發。李敏求也再未踏入國家癌症研究所一步。

史隆凱特琳癌症研究所在醫藥衛生研究史上貢獻卓著，美國郵政局特為其出版百年慶郵票以資紀念 [57]。

[57]

代謝失常

癌細胞生長快速，血液時而供應不足，在血
管增生不及時，許多癌細胞是生長在低氧環
境，完全依賴糖解反應以獲取能源。葡萄糖
經糖解為丙酮酸只獲得二分子 ATP。在正常
細胞，丙酮酸再進入粒線體完全氧化為二氧
化碳及水可以得到三十分子 ATP。癌細胞氧
氣不足以應付新陳代謝所需。經發現其葡萄
糖吸收及糖解速率常十倍於正常細胞。因此

[58]

德國生化學家瓦伯 [58]（諾貝爾醫學獎，1931）認為癌細胞其實是
無氧氧化結果。過多丙酮酸及乳酸造成癌細胞較能耐酸。依此理論
癌症是一種粒線體疾病。確也如此，粒線體內膜的確能感知細胞內
外生存威脅，負責老化凋亡的有序死亡。但癌細胞脫序不死，反成
生命負擔。

癌細胞之高度依賴醣解獲取能量使六碳醣激酶成為抗癌化療目標之
一。脫氧糖、氯尼達明、溴丙酮酸皆曾為抗癌藥物，抑制 6-磷酸葡萄
糖生成。阻斷癌細胞 ATP 及五碳核糖供應鏈，沒有足夠五碳糖供應，
癌細胞快速生長所需 DNA、RNA 也顯不足，如此也可達到制癌目的。
但與其他抗癌藥一樣，細胞毒性難解 (Ref. 3)。

除舊布新

英國劍橋大學布倫納 (Sydney Brenner)、蘇斯頓 (John Sulston) 及美國麻省理工學院霍維滋 (Robert Horvitz) 等三位生物學家由線蟲研究發現死亡基因存在，説明一種主動程式化細胞凋亡過程，共獲二零零二年諾貝爾醫學獎。細胞老化活力不再，有正常淘汰管道。細胞感知生存威脅時，可以選擇自殺。也可由其他細胞傳達賜死令。不論自殺或賜死均無回頭路。癌細胞不服裁決，聚眾另立山頭抗旨。

三位生化學家：以色列席嘉諾佛 (Aaron Ciechanover)、赫西柯 (Avram Hershko) 以及美國爾文羅斯 (Irwin Rose) 共同發現泛素 (ubiquitin) 的清道夫角色而獲得二零零四年諾貝爾化學獎。老化蛋白以七十六個胺酸組成的泛素 [59, 60] 標記後即進入細胞焚化爐蛋白酶體中分解，棄卒保帥，細胞得存。蛋白酶體為中空桶狀，上下有蓋，當中由各式蛋白分解酶組成的大熔爐 [61] (Note 4)。去泛素酶或蛋白酶體都是抗癌標的，其策略是阻止癌細胞使用焚化爐，不許癌細胞青春永駐 (Ref. 5)。

[61]

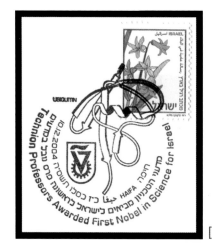

[59]

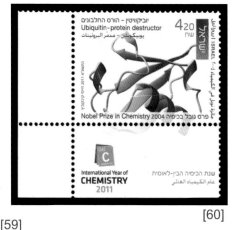

[60]

標靶治療

癌症多樣，實為基因脫序疾病。致癌基因、抑癌基因皆為我們細胞染色體內某個區段基因，在細胞正常生長週期互相制衡。交通管控得宜，生長凋亡井然有序。但癌細胞由於基因突變導致某環節失控，猶如失控汽車，致癌基因是油門卡住、抑癌基因是煞車失靈，癌細胞該死不死，擠壓正常細胞。兩位具醫學背景美國科學家瓦莫 (Harold Varmus) 與畢夏 (Michael Bishop) [62] 發現 Src 致癌基因 [63] 蛋白激酶獲一九八九年諾貝爾醫學獎。Src 基因所編碼的蛋白質主要功能是將其他蛋白質磷酸化，為分子打上標籤，蛋白質一旦完成磷酸化，就像開啟某「開關」，而經激酶磷酸化後往往會開啟另一個激酶，以此類推產生瀑布式連鎖反應。許多開關不當打開，匯集產生強烈信號，導致細胞由不分裂轉向分裂，形成腫瘤。

標靶治療提供化療新方向。有些標靶藥物針對蛋白激酶所催化之磷酸化反應設計。但如果將標的設為 ATP 類似物，專一性註定不高，毒性難免。人類基因組有五百多個激酶，其中約九十個屬致癌基因。這些基因產物是抗癌當然目標。以「分子模擬」方式由電腦尋找契合化

[62]

[63]

合物，合成後交由細胞生物學者測試，以尋求更專一而無毒性的化合物，再送回臨床試驗新藥。經實驗累積得到珍貴結果，不同激酶可以找到特定抑制劑。就像外表類似的鎖，可以配到不同的鑰匙改回開關方向制住癌細胞。說來矛盾，古時煉丹術士尋求長生不老之方難道竟是在尋找此喧賓奪主欺壓自己的老不死癌細胞！反而欲將之置於死地！

手術治療斬死癌細胞、放射治療燒死癌細胞、化學治療毒死癌細胞、代謝治療餓死癌細胞、標靶治療賜死癌細胞。

參考文獻與註釋

(1) Siddhartha Mukherjee (2012) *The Emperor of All Maladies: A Biography of Cancer*. Complex Chinese Edition (Translator: Angel Chuang), China Times Publishing Co.

(2) Zoé reactor means "life" in Greek. Zéro (零熱力 Zero thermal power), Oxyde d'uranium (氧化鈾 uranium oxide), Eau lourde (重水 heavy water)。

(3) David L. Nelson and Michael M. Cox (2008) *Lehninger Principles of Biochemistry*, 5th Edition, W. H. Freeman, New York.

(4) This figured was generated by an online stamp site (bighugelabs.com/frame. php)。蛋白酶體扮演清除老化蛋白角色，但無適當郵品可用。圖 [61] 為未發行之模擬個人化郵票，純供娛樂，無郵品價值。

(5) Nishi Kumari, Kwok Kin Lee and Sudhakar Jha (2017) Targeting the Ubiquitin Proteasome System in Cancer. http://dx.doi.org/10.5772/intechopen.76705.

24 阿茲海默

[1] 濃情蜜意激素催化
神經傳導宛如觸電
化學介質屬多巴胺

[1]

神經傳導研究先驅

義大利醫師伽伐尼 (Luigi Galvani, 1737–1798) 發現剛死青蛙通電後，腿部肌肉仍能導電顫動，從而發現神經元與肌肉間之神經傳導，開創神經系統電生理學 [2]。

義大利物理大師伏特 (Alessandro Volta, 1745–1827) 證實伽伐尼的偉大發現，並進一步證明電並非生物界的專利。伏特以鋅-銅板組成伏特堆，是現代電池的雛型 [3]。電可以帶著走，方便多了。為紀念伏特在電學方面的卓著貢獻，電壓以伏特為單位。

[2]

[3]

仰之彌高

西班牙神經學者桑卡哈 (Santiago Ramon y Cajal, 1852–1934) 貢獻神經系統結構，獲一九零六年諾貝爾醫學獎，是西班牙學生偶像。桑卡哈親繪視網膜神經元結構，獲選為郵票圖案主軸 [4]。生化大師歐秋亞 (Severo Ochoa, 1905–1993) 剛錄取馬德里大學醫科時，渴望能進入桑卡哈研究室，未能如願，因桑卡哈當時業已退休 (Ref. 1)。日後歐秋亞在生化界大放異采，因對核酸化學貢獻卓著，獲一九五九年諾貝爾醫學獎。兩位偶像並列於瑞典與西班牙共同出版郵票中 [4]。歐秋亞當非常滿意於從此可與仰慕的人朝夕相處。

不過歐秋亞郵票中選用 DNA 雙股螺旋為背景則並不十分貼切，紐約大學歐秋亞合成的是 RNA，算是 DNA 雙股螺旋親人。聖路易華盛頓大學及史坦福大學卡恩伯 (Arthur Kornberg) 發現的 DNA 聚合酶才是 DNA 更密切家人。卡恩伯曾隨歐秋亞學習新陳代謝，發現蘋果酸酶。師徒兩人共得一九五九年諾貝爾醫學獎，傳為佳話。虎父無犬子，卡羅傑 (Roger Kornberg) 鑽研 DNA 到 RNA 過程，發現 RNA 聚合酶 II，獲二零零六年諾貝爾化學獎。但卡恩伯一家迄無郵品問世。

[4] upper panel

[4] lower panel

神經生物學先驅

義大利生物學家高爾基 (Camillo Golgi, 1843–1926) 研發許多細胞染色方法，得以觀察細微細胞構造 [5]。他發現的高爾基體是細胞內重要的蛋白工廠，高爾基最大貢獻在其對神經系統結構的研究。

一九零六年可說是電化學年，除觸電般神經傳導之機制漸趨明朗外，電解化學應用日廣。當年諾貝爾醫學獎頒給桑卡哈及高爾基兩位神經生物學家，實至名歸，並無爭議，但化學獎卻議論紛紛 [6]。

電化學年

一九零六年，俄國門得耶夫在元素週期表的貢獻受到化學界普遍肯定，初審、複審、專家審一路過關斬將，通過諾貝爾化學獎提名時，名列第一，但最後決審時一票翻案，說法竟然是週期表太老，有些過時。當年化學獎頒給以電解法分離氟元素的莫桑 (Henri Moissan) [7]。為氟元素犧牲週期表，許多化學家頗不以為然。當時牙齒塗氟預防齲齒尚在爭執 [8]，百年後再看氟元素，雖然已在環保冷媒中扮演關鍵角色，週期表也再經百年考驗，所預測的元素也都一一發現無誤，足見當年對週期表之見解實屬偏見，毫無道理，共產陣營反彈也不足為奇。

細胞訊息傳遞

細胞間或細胞內胞器間訊息傳遞靠化學介質。此主題已很清楚展示在一九六一年莫斯科舉行的第五屆國際生化學會大會首日封上 [9]。此封票、戳、圖一致，設計上乘，說明細胞生物學已是當時主流。

[5]

[6]

[7]

[8]

[9]

細胞內功能分區

[10]

亞美尼亞裔俄國生化學家席沙鈴 (Norair
Sisakian) 首創細胞內功能間隔學說 [10]，區
隔細胞內不同功能區域。此間隔由雙層脂質
分子組成，是滴水不透城牆。所有離子、分
子各有其進出管道，由特別城門出入。有些城門有衛兵把守，嚴格執
行單向通行令；有些城門無門禁，但城門關閉時均無法通行，打開時
自由進出，由城牆內外濃度決定方向，濃度高趨向濃度低是熱力學定
律。城牆上時而進行運補換防。荷爾蒙信差隨時傳達訊息命令，神經
有如緊急通道，緊急命令如十二道金牌，由乙醯膽鹼經神經通道傳遞。

神經化學

猶太裔德國科學家洛維 (Otto Loewi, 1873–1961) 發現神經與肌肉間
的訊息傳遞需要化學物質為信差媒介 [11]。此化學物質經戴爾 (Henry
Hallett Dale, 1875–1968) 證實為乙醯膽鹼，洛維與戴爾共獲一九三六
年諾貝爾醫學獎。

[11]

神經傳導機轉

德裔英國神經生理學家卡茲 (Bernard Katz, 1911–2003) 首創生物量子論。乙醯膽鹼猶如救火隊員,平時集中在休息室內待命,只等令到,隨即全員出動傳遞緊急命令 [12]。

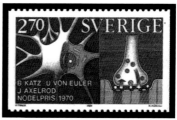
[12]

瑞典奧伊勒 (Ulf von Euler) 及美國艾克羅 (Julius Axelrod) 發現腎上腺素、新腎上腺素、多巴胺等金牌令角色。卡茲、奧伊勒、艾克羅三人合得一九七零年諾貝爾醫學獎。

神經傳導依賴膜電位差

所有生物能量來自細胞內醣解反應以及在粒線體內膜進行的完全氧化電子傳遞,產生能量不斷將氫離子向外推至粒線體內外膜間隙,造成氫離子濃度差高能狀態 [13],再推動耗能之反應如鈉鉀幫浦。

[13]

神經傳導之動力來自鈉離子濃度差造成的膜電位差 [14],是為神經傳導之主要機制。澳洲神經生理學家埃克斯 (John Eccles),英國生物物理學家霍金 (Alan Hodgkin) 及赫胥黎 (Andrew Huxley) 因闡明神經傳導之電化學基礎獲一九六三年諾貝爾醫學獎。

[14]

鈉鉀濃度差造成膜電位差

提供膜電位差端賴胞膜上鈉鉀幫浦（ATP 水解酶），利用 ATP 水解釋出能量推動鈉離子向外送，鉀離子向內傳，形成高能狀態。當鈉鉀離子通道打開時，鈉鉀離子迅速回防，產生神經傳導電流。丹麥生化學家斯科 (Jens C. Skou) 發現 ATP 水解酶 [15]，英國化學家沃克 (John E. Walker) 解出 ATP 合成酶結構 [16]，美國生化學家鮑禕 (Paul D. Boyer) 提出 ATP 合成酶構形理論 [17] (Ref. 2)，三人合得一九九七年諾貝爾化學獎。

[15]

[16]

[17]

自由能

美國耶魯大學吉伯 (Josiah Willard Gibbs, 1839–1903) 提出熱力學中自由能觀念 [18]，是化學基本常識。為維持神經傳導生命現象，肌肉細胞 25%，神經細胞 70% 能量耗於鈉鉀幫浦所需自由能。

自由能觀念在化學領域中地位實在太重要，但居然未得諾貝爾化學獎。諾貝爾獎遴選機制嚴重失誤莫過於此。不敵各方質疑聲浪，最後只好以吉伯活的不夠長久為搪塞，遴選委員會成員尚無足夠時間咀嚼、消化，吸收，評估其重要性。有損諾貝爾獎聲譽。吉伯命運乖舛，一九零三年就已去世。但諾貝爾獎已頒二年。在第一屆諾貝爾化學獎獲獎名單中，吉伯（自由能變化 △G）要與得獎的翁荷夫 (van't Hoffs)（熱焓量變化 △H）並列才顯周全。畢竟 △G＝△H - T△S。△S 是先由物理學家提出的系統亂度，T 是絕對溫度。

AMERICAN SCIENTISTS

Josiah Willard Gibbs (1839-1903) Gibbs' important 1873 papers were *Graphical Methods in the Thermodynamics of Fluids* and *A Method of Geometrical Representation of the Thermodynamic Properties of Substances by Means of Surfaces*. In 1876 Gibbs published the first part of the work for which he is most famous, *On the Equilibrium of Heterogeneous Substances*, publishing the second part of this work in 1878.

[18]

穿膜蛋白

許多主要城門係由一條長多胜鏈蛋白來回穿膜七次組成的特
別通道 [19]。美國兩位具醫學背景生化學家萊考茲 (Robert J.
Lefkowitz) 與卡畢克 (Brian Kobilka) 解出胞膜受體與信號結合
方式榮獲二零一二年諾貝爾化學獎。腎上腺素等重要信號不容
有誤。有御用監軍（G 蛋白）監督任務執行，由尚方寶劍 GTP
提供立即能量。

[19]

氯離子通道

肺囊狀纖維化 (Cystic Fibrosis, CF) [20] 為歐美白人常見遺傳病（機率高達 5%）。肺或其他臟器排汗失調。多倫多華裔遺傳學家徐立之於一九八五年鑑定其染色體位置，是一種穿膜蛋白氯離子通道 (Cystic Fibrosis Transmembrane Conductance Regulator, CFTR) [21]，由一千四百八十個胺酸組成。遺傳 CF 僅缺少其中一個胺酸，但少一個也不行，氯離子通道因此結構不全，造成破口，防礙氯離子進出胞膜 [22]。氯離子隨汗水排出後，不能回流。患者肺部長年浸潤鹽水中，極易感染。CFTR 基因很大，有六千五百個鹼基，其定序工作需挹注人力支援。此時美國密西根大學遺傳學教授柯林斯 (Francis Collins) 及多倫多大學生化教授雷丹 (Jack Riordan) 加入團隊，於一九八九年解開 CFTR 全部基因碼，遺傳學達到新里程碑。柯林斯因此在基因定序方面聲譽鵲起。人類基因組計畫 (Human Genome Project) 原主持人華生因基因專利事件憤而辭職後，美國領銜全球參與的人類基因組計畫開天窗，柯林斯臨危受命，繼任主持人完成使命。柯林斯因此聲名大噪，三任美國總統（歐巴馬、川普、拜登）都曾任命他為美國國家衛生研究院 (National Institutes of Health, NIH) 院長。本案主角徐立之日後擔任香港大學校長，也做得有聲有色，港大躋身世界一流學府。

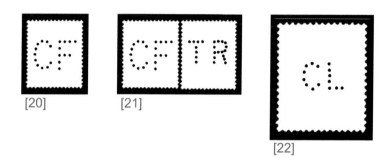

[20]　　[21]　　[22]

遺傳學家感到困惑的是 CF 如此明顯缺陷基因，為何未被演化天擇淘汰，而能遺傳至今？較新的説法是霍亂流行時 CF 病人反易存活。霍亂菌引起下痢而致嚴重失水及電解質。如不即時供應水分，有致命危機。CF 病人對鹽份損失的容忍已達極限。霍亂菌也莫可奈何。

本封 [23] 特為化學元素中氯原子而作。美國亞利桑那州早期沙漠礦區遺下氯鎮，人口數百，郵戳為憑，人氣尚在，不是鬼鎮。

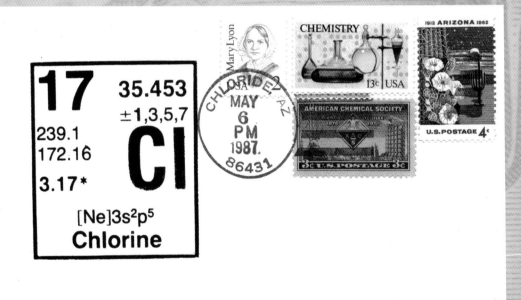

[23]

神經中樞

視覺之父兩位美國神經科學家：加拿大裔胡貝 (David Hubel) 與瑞典裔萬舍 (Torsten Wiesel) 合作研究二十五年，鑽研視覺生理學，感光細胞如何將光信號經由視網膜傳遞到大腦判讀 [24]。所有神經傳導命令來自大腦神經中樞。而神經心理學家史佩瑞 (Roger W. Sperry) 發現大腦半球左右不對稱，分別負責語言、數學及音樂、立體等能力 [25]。

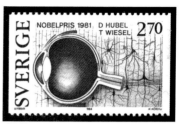

[24]

[25]

胡貝、萬舍及史佩瑞等三人因對神經科學貢獻合得一九八一年諾貝爾醫學獎。

阿茲海默

常見腦部退化疾病帕金森症 (Parkinson's disease)，無法回憶。缺少神經傳導劑多巴胺是可能原因。

[26]

阿茲海默症 (Alzheimer's disease)，無法記憶，忘卻身邊最親密家人 [26]。也屬神經退化性疾病，無診斷方法，亦無真正有效治療方法。也無治癒病例。如能延緩惡化已屬萬幸。尋找與病情有關物質或精神因素以圖改善之道，是目前策略。

醫檢盲點

拜科學之進步，先進儀器可使許多過去之頑症現形 [27–29]，但對阿茲海默等退化性疾病迄無可靠診斷依據可使用 (Ref. 3)。

脂蛋白元 (apolipoprotein) 為雙性分子，既親水又拒水。主要任務是攜帶血脂質。最新研究指出脊髓液中 C 型脂蛋白元可能有助於阿茲海默症診斷。

[27]

[28]

[29]

失智新藥

阿茲海默症患者常見神經記憶細胞微管組織 tau 蛋白及澱粉樣蛋白堆積打結，疑為造成失智元凶。中國科學院上海藥物所耿美玉首創海藻整腸成分甘露特鈉（代號 GV-971，商名「九期一」）[30]，箭指腦–腸軸，用於治療輕中度失智似乎有效 (Ref. 4)。但其玄奧免疫平衡理論有待考驗。最近一支強心針來自《美國化學會神經化學雜誌 (ACS Chemical Neuroscience)》(Ref. 5)。GV-971 已通過最嚴謹的同儕審查，能穿過血腦障礙，防止腦中澱粉樣蛋白糾結。

GV-971 功效及藥理作用尚待釐清，但它屬口服天然寡醣藥品，無明顯副作用。中國大陸正式批准其有條件上市，惟仍須繼續進行長期臨床研究並改進醣分析方法。美國食藥署亦通過進行大規模臨床三期實驗，但受新冠疫情影響，進度落後，失智患者望眼欲穿。

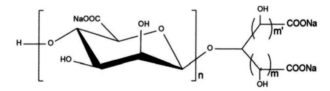

n=1-9; m=0,1 or 2; m'=0 or 1

Sodium Oligomannate (GV-971)

[30]

解藥有望

設計這張專為失智新藥「GV-971」打造的新郵內容極為豐富 [31]。正中一道黃線直指腦–腸軸。GV-971 影響腸道細菌生態，改善引發神經炎生酮胺酸代謝產生之酮體毒素。郵票中紅色腸道內繪有許多學名為「甘露特鈉」膠囊。膠囊釋出之藥物，其化學結構式

[31]

（白色）清晰可辨。人體外之層層鴻溝概指天然保護傘血腦障礙，人體內之多條淺藍色彩帶則應指體內免疫及代謝反應之動態平衡。

另一類美國生技公司研發中的失智藥物為澱粉樣蛋白抗體製劑，屬生物製劑，由注射給藥，需特別小心。這些新藥如能開發成功，將成劃時代貢獻。

參考文獻與註釋

(1) Severo Ochoa (1980) The pursuit of a hobby. *Annual Review of Biochemistry*, 49, pp. 1–30.

(2) Paul D. Boyer (2002) A research journey with ATP *synthase. Journal of Biological Chemistry*, 277(42), pp. 39045–39061.

(3) Leia Dwyer (2021) Common blood protein isoforms show promise for Alzheimer's testing. *ASBMB Today*, 20(4), p. 18.

(4) Wang X⋯Geng Meiyu *et al.* (2019) Sodium oligomannate therapeutically remodels gut microbiota and suppresses gut bacterial amino acids-shaped neuroinflammation to inhibit Alzheimer's disease progression. *Cell Research*. 29(10), pp. 787–803.

(5) Jiang L, Sun Q, Li L, Lu F, Liu F (2021) Molecular Insights into the Inhibitory Effect of GV971 Components Derived from Marine Acidic Oligosaccharides against the Conformational Transition of Aβ42 Monomers. *ACS Chem Neurosci.* 12(19), pp. 3772–3784.

圖源郵編

郵編目錄皆以美國 Scott 郵典系統為準，故以英文呈現，格式一律定為：主題，國家，**Scott 編碼**，出版日期（月 / 日 / 年）。

縮寫表：FDC (First Day Cover 首日封), MC (Maxi Card 原圖卡), SS (Souvenir Sheet 紀念票 小全張), PC (Post Card 明信片), Anniv. (Anniversary 周年慶), Cent. (Centennial 百 年 慶), ACS (American Chemical Society 美 國 化 學 會), ASBMB (American Society of Biochemistry and Molecular Biology 美國生化及分子生物學會), PCP (Philatelia Chimica et Physica 化學及物理郵票雜誌), Natl. (National), Intl. (International), U (upper), L (lower or left), R (right), NA (Scott not available 無資料)。

第一部　古典化學
(Ancient Chemistry)

1 鑽木取火 (Fire)

[1] Invention Myths, Sueirenjy digging wood to obtain fire. Taiwan, **2972**, 09/17/1994.

[2] New Year postcard by State Postal Bureau. China, 2008.

[3] Fire. Liechtenstein, **1041**, 12/05/1994.

[4] Energy 2000, Fire. Switzerland, **1001**, 09/12/1997.

[5] The Four Elements, Fire. France, **2103**, 02/01/1988.

[6] Invention Myths, Tsang-jier created written characters. Taiwan, **2975**, 09/17/1994.

[7] Chinese Inventions, Compass. Haiti, **918**, 12/20/1999.

[8] Invention Myths, Fushijy drawing Pa-Kua. Taiwan, **2973**, 09/17/1994.

[9] Fairy Tales, Jing Wei filling the sea. China, **2115**, 09/25/1987.

[10] Fairy Tales, Kua Fu pursuing the sun. China, **2114**, 09/25/1987.

[11] Antimonite. Turkey, **2117**, 09/17/1979.

[12] Stibnite. China, **1800**, 08/25/1982.

[13] Cover for Antimony. Canceled at Antimony Town in Utah. Stamps affixed: (**a**) UL, Utah settlement Cent. USA, **950**, 07/24/1947. (**b**) UR, ACS Cent. USA, **1685**, 04/06/1976. (**c**) LL, Henry Clay. USA, **1846**, 1980-1985. (**d**) LR, ACS 75th Anniv. USA, **1002**, 09/04/1951.

[14] Match industry. (**a**) UL, Peeling logs, (**b**) UR, Splint chopping, (**c**) LL, VPO machine, (**d**) LR, Filling boxes, South Africa–Transkei, **163–166**, 07/25/1985.

[15] Matchbox label. Russia, 1967.

[16] Advertising Chemistry Cancel Meter. USA, Buena NJ, 10/02/1987.

[17–22] Matchbox labels for various glassware by Kavalier Glass, Sazava, Czech.

[23] Chinese Inventions, Gunpowder, and Cannon. Haiti, **917**, 12/20/1999.

[24] "Victory celebration on Red Square" by K. Yuan. 20th Anniv. of the end of WWII. Russia, **3038**, 04/25/1965.

[25] Alfred Nobel. Monaco, **2490**, 03/10/2008.

[26] Nobel Prizes Cent. Alfred Nobel. Bosnia & Herz (Croat Admin), **78**, 12/10/2001.

[27] Baku Oil Fields. Nobels and oil refinery, Ludwig Nobel, Robert Nobel. Petr Bilderling, Alfred Nobel. Azerbaijan, **418**, 06/10/1994.

[28] Nobel Prize Fund Established, Cent. Alfred Nobel, Last Will, and Testament. Joint issue of Sweden and Germany. Sweden, **2155**; Germany, **1911**, 11/09/1995.

[29] Nobel Prize, Cent. Joint issue of Sweden and USA. Sweden, **2415** (from top to bottom: **(a)** Alfred Nobel, Peace medal, the obverse of Physics, Chemistry, Medicine, Literature medal, **(b)** Reverse of Medicine medal, **(c)** Reverse of medal for Physics or Chemistry, **(d)** Reverse of Literature medal. Alfred Nobel and Obverse of Medals. USA, **3504**, 03/22/2001.

[30] Life Bioluminescent, Firefly. USA, **5268**, 02/22/2018.

[31] Southern California beach reconstructed with various recombinant green fluorescence proteins.

2 絲路郵驛 (Silk Road)

[1] Silk Road, SS. China, **4031**, 08/01/2012.

[2] Postal Museum opening. Taiwan, **2436**, 10/10/1984.

[3] Stamp on Stamp, (Inside) Confucius, Taiwan, **1458**, 1965–1966. (Outside) Taiwan, **2434**, 10/10/1984.

[4] Stamp on Stamp, (Inside) Dr. Sun Yat-Sen. Taiwan, **299**, 1933. (Outside) Taiwan, **2435**, 10/10/1984.

[5] MC for Flying Geese. Taiwan, **1566**, 03/20/1968.

[6] Europa Issue. Netherlands, **387**, 09/18/1961.

[7] Carrier Dove. Taiwan, **4370**, 08/01/2017.

[8] Dove on Globe, Day of Intl. Action for World Peace. Poland, **476**, 5/15/1950.

[9] Kiskunfelegyhaza Circling Pigeon. Hungary, **2016**, 12/12/1969.

[10] Picasso Dove. China, **1L156**, 08/01/1950.

[11] Double Carp Design. Taiwan, **1609**, 08/02/1974.

[12] Terracotta Warriors, China. Uruguay, **2225**, 05/19/2008.

[13] China-San Marino Relations, 25th Anniv. **(a)** Great Wall of China; **(b)** Mt. Titano of San Marino. China, **2676a**, 05/06/1996.

[14] Terra Cotta Figures, Qin Dynasty (221–207 BC). Soldiers. China, **1859**, 06/30/1983.

[15] *Ibid*, Heads. China, **1860**, 06/30/1983.

[16] *Ibid*, Soldiers, horses. China, **1861**, 06/30/1983.

[17] *Ibid*, Excavation site. China, **1862**, 06/30/1983.

[18] City Wall of Xi'an, Surrounding Tower. China, **2806**, 10/24/1997.

[19] *Ibid*, Arrow Tower. China, **2807**, 10/24/1997.

[20] *Ibid*, Watch Tower. China, **2808**, 10/24/1997.

[21] *Ibid*, Corner Tower. China, **2809**, 10/24/1997.

[22] Posts of Ancient China, Yucheng. China, **2587**, 08/17/1995.

[23] *Ibid*, Jimingshan. China, **2588**, 08/17/1995.

[24] PC, Yucheng Post Museum. China, Jiangsu Province Post No. (14-321003-11-0016-008).

[25] Chinese Archives:
 (a) Archives on tortoise shells. Shang Dynasty. China, **2717**, 09/02/1996.
 (b) Archives on wood slips. Han Dynasty. China, **2718**, 09/02/1996.
 (c) Iron scrolls. Ming Dynasty. China, **2719**, 09/02/1996.
 (d) Books of the Ch'ing Dynasty. China, **2720**, 09/02/1996.

[26] Zhang Qian (d. 113 BC), Diplomat and Developer. Silk Road Trade Routes. China, **4485**, 09/20/2017.

[27] Zhang Qian presents the rolled-up scroll. China, **4486**, 09/20/2017.

[28] Wild Goose Delivering Letters (Su Wu at Northern Post). China, **4189**, 05/10/2014.

[29] Ancient Skills, Manufacturing silk. Feeding silk-worms. Taiwan, **3071**, 07/05/1996.

[30] *Ibid*, Picking out cocoons. Taiwan, **3072**, 07/05/1996.

[31] *Ibid*, Degumming raw silk. Taiwan, **3074**, 07/05/1996.

[32] *Ibid*, Reeling raw silk. Taiwan, **3073**, 07/05/1996.

[33] *Ibid*, Weaving silk. Taiwan, **3075**, 07/05/1996.

[34] SS for the Coins of the Silk Road. Mongolia, **2882**, 12/03/2017.

[35] Major postage cancellation en route Silk Road. Stamp affixed: Pagoda. China, **1471**, 11/24/1980.

[36] World Trade between East and West (Red, Silk Road; Blue, Maritime Silk Road) (Wikimedia Commons).

[37] In memory of Hsuan Chuang (602–664) who propagated Buddhism in China. Taiwan, **1646**, 02/20/1970.

[38] In "The Pilgrimage of T'ang Monk", characters travel west, one on a horse. Taiwan, **3147**, 09/24/1997.

[39] SS for Zuan Zang, a Character from *Journey to the West*. China, **4396**, 09/04/2016.

[40] Wall Paintings. Flying Devatas. China, **2283**, 07/10/1990.

[41] *Ibid*, Worshipping Bodhisattva. China, **2284**, 07/10/1990.

[42] *Ibid*, Savior Avolokitesvara. China, **2285**, 07/10/1990.

[43] *Ibid*, Indra. China, **2286**, 07/10/1990.

[44] Paintings by Chang Ta-Chien. Five Auspicious Tokens. Taiwan, **2407**, 04/20/1984.

[45] *Ibid*, Lotus Blossoms in Ink Splash. Taiwan, **2409**, 04/20/1984.

[46] The Girls from Avignon by Picasso. Senegal, **C59**, 07/22/1967.

[47] Rowland Hill, Penny Black. Taiwan, **2166**, 08/27/1979.

[48] Robert Hart, Founder of the Chinese Postal Service. Taiwan, **2449**, 02/15/1985.

[49] Imperial Maritime Customs Post samples. China, **1–3**, 1878.

[50] SS for the China Postage Cent. 1896–1996. China, **2654**, 03/20/1996. (This sheet shows China's first official red revenue stamp, proofed by Emperor Guangxu in 1896. The original eight stamps on this figure bear the Scott number as China, **78–85**, 08/16/1897; before these official stamps are some semi-official custom stamps.

[51] Chinese Imperial Post Dragon stamp canceled at Peking, 4c, Capital, Northern China. China, **101**, 1898.

[52] *Ibid* canceled at Chefoo, 2c, Shandong, Northern China. China, **100**, 1898.

[53] *Ibid* canceled at Nanking, 5c, Jiangsu, Eastern China. China, **102**, 1898.

[54] *Ibid* canceled at Shanghai, 1c, Jiangsu, Eastern China. China, **99**, 1898.

[55] *Ibid* canceled at Yichang, 4c, Hubei, Central China. China, **101**, 1898.

[56] *Ibid* canceled at Swatow, 5c, Guangdong, Southern China, overprint with the Republic of China. China, **102**, 1898.

[57] *Ibid* canceled at Canton, 4c, Guangdong, Southern China. China, **101**, 1898.

[58] Stamp on Stamp, (Inside) Paul Revere's Ride, USA, **618**. (Outside) Liberia, **707**, 04/25/1975.

[59] Canceled Seatrain Lines Inc. Stock Certificate. USA, 03/22/1963.

[60] Map of US and Two Mail Planes. Stamp affixed: USA, **C7**, 1926-27.

[61] Internet, 35th Anniv. Azerbaijan, **780**, 09/29/2004.

[62] Universal Postal Union, 125th Anniv. China, **2972**, 09/07/1999.

3 大禹治水 (River)

[1] SS for the Yellow River Dams. China, **3208**, 06/08/2002.

[2] Emperor Yao (2357–2258, BC). Taiwan, **1791**, 1972–1976.

[3] Emperor Shun (Ruled 2255–2208 BC). Taiwan, **1792**, 1972–1976.

[4] Yu, the Great (Ruled 2205–2198 BC). Taiwan, **1793**, 1972–1976.

[5] Sun Yet-Sen, 50th Anniv. of the Republic of China. USA, **1188**, 10/10/1961.

[6] Yellow River Dams: (**a**) Lijia Gorge (4-1). China, **3204**, 06/08/2002.

[7] *Ibid* (**b**) Liujia Gorge (4-2). China, **3205**, 06/08/2002.

[8] *Ibid* (**c**) Qingtong Gorge (4-3). China, **3206**, 06/08/2002.

[9] *Ibid* (**d**) Sanmen Gorge (4-4). China, **3207**, 06/08/2002.

[10] SS for Yellow River, from UL to LR: (**a**) Beginning of river (9-1). (**b**) Nine Bays (9-2). (**c**) River bend in Hinterland (9-3). (**d**) Great bend (9-4). (**e**) River approaching Hukou Waterfalls (9-5). (**f**) Hukou Waterfalls and Sanjing (9-6). (**g**) Helou area (9-7). (**h**) Zhongshou Plan (9-8). (**i**) Mountains and buildings in the foreground (9-9). China, **4301**, 08/23/2015.

[11] Chinese Poetry Stamp, Scenes depicting poem: Climbing White Stork Tower, by Wang Zhihuan (temple and tree). Taiwan, **4421**, 07/06/2018.

[12] Ancient Chinese Scientists and Scientific Works, Song Yingxing (1587–1666), Scientist and encyclopedia writer. China, **4541**, 05/26/2018.

[13] *Exploitation of the Works of Nature*, by Song Yingxing. China, **4542**, 05/26/2018.

[14] FDC for Irrigation Skill: (**a**) $3.5, Water wheel. (**b**) $3.5, Gear-driven bucket lift, (**c**) $5, Pedal-powered hoist. (**d**) $12, Hand-cranked hoist. (**e**) $13, Using pole with counterweight to raise bucket. Taiwan, **2993–2997**, 02/14/1994.

[15] Dujiangyan Irrigation Project. (**a**) 20f, Yuzui, flood control. China, **2316**, 02/20/1991.

[16] *Ibid* (**b**) 50f, Feishayan, drainage. China, **2317**, 02/20/1991.

[17] *Ibid* (**c**) 80f, Baopingkou, water volume control. China, **2318**, 02/20/1991.

[18] Luanhe River Water Diversion Project. (**a**) 8f, China, **1938**, 09/11/1984.

[19] *Ibid* (**b**) 10f, China, **1939**, 09/11/1984.

[20] *Ibid* (**c**) 20f, China, **1940**, 09/11/1984.

[21] Datong River Diversion Project. (**a**) 80f, Sluice gates. China, **3131**, 8/26/2001.

[22] *Ibid* (**b**) 80f, Xianming Gorge water pipeline. China, **3132**, 08/26/2001.

[23] *Ibid* (**c**) 80f, Tunnel. China, **3133**, 08/26/ 2001.

[24] *Ibid* (**d**) $2.8, Zhuanglang River Aqueduct. China, **3134**, 08/26/2001.

[25] Yangtze River. Source on Ching-Kang-Chang Plateau. Taiwan, **2896**, 05/15/1993.

[26] Sanjiangyuan Nature Reserve: (**a**) Geladandong (3-1). (**b**) Eling Lake (3-2). (**c**) Dza Chu (3-3). China, **3749**, 07/25/2009.

[27] SS for Yangtze River, from UL to LR: (**a**) River running through mountains (9-1). (**b**) River passing Chongqing (9-2). (**c**) Three Gorges (9-3). (**d**) Hubei and Hunan (9-4). (**e**) Mount Lu and Jiujang River (9-5). (**f**) Yellow Mountain (9-6). (**g**) Bridges over river (9-7). (**h**) River passing towns (9-8). (**i**) River running into the sea (9-9). China, **4226**, 09/13/2014.

[28] Tang Poems. Downstream to Jiangling by Li Bai (boat near rocks). China, **3760a**, 09/13/2009.

[29] $10 Chinese Bank Note (Issued 2005, currently in use).

[30] Sheer cliffs, Chuntang Gorge. Taiwan, **2899**, 05/15/1993.

[31] FDC for the Ancient Skills, Ships, and methods of transport, Horiz.: (**a**) $5, Grain barge. (**b**) $7, Six-oared boat. (**c**) $10, One-wheeled carriage. (**d**) $13, Southern Chinese One-man push cart. Taiwan, **3174–3177**, 06/10/1998.

[32] SS for Yangtze River Economic Belt. (**a**) Ecology protection plan (6-1). (**b**) Multimoda transport corridor (6-2). (**c**) Transformation and upgrading of industry (6-3). (**d**) New urbanization (6-4). (**e**) Airplane, train, and ships at port (6-5). (**f**) Regional coordinated development (6-6). China, **4567a**, 08/26/2018.

[33] SS for the Water Diversion Projects. China, **3308**, 09/26/2003.

[34] SS for Beijing-Hangzhou Grand Canal. China, **3770**, 09/26/2009.

[35] SS for the Grand Canal World Heritage Site, Hong Kong, **1776**, 05/10/2016.

[36] Beijing-Hangzhou Grand Canal: (**a**) Lantern Lighting Pagoda (6-1). China, **3764**, 09/26/2009.

[37] *Ibid* (**b**) Boats and Tianhou Temple (6-2). China, **3765**, 09/26/2009.

[38] *Ibid* (**c**) Shan-Shan Guild Hall (6-3). China, **3766**, 09/26/2009.

[39] *Ibid* (**d**) Qingjiang Water Gate (6-4). China, **3767**, 09/26/2009.

[40] *Ibid* (**e**) Boats and Wenfeng Pagoda (6-5). China, **3768**, 09/26/2009.

[41] *Ibid* (**f**) Gongchen Bridge (6-6). China, **3769**, 09/26/2009.

[42] FDC, Chinese Poems for folks. (**a**) UL, *Fisherman on the River*, by Fan Zhongyan; (**b**) UR, *Singing while Cutting Wood on Mt. Lu*, by Luo Zhongshu; (**c**) LL, *Pity the Peasants*, by Li Shen; (**d**) LR, *Exhortation to learning*, by Yan Zhenqing. Taiwan, **4616–4619**, 11/05/2021.

[43] Three Gorges Dam Project on Yangtze River. (**a**) New channel being opened to navigation (2-1). (**b**) Damming Yangtze River (2-2). China, **2810–2811**, 11/08/1997.

[44] Gezhou Dam, Yangtze River. (**a**) 8f, Dam (3-1). China, **1916**, 06/15/1984.

[45] *Ibid* (**b**) 10f, Bridge (3-2). China,**1917**, 06/15/1984.

[46] *Ibid* (**c**) 20f, Lock Gate (3-3). China, **1918**, 06/15/1984.

[47] Historic Sites in Three Gorges Reservoir Area. Zhang Fei Temple (4-1). China, **3621**, 10/13/2007.

[48] *Ibid*, Shibbaozhai Villege vert. (4-2) China, **3622**, 10/13/2007.

[49] *Ibid*, Ancient Dachang vert. (4-3). China, **3623**, 10/13/2007.

[50] *Ibid*, Quyuan's Grave (4-4). China, **3624**, 10/13/2007.

[51] Baiholiang Marine Museum near Chong-Ching City, Central China.

[52] A 2000-meter-long stone, which bears numerous stone inscriptions and all historical water layers, is now buried underwater.

4 青銅寶劍 (Bronze Age)

[1] Ancient bronze leader carriage model of the First Qin Emperor (Qinshihuang Terracotta Army Museum 秦始皇兵馬俑博物館).

[2] Partial of the Archaeological Treasures from Yin Ruins. (UL) Cauldron with handles, light blue background; (UR) Oracle bone, rose brown background; (LL) Anthropomorphic figurine with tiger's head, rose brown background; (LR) Wine container with detachable cap, gray-blue background. Taiwan, **4213**, 12/10/2014.

[3] Ancient bronzes, 3-legged wine vessel (1766–1122 BC). Taiwan, **1967**, 11/12/1975.

[4] Ancient bronzes, wine vessels with spouts. Shang Dynasty (1766–1122 BC). Taiwan, **2008**, 08/25/1976.

[5] Ancient Bells. Jingshu bell. China, **3074**, 12/31/2000.

[6] *Ibid.* Su chime bell. China, **3075**, 12/31/2000.

[7] *Ibid.* Jingyun bell. China, **3076**, 12/31/2000.

[8] *Ibid.* Qianlong bell. China, **3077**, 12/31/2000.

[9] Ancient bronzes, three-legged cauldron, Chou Dynasty (1122–722 BC). Taiwan, **2006**, 08/25/1976.

[10] Natl. Palace Museum 70th Anniv., Bronze Fu-K'uei Ting vessel. vert. Taiwan, **3029**, 10/09/1995.

[11] Cauldron, Shang Dynasty (1766–1122 BC)(4 characters on the left side). Taiwan, **2005**, 08/25/1976.

[12] Ancient bronzes, Rectangular cauldron, Chou Dynasty (1122–722 BC) (7

characters on the left side). Taiwan, **1964**, 11/12/1975.

[13] Bronze bow and arrows of the First Qin Emperor (Qinshihuang Terracotta Army Museum).

[14] *Ibid.* Bronze armor.

[15] *Ibid.* Bronze sword and dagger.

[16] *Ibid.* A stone rubbing dated the same period as Christ about a historical assassination of the First Qin Emperor.

[17] Ancient Chinese Coins, Pan-Liang, 221–207 BC. Taiwan, **1939**, 05/20/1975.

[18] Yuan-Chin Coin, 1122–221 BC. Taiwan, **1938**, 05/20/1975.

[19] Bronze Shoel Coins (pu). Taiwan, **1998**, 06/16/1976.

[20] Coin, 12th Century BC. Taiwan, **1997**, 06/16/1976.

[21] Ancient Knife Coin. Taiwan, **2083**, 01/18/1978.

[22] UNESCO World Heritage Sites in China. ($2.40) Mausoleum of the First Qin Emperor. Hong Kong, **1065**, 11/25/2003.

[23] Bronze carriage model of the First Qin Emperor (Qinshihuang Terracotta Army Museum).

[24] *Ibid*, Ancient bronze crane.

[25] Souvenir Cover for a stamp meeting at Pennsylvania, USA, 10/05/1989. Stamp affixed: Cranes and Flowers, by G. Castiglione. Taiwan, **1627**, 10/09/1969.

[26] Relics from the Tomb of Prince Jing of Zhongshan. (80f) Eternal Fidelity palace lamp. China, **3055**, 10/20/2000.

[27] *Ibid,* (80f) Bronze pot. China, **3056**, 10/20/2000.

[28] *Ibid,* (80f) Boshan incense burner. China, **3057**, 10/20/2000.

[29] *Ibid,* ($2.80) Cup. China, **3058**, 10/20/2000.

[30] Sanxingdui Bronze Relics. ($1.20), Mask. China, **4040**, 09/26/2012.

[31] *Ibid,* ($1.20) Statue of a person kneeling. China, **4041**, 09/26/2012.

[32] *Ibid,* SS, ($6) Statue of a person standing. China, **4042**, 09/26/2012.

5 葛洪煉丹 (Alchemy)

[1] A chemical interpretation of the song of elixir by the ancient alchemist Poyang Wei (~2 millennials ago) (Own work).

[2] Cinnabar, HgS. Philippine, **3216a**, 03/25/2009.

[3] Etruscan Museum Gold Objects. 1500 l, Vulci fibula. Vatican City, **1199**, 11/22/2001.

[4] Ancient Gold Masks. Funerary mask of King Tutankhamun, Joint issue with China. Egypt, **1808**, 10/12/2001.

[5] Designated cover for mercury. Stamps affixed: (UL) Project Mercury, "Friendship 7" Capsule, and Globe. USA **1193**, 02/20/1962. (UR) ACS Cent. USA, **1685**, 04/06/1976. (LL) Speaker's stand. USA, **1582**, 1975–1981. (LR) Carson Valley, c. 1851. USA, **999**, 07/14/1951.

[6] Designated cover for sulfur. Stamps affixed: (UL) Great Americans Issue: Mary Lyon. USA, **2169**. 1986–1994, (UR) ACS Cent. USA, **1685**, 04/06/1976. (LL) Louisiana statehood, 150th Anniv. Riverboat on the Mississippi.

USA, **1197**, 04/30/1962. (LR) ACS 75th Anniv. USA, **1002**, 09/04/1951.

[7] A business cover of Burgess Battery Co., Illinois, USA.

[8] Cinnabar. Somali, 1997 (NA).

[9] Minerals, 65c, Realgar. Cuba, **4416**, 07/30/2004.

[10] Fossils and minerals. 4.50 e, Moscovite. Angola, **559**, 10/31/1970.

[11] Minerals, Malachite. Afghan, 1999 (refusal by the succeeding regime).

[12] 10th World Mining Congress. Sulfur. Turkey, **2118**, 09/17/1979.

[13] Salt-Works, Loading. South-West Africa, **486**, 12/04/1981.

[14] Exports, Saltpeter. Chile, **728a**, 1986.

[15] Minerals, 1.20s, Orpiment, As_2O_3. Peru, **1372**, 01/21/2004.

[16] Ancient Bells, 80f, Jingyun bell. China, **3076**, 12/31/2000.

[17] Minerals, Alunite. Taiwan, **3122**, 05/08/1997.

[18] Minerals, Hematites. Afghan,1999 (refusal by the succeeding regime).

[19] Minerals, 12w, Magnetite, Fe_3O_4. North Korea, **4242b**, 2002.

[20] Gypsum, $CaSO_4 \cdot 2H_2O$. Namibia, **674**, 01/02/1991.

[21] Interior Postal, Cerussite as a representative of the Broken Hill Mineral Discoveries Cent. Australia, 09/05/1983.

[22] Mercury and Cinnabar, Idrija Mine. Slovenia, **347**, 03/23/1999.

[23] Perfin plus sign. GB, **0270-01** (in use 1925–1935).

[24] Native Sulfur. New Zealand, **760**, 12/01/1982.

[25] Perfin chemical reaction (Own work): (**a**) Triangle for heating. GB, **0500.01** (in use c1935), (**b**) Arrow for directional reaction. GB, **1130.01** (2008–current, a private perfin used by George Yalden).

[26] Cinnabar. China, **1801**, 08/25/1982.

[27] Minerals, Lead. Thailand, **1347**, 06/29/1990.

[28] Facial Paintings for Chinese Operas: $4 for Gen. Chang Fei from the Battle of "Chang Pan Hill". Taiwan, **1473**, 02/15/1966.

[29] Barnum and Bailey Circus Poster With Clown. USA, **4898**, 05/05/2014.

[30] Poster Stamp, Oil Paints. Germany.

[31] Minerals, Cinnabar. Spain, **2763a**, 02/25/1994.

[32] Zinc sulfide and lead sulfide crystals. Germany, **979**, 01/12/1968.

[33] Minerals, 2.70s, Galena, PbS. Peru, **1230**, 07/03/1999.

[34] Minerals, Galena, PbS. Canada, **1439**, 09/21/1992.

[35] Scientist of Ancient China, Bian Que (c401–310 BC). China, **3226**, 08/20/2002.

[36] Traditional Chinese Medicine. Macao, **1120**, 05/28/2003.

[37] Egypt Poster Stamps. The bird symbol represents rebirth and life in ancient Egypt.

[38] Commemoration of Arab and Muslim Chemists. Jaber Ibn Hayyan al-Azdi. Jordan, **1277**, 04/24/1987.

[39] Alchemist; private die proprietary medicine revenue stamp from Johnston Holloway. USA, **RS152a**, 1871–1877.

[40] Medicine Tax Revenue Stamp, Tarrant Company. USA, **RS241b**, 1862.

[41] Mineral, Gold, Au. Namibia, **688**, 01/02/1991.

[42] Sterling Silver Coin for ACS Cent. USA, 1976.

[43] FDC for the California Gold Cent. Sutter's Mill, Coloma, California. USA, **954**, 01/24/1948.

[44] Mercury Mine at Idrija, 500th Anniv. 6.50d, Miners at work. Yugoslavia, **2062**, 06/22/1990.

[45] Special cancel on Dec. 18, 1868, of the Quicksilver Mining Company. Revenue Stamp, George Washington. USA, **R4**, 1862–1871.

[46] Special cancellation of the town of Gold Run, California. Stamp affixed: California Statehood Cent. Gold Miner. USA, **997**, 09/09/1950.

[47] Paracelsus (1493–1541). Germany, **1817**, 11/10/1993.

[48] Paracelsus. Hungary, **3214**, 12/29/1989.

[49] Pittcon cachet showing the engraving "*Le Chimiste*" made by J. P. Le Bas in 1708, based on a 1640 painting by David Teniers the Younger (1610–1690). Special cover for the 41st Pittsburgh Conference on Analytical Chemistry and Applied Spectroscopy, New York. Stamp affixed: Ratification of the Constitution Bicent. New York. USA, **2346**, 07/26/1988.

6 鹽田滄桑 (Salt Field)

[1] FDC, Liquefied Natural Gas, Stamp affixed: (Left) Terminal, Yung-An Harbor. (Right) Container ship, map, refinery. Taiwan, ($3) **2715,** ($16) **2716**, 03/31/1990.

[2] Postcard, Syracuse salt industry in 1906 (Syracuse is sometimes known as the Salt City).

[3] Ernest Solvay. Belgium, **B573**, 10/22/1955.

[4] William Bragg, early X-ray apparatus, NaCl crystal. Isle of Man, **248**, 05/18/1983.

[5] FDC, Salt crystallography, British chemists who won the Nobel Prize, William and Lawrence Bragg. GB, **809**, 03/02/1977.

[6] Romania Postal Services. Romania, **4530**, 08/09/2002. (The cancel dedicated to a huge cavern of NaCl mine, which was built into a large underground recreation center) (https://www.trazeetravel.com/salt-of-the-earth-an-adventure-into-salina-turda/).

[7] FDC for the UNESCO 20th Anniv. Hong Kong, Education (10c), **231;** Science (50c), **232**; Culture (2$), **233**, 12/01/1966.

[8] Intl. Year of Crystallography (72c) Mathematics, Patterson function and crystal lattice. Portugal, **3630**, 07/21/2014.

[9] *Ibid*, (50c) Physics, NaCl. Portugal, **3629**, 07/21/2014.

[10] Sunway TaihuLight Supercomputer. China, **4484**, 09/17/2017.

[11] Bonaire salt field postcard. Stamps (Left) Prince William of Orange taking the oath of allegiance (150th Anniv. of the founding of the Kingdom of Netherlands). Netherlands Antilles, **284**, 11/12/1963. (Middle) Coppersweeper fish. Netherlands Antilles, **646**, 03/13/1991. (Right) Aruba chemical industry. Netherlands Antilles, **285**, 12/10/1963.

[12] Minerals Exporta. Mexico, **1120**, 1978.

[13] Salt crystals. Netherlands Antilles, **369**, 04/24/1975.

[14] Solar salt pond. Netherlands Antilles, **370**, 04/24/1975.

[15] Maps of Bonaire and location of the solar salt pond. Netherlands Antilles, **371**, 04/24/1975.

[16] Dead Sea chemical industry, Crane. Israel, **296**, 07/21/1965.

[17] *Ibid,* Extraction Plant. Israel, **297**, 07/21/1965.

[18] Pennsylvania Salt Manufacturing Company Centenary Service Envelope, 1850–1951, USA, 01/30/1951.

[19] Pennsylvania Salt Manufacturing Company Stock, USA, 1876.

[20] Qiantang River Tidal Bores. (**a**) Crossing bores (3-1). (**b**) Spectators watching wave (3-2). (**c**) Spectators watching reverse bore (3-3). China, **4285**, 07/01/2015.

[21] Mangroves, *Kandelia obovata*. Taiwan, **3603**, 03/10/2005.

[22] *Ibid, Rhizophora stylosa*. Taiwan, **3604**, 03/10/2005.

[23] *Ibid, Avicennia marina*. Taiwan, **3605**, 03/10/2005.

[24] *Ibid, Lumnitzera racemosa*. Taiwan, **3606**, 03/10/2005.

[25] Red-crowned crane. China, **3006h**, 02/25/2000.

[26] Book of Songs. Minor Songs of the Kingdom (three cranes and six fish). China, **4577e**, 09/08/2018.

[27] Protected Birds and Animals. Romania, 20b, **2048**, 12/20/1968.

[28] Qinghai Lake. 80f, Birds on rock. China, **3219**, 07/20/2002.

[29] SS for Platalea minor (Black-faced spoonbill). Taiwan, **3589**, 10/30/2004.

[30] Natural Gas Terminal, Yung-An Harbor. Taiwan, **2715**, 03/31/1990.

[31] Solar energy (Upper). India, **1200**, 01/01/1988; Weaver (Lower). India, **848**, 1979–1983.

[32] FDC for the Knoxville World Energy Fair. (**a**) Solar energy, (**b**) Synthetic fuels, (**c**) Breed reactor, (**d**) Fossil fuels. USA, **2006–2009,** 04/29/1982.

7 竹林減碳 (Bamboo)

[1] New Bamboo, Poem by Zheng Banqiao (1693–1765). Taiwan, **4558**, 10/14/2020.

[2] Qing Dynasty Stone with meat design. Taiwan, **4149c**, 11/22/2013.

[3] Chinese Gourmet Food, Dongpo Pork. Taiwan, **3259d**, 8/20/1999.

[4] Lin Yutang 100th birthday, linguist, writer. Taiwan, **2976**, 10/08/1994.

[5] Chinese calligraphy, Cold Food Observance, poem by Su Dongpo, red inscriptions at (**a**) lower left, (**b**) middle, (**c**) upper right, and (**d**) the right half of the design. Taiwan, **3003**, 04/06/1995. (Those numerous red

stamps on the figure represent the turnover times in the past. Each stamp is a mark by the owner. The biggest stamps were from the emperors).

[6] Chinese calligraphy, a poem by Su Dongpo in communication with a monk (Own work).

[7] Conservation, CO_2. Denmark, **999**, 01/27/ 1994.

[8] Amsterdam Island carbon dioxide measurements, 25th Anniv. French Southern & Antarctic Territory, **371**, 01/01/2006.

[9] World Environment Day. India, **2108**, 06/05/2005.

[10] Map of Europe with leaf veins, Intl. Year of the Forest. Montenegro, **277**, 04/21/2011.

[11] FDC, Europa 1986. (**a**) (2.10k) Automotive pollutants, (**b**) (2.90k) Industrial pollutants**. Sweden, **1605–1606**, 05/27/1986.

[12] Bamboo. Taiwan, **2440**, 11/12/1988.

[13] *Son digging for bamboo shoots in winter* (Chinese Fairy Tale). Taiwan, **1731**, 09/22/1971.

[14] Bamboo. Taiwan, **2495**, 01/10/1986.

[15] Bamboo, (**a**) *Phyllostachys nigra* (20f). China, **2444**, 06/15/1993.

[16] *Ibid*, (**b**) *Phyllostachys aureosulcata spectabilis* (30f). China, **2445**, 06/15/1993.

[17] *Ibid*, (**c**) *Bambusa ventricosa* (50f). China, **2446**, 06/15/1993.

[18] *Ibid*, (**d**) *Pseudosasa amabilis* (1d). China, **2447**, 06/15/1993.

[19] University pond (nearby is the scenery of the Meng Chung bamboo grove). Taiwan, **2357**, 03/01/1983.

[20] Wawa Valley. Taiwan, **2356**, 03/01/1983.

[21] SS, Giant Pandas in Taipei Zoo. Taiwan, **3851**, 01/20/2009.

[22] Floral arrangement. Taiwan, **2282**, 01/23/1982.

[23] Bamboo Boat, Taiwanese handicrafts. Taiwan, **1826**, 03/09/1973.

[24] FDC, with bamboo cancel. Taiwan, **2499**, 02/12/1988; **3303**, revalued in red on 08/24/2000.

[25] Qin Dynasty (221–207 BC) Liye Bamboo Slips. (**a**) Multiplication table, denomination at UL, (**b**) Calendar, denomination at UR. China, **4047**, 09/13/2012.

[26] Tsai Lun, Inventor of Papermaking. China, **639**, 12/01/1962.

[27] Papermaking procedure. China, **640**, 12/01/1962.

[28] PC, a reserved old papermaking procedure. Fujian Longqishan Natl. Nature Reserve. China State Postal Bureau, HP 2004 (4-1) (2004-1300(BK)-0190).

[29] MC, Chemical cooking step with a paper-making cancel. Taiwan, **2936**, 01/24/1994.

[30] Calligraphy tools: (**a**) Writing brushes of Ming Emperor Chia-Ching; (**b**) Ink stick of Ming Emperor Lung-Ching, vert.; (**c**) Calligraphic work by Tsai Hsiang, Sung Dynasty, vert.; (**d**) Inkstone, Sung Dynasty. Taiwan, **3278–3281**, 01/12/2000.

[31] Sung Dynasty (960–1279 AC) calligraphy and painting. Detail of magpie in flight, from *Magpies and Hare* by Ts'ui Po. Taiwan, **3677**, 08/04/2006.

[32] Fan, Bamboo Design, by Hsiang Tehsin. Taiwan, **1841**, 08/15/1973.

[33] *Fishing on a Snowy Day*, "Five Dynasties" (907–960 AC). Taiwan, **1479**, 05/20/1966.

[34] Paintings: *Bamboo,* Wen T'ung. Taiwan, **2176**, 11/21/1979.

[35] Paintings: *Old tree, bamboo, and rock,* by Chao Meng-fu. Taiwan, **2177**, 11/21/1979.

[36] *Singing Creek with Bamboo Orchestra* painting by Madame Chiang Kai-Shek. Taiwan, **2577**, 04/10/1987.

[37] Painting by Shi Tao (1642–1707), *Plum Blossoms and Bamboo.* China, **3724d**, 03/22/2009.

[38] Modern Taiwanese paintings, *Bamboo Grove in Early Summer* by Tsai Yunyan. Taiwan, **3953a**, 08/09/2010.

[39] FDC, Paintings, by Zheng Banqiao. Stamps affixed: (20f) Orchard, China, **2473**, (30f) Bamboo, rock on scroll, vert. China, **2474**, (50f) Vase and Chrysanthemums. China, **2475**, 11/22/1993.

[40] Various bamboo carved objects. Bamboo jug, Qing Dynasty (1644–1912). Taiwan, **2367**, 07/14/1983.

[41] *Ibid*, Tao-t'ieh motif vase. Taiwan, **2368**, 07/14/1983.

[42] *Ibid*, Landscape sculpture. Taiwan, **2369**, 07/14/1983.

[43] *Ibid*, Brush holder, Ming dynasty (1368–1644). Taiwan, **2370**, 07/14/1983.

[44] Literary masterpiece, *The Romance of the Three Kingdoms*, by Luo Guanzhong, 14th century. Three heroes' swore brotherhood. China, **2176**, 11/25/1988.

[45] The opera scenes, *The Ku Cheng Reunion*. Taiwan, **2285**, 02/15/1982.

[46] Novel "*The Romance of the Three Kingdoms*", Guan Yu reading. Taiwan, **3292**, 04/12/2000.

[47] A stone rubbing from the Guan Bamboo Tablet. The 20 Chinese Poem characters are embedded in the bamboo leaves. Stamp affixed: Chinese Classical Opera ($5) Guan Yu standing on ferry and holding large knife, enemies in distance, from "Dan Daw Huei", Taiwan, **3140**, 08/22/1997 (Own work).

[48] A bamboo garden at the Intensive Care Unit of the Modern Massachusetts General Hospital (Designed by NBBJ).

8 鑽石久遠 (Diamond)

[1] Diamond and Boeing 707. Israel, **C47**, 02/07/1968.

[2] The envelope bears a cancellation of Carbon City, Indiana, USA. Stamps affixed: (from left to right), (**a**) Great Americans, Margaret Mitchell (author of *Gone with the Wind*). USA, **2168**, 1986–1994. (**b**) Indiana Statehood, 150th Anniv., Sesquicentennial Seal. USA, **1308**, 04/16/1966. (**c**) ACS Cent., USA, **1685**, 04/06/1976. (**d**) ACS, 75th Anniv. USA, **1002**, 09/04/1951.

[3] MC for Lavoisier and His Wife. France, **464**, 07/05/1943.

[4] Medical Pioneers, Humphry Davy. Comoro Island, **1037a**, 01/07/2009.

[5] Michael Faraday (1791–1867). Cuba, **3580**, 07/20/1994.

[6] Carbon arrangement in crystal diamond and graphite (Wikimedia Commons).

[7] FDC for the Int'l Year of Crystallography. India, **2681**, 01/30/2014.

[8] Minerals, Graphite. North Korea, **4068**, 08/15/2000 (Imperforated 無齒).

[9] Miner, 6pf. SAAR, **157**, 1947.

[10] *Ibid* 15pf. SAAR, **160**, 1947.

[11] Davy's miner's lamp, a mine shaft. Asturias Mineral Museum. Spain, **2842**, 02/07/1996.

[12] The Safety Man. SAAR, **B23**, 01/20/1931.

[13] Oranjemund Alluvial Diamond Mine. Namibia, **680**, 01/02/1991.

[14] Orapa diamond mine and diamonds. Botswana, **61**, 03/23/1970.

[15] Diamond Mining. Lesotho, **116**, 10/04/1971.

[16] Diamond and Diamond Mine. Ivory Coast, **332**, 11/04/1972.

[17] Diamond. Namibia, **683**, 01/02/1991.

[18] Uncut gem diamonds. Botswana, **122**, 07/01/1974.

[19] Gemstones, Diamonds. Tanzania, **313**, 05/22/1986.

[20] Idar-Oberstein Gem & Jewelry Industry, 500th Anniv. Germany, **1963**, 04/08/1997.

[21] Gemstones, Diamond, SS. Cambodia, **1781**, 12/28/1998.

[22] Great Star of Africa Diamond, Cullinan I diamond. South Africa, **535**, 5/12/1980.

[23] *Ibid*, Cullinan II diamond. South Africa, **534**, 5/12/1980.

[24] Reign of Queen Elizabeth II, 50th Anniv. Canada, **1932**, 01/02/2002.

[25] Croatian Nobel Laureate, Vladimir Prelog, Chemistry, 1975. Croatia, **475**, 12/05/2001.

[26] FDC for the structure of adamantane. Czechoslovakia, **1407**, 07/04/1966 (Word origin from Greek with meaning of steel or diamond).

[27] SS for Swarovski Crystal, (**a**) Crystal, (**b**) Swan. Austria, **1966**, 09/20/2004 (Six crystals are affixed to each stamp).

[28] Sloper type of crown, Crown Tubing Works. GB, **0410.01M** (In use 1890–1930).

[29] Perfin "S B Crown" by Stringer Brothers, Albion Iron Works, GB, **S0490.01** (In use 1885–1941).

[30] Perfin "Crown/B.T" by Board of Trade, GB, **B9000.01** (In use 1881–1904).

[31] Perfin diamond (Own work).

第二部 生活化學 (Chemistry for Life)

9 化學革命 (Chemical Revolution)

[1] Portrait of Antoine-Laurent Lavoisier and his wife Marie Anne Pierrette Paulze Lavoisier. An International Historic Chemical Landmark (1999) *The Chemical Revolution*, Paris, France. The portrait was painted by Jacques Louis David, in 1788. Now a collection of the Metropolitan Museum of Art, New York.

[2] Oxygen! Oxygen! An oxygen song highlights the Priestley/Lavoisier story. "O" perfin, GB, **0008.01**, (In use, 1935–1939).

[3] Boston Tea Party. USA, **1483a**, 07/04/1973.

[4] The Spirit of 76 (Designed after a painting by Archibald Willard). (L) Drummer Boy, (M) Old Drummer, (R) Fifer. USA, **1631a**, 01/01/1976.

[5] Declaration of Independence. USA, **1694a**, 07/04/1976.

[6] FDC for ACS Cent. USA, **1685**, 04/06/1976. The figure shows a watercolor reconstruction of the Priestley House.

[7] FDC of the Priestley stamp **2038** (04/13/1983, USA) by Camel Gordon. Other stamps on the cover: (3c) ACS 75 years. USA, **1002**, 09/04/1951; (13c) ACS 100 years. USA, **1685**, 04/06/1976.

[8] FDC of the Priestley stamp **2038** by Gill Craft.

[9] *Ibid*, by C&C.

[10] *Ibid*, by Kenick.

[11] *Ibid*, by R. E. Charlton.

[12] Joseph Priestley discovers oxygen, in 1774. Maldives, **2421i**, 02/01/2000.

[13] Benjamin Franklin publishes studies on electricity, in 1751. Maldives, **2421j**, 02/01/2000.

[14] The signing of the Constitution. USA, **2360**, 09/17/1987.

[15] Official first-day cover honoring Benjamin Franklin, Philadelphia '76, The Bicentennial of American Independence. GB, **785**, 06/02/1976.

[16] FDC of the Priestley stamp **2038** by Freemason. Other stamps on the cover: Benjamin Franklin (1/2c), USA, **1030**; Thomas Jefferson (2c). USA, **1033**, 09/15/1954 (both Priestley's good friends).

[17] Perfin bell. GB, **QV3d**, David Stores & Sons, (In use)1882–1907.

[18] Statue of Liberty. USA, **C87**, 1974.

[19] Million Dollar Gold Foil. USA Treasury, 2002.

[20] FDC of the Priestley stamp **2038** by S. R. Longenecker.

[21] *Ibid*, by Bucknell University.

[22] *Ibid*, by Ken and Angie Kribbs.

[23] Millennium highlights of 1750–1800. French Revolution begins with the storming of the Bastille in 1789. Maldives, **2421c**, 02/01/2000.

[24] *Liberty Guiding the People* Painting by Delacroix. A souvenir stamp issued by the Museum of Louvre, Paris. Also France, **2713c**, 03/26/1999.

[25] French Revolution Bicentennial: (UL) Gaspard Monge, (UR) Abbe Gregoire, (LL) Creation of the Tricolor, (LR) Creation of the French departments. France, **2232**, 10/15/1990.

[26] Official first-day cover for the *Great Scientists of the World Series* by Fleetwood: Antoine Lavoisier. Stamp affixed: Grenada-Grenadines, **911**, 09/09/1987.

[27] Visiting of Benthollet to Lavoisier's Laboratory at Sorbonne, Paris. This is one of the *Famous Chemists Series* advertising cards of the Liebig Meat Extract Company.

[28] French Revolution Bicentennial. Storyboard showing events of the revolution. Ecuador, **1215**, 07/11/1989.

[29] Millennium highlights of 1750–1800, Louis married Marie Antoinette in 1770. Maldives, **2421o**, 02/01/2000.

[30] Antoine-Laurent Lavoisier (1743–1794), in selvage, shows the guillotine. Malawi, K200, 2008 (stamp refusal by the succeeding regime).

[31] An exposition on the occasion of Lavoisier's 200th birthday, dated 11/19/1943 Paris, with Lavoisier stamp affixed. France, **464**, 07/05/1943.

[32] Galley proof of the stamp commemorating the bicentennial of Lavoisier's water analysis. Mali, **476**, 05/27/1983.

[33] Mass conservation law, Lavoisier cancel commemoration of the 200th anniversary of Lavoisier's death, Romania, 05/09/1994. Stamp on the cover: Miorija Lodge, Bucegi, Romania, **3675**, 10/08/1991.

[34] FDC for commemorating the International Year of Chemistry, 08/24/2011. Stamp affixed: Closani Cave, Romania, **5233**, 02/17/2011.

[35] MC, First-Day Issue. Antoine Lavoisier. San Marino, **1024**, 04/21/1982.

[36] Portrait of Antoine-Laurent Lavoisier and his wife Marie Anne Pierrette Paulze Lavoisier. Maldives, **1389**, 01/11/1990.

[37] The human respiration experiment at Lavoisier's laboratory in the 1770s, drew by Lavoisier's wife Marie Lavoisier (She put herself in the drawing as a witness of the experiment). Exposition Lavoisier, dated 11/19/1943, Paris. Stamp as [31].

10 洞票週期 (Perfin Periodic)

[1] Periodic Table of Elements, Carbon, SS, Portugal, **4141**, 07/24/2019.

[2] A poem finished in seconds to fit the assigned *Chemistry on Stamps* Topic under the witness of all customers.

[3] Dmitri Mendeleev. Russia, **536**(5k), 9/15/1934.

[4] *Ibid*, **537**(10k), 9/15/1934.

[5] *Ibid*, **538**(15k), 9/15/1934.

[6] *Ibid*, **539**(20k), 9/15/1934.

[7] Dmitri Mendeleev. Poland, **881**, 12/10/1959.

[8] Dmitri Mendeleev. Bulgaria, **2947**, 3/14/1984.

[9] Dmitri Mendeleev, 150th birth Anniv. North Korea, **2436**, 12/1/1984.

[10] Dmitri Mendeleev. Serbia, **396**, 7/10/2007.

[11] Russian scientists, D. I. Mendeleev. Russia, **1577**, 08/15/1951.

[12] Dmitri Mendeleev. Russia, **1906**, 2/6/1957.

[13] A stamped envelope with Mendeleev statue. Russia, 3/20/1984.

[14] *Ibid*, SS, North Korea, **2437**, 12/1/1984.

[15] *Ibid*, SS, imperforate, North Korea, **2437**, 12/1/1984.

[16] SS, Mendeleev, page of his workbook. Russia, **3608**, 6/20/1969.

[17] FDC, Mendeleev, and his prediction of gallium and indium. Russia, **3607**, 6/20/1969.

[18] SS, 175th anniversary of the birth of Dmitri Mendeleev. Russia, **7128**, 2/6/2009.

[19] Press captured Dmitri Mendeleev. Stamp affixed: Harding. USA, **582**, 3/19/1925.

[20] FDC, Technology, Bionic ear. Australia, **1036**, 8/19/1987.

[21] FDC, Ernest Rutherford (1871–1937), physicist, developer of theory of spontaneous disintegration of the atom. Canada, **534**, 3/24/1971.

[22] Cyberindustry in Hong Kong. Hong Kong, **974**, 04/14/2002.

[23] Notes of Dmitri Mendeleev. Macedonia, **414**, 6/20/2007.

[24] Rutherford. New Zealand, **488**, 12/1/1971.

[25] Johan Gadolin, Finland, **370**, 06/04/1960.

[26] Bohuslav Brauner, Czechoslovakia, **3269**, 04/13/2005 (with first-day cancel).

[27] Intl. Year of Sustainable Energy for All. Spain, **3829**, 02/27/2012.

[28] Industrialization of Israel, Cent. Medical engineering. Israel, **981**, 01/26/1988.

[29] Identification of the perfin **M** used by **Merck** Pharmaceutical Co. USA. Stamp affixed Thomas Jefferson, USA, **807**, 1938.

[30] Perfin periodic. All relevant perfins are included, regardless of their capitation or orientation. This page might represent the most complete set of perfin periodic existence in the world (Own work). Stamp affixed: Stylized periodic table of elements. Spain, **3476**, 2/2/2007.

[31] Slogan meter by FDA "*Safeguarding America's Health*", USA, 02/21/1997.

11 稀土大戰 (Rare Earth)

[1] Reuse Stats (ACS, UN Environment Program).

[2] Birth Bicent. of Jons Jacob Berzelius (1779–1848). Sweden, **1293**, 09/06/1979.

[3] FDC for Johan Gadolin's birth Bicent. (1760–1960). Finland, **370**, 06/04/1960.

[4] PC of the Church Ytterby.

[5] Automobiles (Jaguar and 3 Mini minors) (**La** plays role in the battery part of an electric vehicle). GB, **467**, 09/19/1966.

[6] Ceres. France, **9c**, 1849–1850 (**Ceres** after the Roman goddess for agriculture).

[7] Green Europa, "EU" in foliage. Montenegro, **276** (90c), 04/21/2011 (**Pr** gets its name from the Greek *prasios* means "green").

[8] Carl Auer Welsbach (1858–1929). Austria, **595**, 08/04/1954 (Welsbach separated **Nd**).

[9] Zeus Battling Typhoeus, from Amphora. 4.5d, Punishment of Atlas and **Pro**metheus, from vase. Greece, **1096**, 06/25/ 1973 (after the Greek mythology Prometheus).

[10] Settlement Yehuda & Shomeron. Israel, **836**, 02/15/1983 (**Sa**maria was an ancient biblical region).

[11] Astra Telecommunications Satellite. **Eu**ropean map. Luxembourg, **802**, 03/06/1989 (Euro notes use Eu in their anticounterfeiting phosphorescent).

[12] Johan **Gad**olin, Finland, **370**, 06/04/1960.

[13] Designated Cancel of "**Terby**" on stamp Nobel Prize in chemistry (1960) Willard F. Libby. Sweden, **1709**, 11/29/1988.

[14] Renewable Energy, 5r, Wind energy. India, **2218**, 11/22/2007 (**Dy** is a key component in wind turbines).

[15] Personal computer. Israel, **979**, 01/26/1988 (**Ho** is responsible for the basic Red-Blue-Green Tri-color).

[16] Applied Chemistry Fair poster stamp, Barcelona, Spain, 12/6–15/1968 (**Er** is responsible for the Pink color on screen).

[17] 20th Intl. Congress of Radiology. India, **1706**, 09/18/1998 (**Tm** is a key component in precision laser eye surgery).

[18] Pioneers of American Industrial Design. "Highlight/Pinch" flatware, designed by Russel Wright. USA, **4546k**, 06/29/2011 (**Yb** is a key component in the stainless steel).

[19] Oil refinery. China, **802** (10f), 10/01/1964 (**Lu is** used as a catalyst in some petroleum cracking processes).

[20] Head, satellite dish, airplane, chemicals. Tajikistan, **225a** (1.23e), 09/01/2003 (**Sc** as an integrated part of the lightweight alloy).

[21] International Conference on Materials and Mechanisms of Superconductivity-High Temperature Superconductors (Abbreviation as **M^{2}S-HTSC III**). Japan, **2115**, 07/19/1991.

[22] FDC for Friedrich Wöhler, Urea Model and Synthesis Formula. Germany, **1379**, 08/12/1982.

[23] Indian Science Congress, Cent. India, **2613**, 01/03/2013.

[24] DNA, genetic engineering. Israel, **980**, 01/26/1988.

[25] Electronic Industry's Use of Integrated Circuits. Integated circuit for computer & telecommunications industry. Taiwan, **3133** ($5), 07/16/1997.

[26] *Ibid*, Wafer linked to portable computer, cellular phone, electronic synthesizer. Taiwan, **3134** ($26), 07/16/1997.

[27] Renewable Energy, 5r, Solar Energy. India, **2217**, 11/22/2007.

[28] Nuclear power, Advanced gas-cooled reactor, Windscale atomic reactor. GB, **469**, 09/19/1966.

[29] Industrialization by technological development. $12, Laser technology. Taiwan, **2637**, 05/09/1988.

[30] *Ibid*, $16, Micro-optics. Taiwan, **2638**, 04/22/1988.

[31] Aerogram for the International Conference on Quantum Electronics. Bucuresti, Romania, 10/20/1987.

[32] Chinese Technical Achievements. $1.2, Beidou Navigation Satellite System. China, **4155**, 09/29/2013.

[33] First Moon Landing by Chinese Space Vehicles. (**a**) $1.2, Chang'e 3 Lander (2-1). (**b**) $1.5, Yutu Moon Rover (2-2). China, **4170**, 01/01/2014.

[34] Internet Life. (**a**) Internet icons, man and woman touching hands (4-1). (**b**) Computer screen, mouse, man pushing shopping cart with internet icons (4-2). (**c**) Hand holding smartphone showing picture of man on laptop computer (4-3). (**d**) Clouds with internet icons,

people on hills (4-4). China, **4182** (4-1); **4183** (4-2); **4184** (4-3), **4185** (4-4), 04/20/2014.

[35] Xinjiang Production and Construction Corps, 60th Anniv. China, **4237**, 10/07/2014.

[36] Map of Rare Earth Elements Discovery Road, Ytterby, Sweden.

12 鴉片戰爭 (Opium War)

[1] **(a)** Lin Tse-hsu (1785–1850) Governor of Kwantung, who destroyed large quantities of opium at Humen, Kwantung, 06/03/1839. Taiwan, **1834**, 06/03/1973. **(b)** Guan Tianpei (1781–1841), National Heroes in Opium War. China, **4560**, 07/29/2018. **(c)** SS for WWI soldiers, Lest We Forget. Poppy and soldiers. GB, **2530**, 11/08/2007.

[2] SS for Flowers Papaver rhoeas. Kyrgyzstan, 2016 (NA).

[3] Wild flowers, poppy (*Papaver rhoeas*). Bulgaria, **2088**, 05/1973.

[4] Field poppies (*Papaver dubium*). Romania, **2576**, 08/15/1975.

[5] South American flowers (*Papaver orientale)*. Equatorial Guinea, 1976 (NA).

[6] Opium poppy (*Papaver somniferum*). Hungary, **1424**, 11/04/1961.

[7] SS, Day Against Narcotics. Afghanistan, **1398A**, 06/25/2003.

[8] New WHO headquarters, Geneva, Ibn Sina (Avicenna). Yemen, **231B**, 11/01/1966.

[9] Avicenna Treating Patient. Avicenna (Arab physician), Birth Millenium. Turkey, **2158**, 12/15/1980.

[10] Avicenna (980–1037), Philosopher and Physician. Russia, **4852**, 08/16/1980.

[11] Robert Robinson (Nobel chemistry laureate, 1947). Guyana, **3010i**, 12/20/1995.

[12] The British Council, education for development. GB, **1067**, 09/25/1984.

[13] Chemical Structures of Morphine and Analogs.

[14] Intl. Year of Chemistry. Slovakia, **609**, 01/17/2011.

[15] Campaign against illegal drugs. Taiwan, **3006**, 06/01/1995.

[16] *Ibid*, Arm, hypodermic needle. Taiwan, **3007**, 06/01/1995.

[17] FDC for the Pharmacy Stamps: **(a)** The Motor and Pestle, bottles. USA, **1473**, 11/10/1972. **(b)** A young woman drug addict. USA, **1438**, 10/04/1971.

[18] FDC for Harvey W. Wiley, Pure Food and Drug Laws, 50th Anniv. USA, **1080**, 06/27/1956.

[19] Centenary of the Pure Food and Drug Act. USA, **3182f**, 02/03/1998.

[20] FDC, Health Research, Lab equipment. USA, **2087**, 05/17/1984.

[21] Red poppy with barbed wires. GB, **2418a**, 11/09/2006.

[22] Poppy and soldiers. GB, **2530**, 11/08/2007.

[23] Poppy with soldier's face, GB, **2614**, 11/06/2008.

[24] Advertising cover, morphine addiction. Stamp affixed: Landing of Columbus. USA, **231**, 1893.

[25] Robert Louis Stevenson, Writer, Dr. Jekyll, and Mr. Hyde. Niue, **671b**, 12/14/1994.

[26] Robert Louis Stevenson and "Doctor Jekyll and Mr. Hyde". Samoa, **310**, 04/21/1969.

[27] FDC, Crime prevention, McGruff, the crime dog. USA, **2102**, 09/26/1984.

[28] FDC, Nobel Prize Fund Centenary. (UL) Alfred Nobel, last will and testament, **2155**; (LL) Nobel's home, 59 Avenue de Malakoff, Paris, **2156**; (UR) Björkborn Laboratory, Karikoga, **2157**; (LR) Wilhelm Röntgen receiving the first physics prize, **2158**, Sweden, 11/09/1995.

[29] Great inventions of ancient China. (UL) Compass, (UR) Printing, (LL) Gunpowder, (LR) Papermaking, Hong Kong, **1152a**, 08/18/2005.

[30] Genghis Khan (Yuan Dynasty, 1271–1368). Taiwan, **1357**, 09/20/1962.

[31] Galileo, San Marino, **1030**, 04/21/1982.

[32] Isaac Newton (1642–1727). Germany, **1771**, 01/14/1993.

[33] Isaac Newton, physicist, mathematician, manuscripts and principles: Philosophiae Naturalis Principia Mathematica. GB, **1172**, 03/24/1987.

[34] Isaac Newton, Motion of bodies in ellipses. GB, **1173**, 03/24/1987.

[35] Industrial worker and blast furnace (James Watt's discovery of steam power). GB, **1840**, 01/12/1999.

[36] Lin Zexu, 1785–1850, statesman, patriot. China, **1998**, 08/30/1985.

[37] Burning opium at Humen, bas-relief. Lin Zexu's ban on the opium trade catalyzed the Angio-Chinese Opium War. China, **1999**, 08/30/1985.

[38] Malacca 750 anniversary, Malacca Governor's Museum. Malaysia, **1428**, 10/07/2012.

[39] SS for Chinese inventions, Gunpowder. South Africa–Venda, **228a**, 06/06/1991.

[40] SS for Hong Kong past and present. **(a)** Treaty of Nanking, 1842. **(b)** Margaret Thatcher signed Joint Declaration, 1984. Grenada Grenadines, **1885a,b**, 02/12/1997.

[41] Highlights of 1950–2000, Margaret Thatcher elected 1st female Prime Minister of GB. Zambia, **856o**, 02/07/2000.

[42] Dorothy Hodgkin. GB, **1693**, 08/06/1996.

[43] SS, Return of Hong Kong to China. Palestinian Authority, **68**, 07/01/1997.

13 肥料革命 (Fertilizer)

[1] Plane spraying farmland, 1sh9p. New Zealand, **360**, 1963–64.

[2] Plane Spraying Crops. Romania, **C167**, 02/28/1968.

[3] Chlorophyll, State Laboratory 75th Anniv. Greece, **2180**, 04/05/2005.

[4] Tractor, Grain, and Sun. Founding Congress of the National Union of Cooperative Farms. Romania, **1821**, 03/05/1966.

[5] Light spectrum diagram, Fraunhofer lines. Germany, **1501**, 02/12/1987.

[6] Nobel Prize Fund Cent. Robert Huber. Sierra Leone, **1846b**, 12/29/1995.

[7] American Scientists Series: Melvin Calvin, Chemist. USA, **4541**, 06/16/2011.

[8] Perfin **Nitrogen Cycle**, the nitrogen fixation process in the biosphere. Stamp affixed: technological achievements in Israel, chemical fertilizers. Israel, **721**, 02/13/1979 (Own work).

[9] Red Pepper and Chemical Factory (Fertilizer Industry), 18th Intl. Damascus Fair. Syria, **595**, 08/25/1971.

[10] Renewable Energy, Biomass Energy. India, **2220**, 11/22/2007.

[11] Justus von Liebig. Germany, **2240**, 05/08/2003.

[12] Justus von Liebig (1803–1873), N-P-K required by wheat. DDR Germany, **1926**, 07/18/1978.

[13] Nevynomyssk Chemical Plant, Fertilizer Formula. Russia, **4382**, 10/30/1975.

[14] Phosphate Industry: (**22c**) Crushing, (**28c**) Pipeline, (**40c**) Bulk storage, (**60c**) Ship loading. Christmas Island, **107–110**, 05/04/1981.

[15] Chile Exports,12p, Saltpeter. Chile, **728a**, 1986.

[16] MC, Friedrich Wöhler, the stamp provides model of urea and equation for Wöhler's preparation. Germany, **1379**, 08/12/1982.

[17] Stamps with first-day cancel: (**a**) For K. Birkeland, Ca(NO$_3$)$_2$ in test tube. (**b**) For Sam Edye, head of wheat. Norway, (**a**) **498**, (**b**) **499**, 10/29/1966.

[18] Perfin Haber Chemical Synthesis of Ammonia (Own work).

[19] Fritz Haber. Sweden, **1271**, 11/14/1978.

[20] Soldiers in trenches at the Battle of Verdun. Marshall Islands, **646i**, 10/15/1997.

[21] Carl Bosch. Dominica, **1807c**, 10/24/1995.

[22] Friedrich Bergius. Grenada, **2490c**, 10/18/1995.

[23] Fertilizer Industry. China, **810**, 12/30/1964.

[24] Industries: Electricity and Fertilizers. Egypt, **451**, 07/23/1958.

[25] Urumchi chemical fertilizer project. China, **2355**, 09/20/1991.

[26] Fertilizer Plant. Kuwait, **351**, 02/19/1967.

[27] Tractor, Aerial Crop Spraying, Irrigation. China, **1506**, 10/01/1979.

[28] Smith Douglass Fertilizer Company. Canceling Meter at Norfolk, Virginia, USA, 02/09/1959.

[29] Chemical Industry: Fertilizers and Pest Control. Russia, **2973**, 10/25/1964.

[30] Man, pollution sources. Luxembourg, **752**, 05/05/1986.

[31] Pollution, fish, and mercury bottles. Senegal, **498**, 01/15/1979.

[32] United Nations 50th Anniv. Against illegal dumping of toxic chemicals. Nigeria, **662**, 10/24/1995.

[33] FDC for Mercury and Cinnabar, Idrija Mine. Slovenia, **347**, 03/23/1999.

[34] FDC for Wildlife Conservation. Stamps affixed: (50c) Porpoise, statistical graph; (70c) Seal, molecular structure models of biphenyl. Netherlands, **674**, **675**, 09/10/1985.

[35] Soviet revenue poster stamp, used by the State Chemical Laboratory as a receipt of donation to support funds against chemical warfare (For stamp identification, *cf. Fertilizer Ref.* 3).

[36] Gas Mask, helmet. WWII series (Civil defense mobilizes Americans at home). USA, **2559g**, 09/03/1991.

[37] FDC for Banning Chemical Weapons, Special cancel on the hand holding back black color mask. Stamps affixed: United Nations (Offices in

Geneva), **205**(0.8 F.S.), **206**(1.4 F.S.), 09/11/1991.

[38] *Ibid*, Special cancel on the hand holding back white color mask. Stamps affixed: United Nations (Office in New York), **595**(30c), **596**(90c), 09/11/1991.

[39] *Ibid*, Special cancel on the gas mask. Stamps affixed: United Nations (Office in Vienna), **119**(5s), **120**(10s), 09/11/1991.

[40] Chemical Bombardment of Halabja, Iraq. Iran, **2319**, 04/26/1988.

[41] Bhopal, India gas disaster. Palau, **539g**, 02/02/2000.

14 葡萄美酒 (Wine)

[1] FDC, Cameroun brewing industry. Brewery. Cameroun, **505**, 07/09/1970.

[2] Grapevine, vineyard. Australia, **2406a**, 07/19/2005.

[3] Wine bottle, corkscrew, wine barrels. Australia, **2408a**, 07/19/2005.

[4] Wine glasses, cheeses. Australia, **2409**, 07/19/2005.

[5] Archimedes and his hydrostatic principle. Greece, **1460**, 04/28/1983.

[6] Archimedes and his screw pump. Italy, **1559**, 05/02/1983.

[7] Archimedes. San Marino, **1021**, 04/21/1982.

[8] Archimedes' principle (displacement of mass). Nicaragua, **C765**, 05/15/1971.

[9] Measuring glass, tape measure, and scales. FDC of the adoption of the metric system. Japan, **673**, 06/05/1959.

[10] Anders Celsius. Sweden, **1402**, 04/26/1982.

[11] Thermometer, Conversion from Fahrenheit to centigrade. Kenya/Uganda/Tanzania, **226**, 01/04/1971.

[12] Wine Press. Liechtenstein, **167**, 04/07/1941.

[13] Industrial Year, Research Lab, thermometer. GB, **1130**, 01/14/1986.

[14] Cameroun brewing industry. Brewery. Cameroun, **505**, 07/09/1970.

[15] Cellar with barrels. Cameroun, **506**, 07/09/1970.

[16] The figure shows the basic structure of anthocyanin.

[17] SS, Wines of San Marino: (**a**) Tessano, (**b**) Brugneto, (**c**) Riserva Titano, (**d**) Caldese, (**e**) Roncale, (**f**) Moscato Spumante. San Marino, **1795**, 06/16/2009.

[18] Rectifying Tower. FDC of the government alcohol monopoly. Japan, **416**, 09/14/1948.

[19] Louis Pasteur. Dahomey, **C173**, 11/30/1972.

[20] *Ibid*, artist signed proof.

[21] Eduard Buchner. Dominica, **1807b**, 10/24/1995.

[22] Nobel Prize recipient: Eduard Buchner, chemistry, 1907. Gabon, **805g**, 10/18/1995.

[23] Nobel Prize recipient: Hans von Euler-Chelpin, chemistry, 1929. Sierra Leone, **1846g**, 12/29/1995.

[24] Hans Von Euler-Chelpin; Fermentation of sugar to ethanol. Sweden, **1482**, 11/22/1983.

[25] The figure shows the relationship between vitamins and coenzymes.

[26] Otto H. Warburg. Uganda, **1375j**, 10/31/1995.

[27] FDC, Grapes and map of Rias Baixas region. Spain, **3172**, 07/27/2002.

[28] FDC, Jerez Vintage Feast, women picking grapes. Spain, **2391**, 09/20/1984.

[29] Brasiliana '79' Philatelic Exhibition: (2.50e) Water cart, (5.50e) Wine sledge, (6.50e) Wine cart, (16e) Covered cart, (19e) Mogadouro cart, (20e) Sand cart. Portugal, **1435–1440**, 09/15/1979.

[30] Worker carrying basket of grapes, and jug; with a special chemical cancel on 01/23/1971. Portugal, **1085**, 12/20/1970.

[31] PC, Italian Castle Series with a special chemical canceled on 05/29/1983. The stamps affixed: Italy, **1412** (50), **1415** (100), **1420** (200), 09/22/1980.

[32] FDC, Natl. Grape Harvest Festival, 50th Anniv. Argentine, **1553**, 03/15/1986.

[33] Chemical Structure of Resveratrol.

[34] Greetings, Champagne flutes (red-violet background). Taiwan, **3895f**, 11/12/2009.

[35] Zhaojun's Marriage to Xiongnu, Zhaojun playing music. China, **2509**, 08/25/1994.

[36] Wall paintings, 55f, Flight of a dragon. China, **2409**, 09/15/1992.

[37] Wall paintings, 50f, Zhang Yichao on the march. China, **2507**, 07/16/1994.

15 運動化學 (Sports Chemistry)

[1] Chemistry and Sports Help Each Other. Special cover with special cancel for the Pittsburg Conference on Analytical Chemistry and Spectroscopy held at Atlantic City, N.J. on 03/11/1980. The stamps affixed: (**a**) Speed Skating (UL), (**b**) Downhill Skiing (UR), (**c**) Ski Jump (LL), (**d**) Ice Hockey (LR), USA, **1798b**, 02/01/1980.

[2] SS for IX Olympic Ice Hockey. Burundi, **72a**, 01/25/1964.

[3] BMX Rider Bicycling. USA, **4690**, 06/07/2012.

[4] Outdoor Activities. $25, Rollerblading. Taiwan, **3779**, 11/09/2007.

[5] FDC, Celebrating Scientific and Industrial contributions to American life. USA, **2031**, 01/19/1983.

[6] Rubber Plantation and Emblem. Rubber Research Institute of Malaysia 50th Anniv. (1925–1975). Malaysia, **135**, 10/22/1975.

[7] Rubber industry, Tire. Russia, **2872**, 02/10/1964.

[8] Chemical Industry: Rubber. China, **813**, 12/30/1964.

[9] Polymer chain honors K. Ziegler and G. Natta. Sweden, **1710**, 11/29/1988.

[10] Karl Ziegler (Germany) Nobel Laureate in chemistry (1963). Antigua & Barbuda, **1946e**, 11/08/1995.

[11] Giulio Natta, Nobel laureate in chemistry (1963). Italy, (850l), **1977**, 05/02/1994.

[12] FDC for 125 Anniv. of synthetic fiber research. Structure of PET (polyethylene terephthalate). Germany, **1054**, 02/18/1971.

[13] Chemical Industry: Plastics. China, **811**, 12/30/1964.

[14] Butadiene plant, oil refinery. East Germany, **1324**, 09/02/1971.

[15] Refined oil products; ethylene and propylene. Venezuela, **1399b**, 12/01/1987.

[16] Ethylene Plant. China, **2163**, 09/02/1988.

[17] Polyvinylchloride Plant (PVC). Albania, **1783**, 03/29/1977.

[18] MC for Industry and Technique. Tractor (80pf), Chemical Plant (120pf), Blast Furnace (160pf). Germany, (80pf) **9N367**, (120pf) **9N369**, (160pf) **9N372**, 10/15/1975.

[19] Chemical Industry: synthetic fibers. China, **817**, 12/30/1964.

[20] Synthetic fiber industry; strip of 5. China, **1409a**, 06/15/1978.

[21] Construction of Vinalon Factory. North Korea, **279**, 02/08/1961.

[22] Completion of Vinalon Factory. North Korea, **353**, 10/17/1961.

[23] SS for Dr. Ri Sung-gi, Inventor of Vinalon. North Korea, **3737**, 06/15/1998.

[24] Sun Yat-sen building, Yangmingshan, overprint copy. Taiwan, **1725**, 09/09/1971 (Chinese victory in 1971 Little League World Series, Williamsport, Pa., Aug. 24).

[25] Little League Emblem. Taiwan, **1846**, 09/09/1973 (Chinese victory in Little League Twin Championships. Gary, Ind., and Williamsport, Pa. USA).

[26] Batters and World Map. Taiwan, **1920**, 11/24/1974 (China's victory in 1974 Little League Baseball World Series Triple Championships).

[27] $500 New Taiwan bill. Taiwan, Currency in use.

[28] The World Games Kaohsiung, 2009, Main Stadium. Taiwan, **3873**, 07/16/2009.

[29] Olympic Stadium. Romania, **2862**, 10/23/1979.

[30] SS for the 29th Olympic Game, Beijing 2008, National Stadium. China, **3646**, 12/20/2007.

[31] World Water Day. China, **4085**, 03/22/2013.

[32] PRC 9th Natl. Games. China, **3147**, 11/11/2001.

[33] World Swimming Championships, Barcelona. Spain, **3221**, 05/23/2003.

[34] 1988 Summer Olympics, Seoul. 55z, Swimming. Poland, **2860**, 06/27/1988.

[35] Women's Swimming. USA, **C107**, 04/08/1983.

[36] Summer Olympics. 1L, Swimming. Romania, **3185**, 05/25/1984.

[37] Woman Swimmer at Start. Romania, **1546**, 06/15/1963.

[38] Woman Swimmer, 1k. Czechoslovakia, **644**, 04/22/1954.

[39] Mexico 19th Olympics, 20b, Woman Diver. Romania, **2031**, 08/28/1968.

[40] Water Sports. 2.5L, Diving. Romania, **3147**, 09/16/1983.

[41] Swimming, 22nd Olympics Games, Moscow 1980. USA **1792**, 09/28/1979.

16 綠色化學 (Green Chemistry)

[1] Go Green: from UL Messages: ride a bike; plant trees; insulate the home; choose to walk; use efficient light bulbs; adjust the thermostat; maintain tire pressure; recycling more; share rides; turn off lights not in use; use public transportation, etc. USA, **4524**, 04/14/2011.

[2] Fairy Tales. Pan Gu 盤古 inventing the universe. China, **2111**, 09/25/1987.

[3] Chinese Creation Story. Pan Gu transmitted himself into all creatures. Taiwan, **2882**, 02/06/1993.

[4] Invention Myths. Shennungjy 神農氏 making agriculture tools, $12. Taiwan, **2974**, 09/17/ 1994.

[5] Ancient Mythology, Suiren 燧人氏 drilling in wood to obtain fire. China, **4644**, 08/6/2019.

[6] Nu Wa mended sky with smelted stone, vert. Taiwan, **2884**, 02/06/1993.

[7] Earth. USA, **4740**, 01/28/2013.

[8] Environmental Protection. (10f) Forest conservation. China, **3170**, 02/01/ 2002.

[9] *Ibid*, (30f) Conservation of mineral resources. China, **3171**, 04/01/2002.

[10] *Ibid*, (60f) Preventing air pollution. China, **3172**, 02/01/2002.

[11] *Ibid*, (80f) Conservation of water. China, **3173**, 04/01/2002.

[12] *Ibid*, ($1.5) Conservation of ocean resources. China, **3174**, 04/01/2002.

[13] Okefenokee Swamp Georgia/Florida. USA, **C142**, 06/01/2007.

[14] The National Trust Saving Coast. GB, **1609**, 04/11/1995.

[15] Eu in foliage. Montenegro, **276**, 04/21/2011.

[16] Rural Landscape, horiz. $10. Prevent contamination. Taiwan, **2158**, 06/05/1979.

[17] City Houses and Garden, $2. Protection of the Environment. Taiwan, **2157**, 06/05/1979.

[18] Greenpeace 25th Anniv. Romania, **4142**, 03/06/1997.

[19] Seals, Antarctica. Poland, **2391**, 05/22/1980.

[20] Map of Antarctica, Penguins, Research Ship and Southern Lights. Russia, **2779**, 09/16/1963.

[21] Antarctic treaty, 30th Anniv. USA, **C130**, 06/21/1991.

[22] Antarctic Scenes. 80f, Aurora Australis. China, **3216**, 07/15/2002.

[23] Year 2000. New Zealand, **1628**, 01/01/2000.

[24] World Ozone Layer Protection Day. Croatia, **408**, 09/16/1999.

[25] Science Teaching Year. Argentina, **2507**, 10/25/2008.

[26] Christian Friedrich Schönbein Discoverer of Ozone, O_3. Switzerland, **1060**, 09/24/1999.

[27] Nobel Laureates in chemistry, 1995, Frank Sherwood Rowland and Mario Molina, USA. Ghana, **2283b**, **2283c**, 01/09/2002.

[28] Causes of Hole in Ozone Layer. Panama, **794**, 02/24/1992.

[29] Planes over Map of Antarctica. Transpolar voyage. Argentina, **853**, 02/17/1968.

[30] Antarctic Treaty Cent. (1961–1971). USA, **1431**, 06/23/1971.

[31] Soil and water conservation. USA, **2074**, 02/06/1984.

[32] Environmental Protection. (**a**) Fighting forest fires. Swaziland, **702**, 07/30/2001.

[33] *Ibid*, (**b**) Tree planting. Swaziland, **703**, 07/30/2001.

[34] *Ibid*, (**c**) Construction of Maguga Dam. Swaziland, **704**, 07/30/2001.

[35] *Ibid*, (**d**) Building embankment. Swaziland, **705**, 07/30/2001.

[36] FDC for Surinam Forestry Commission, 25 Anniv. (1947–1972). Surinam, **399–401**, 12/20/1972.

[37] FDC for the International Union of Pure and Applied Chemistry, Nomenclature Commission on Organic Compounds Cent. (1892–1992). Structure of 2,2-difluorobutane. Switzerland, **913**, 03/24/1992.

[38] Save the ozone layer: (200ce) Fish. Ghana, **2143**, 1999.

[39] *Ibid,* (550ce) Earth surrounded by ozone layer, man. Ghana, **2144**, 1999.

[40] *Ibid*, (800ce) Crying Earth. Ghana, **2145**, 1999

[41] *Ibid*, (1100ce) People holding up shield against sunlight. Ghana, **2146**, 1999

[42] *Ibid*, (1500ce) Objects with ozone-depleting and non-harmful chemicals. Ghana, **2147**, 1999.

[43] FDC for Environmental Protection. China, (Left) **3826**, (Right) **3827**, 06/05/2010.

[44] Synthetic fuels, Knoxville World's Fair. USA, **2007**, 04/29/1982.

[45] Renewable Energy. Wind farm, Tararua. New Zealand, **2071**, 07/05/2006.

[46] *Ibid*, Roxburgh Hydroelectric Dam. New Zealand, **2072**, 07/05/2006.

[47] *Ibid*, Biogas facility, Waikato. New Zealand, **2073**, 07/05/2006.

[48] *Ibid*, Geothermal Power Station, Wairakei. New Zealand, **2074**, 07/05/2006.

[49] *Ibid*, Solar panels on Cape Reinga Lighthouse (vert.). New Zealand, **2075**, 07/05/2006.

[50] Energy Conservation ($2). Taiwan, **2194**, 07/15/1980.

[51] *Ibid*, ($12). Taiwan, **2195**, 07/15/1980.

[52] FDC for Protection of Water Resources and the Environment. (32c) Hand holding glass under running faucet. (47c) Bandage on hose. (68c) Water bucket, filter and flowers. (80c) Recycling bins. Portugal, **3359–3362**, 09/30/2011.

[53] International Drinking Water and Sanitation Decade (1981–1990). China, **1774**, 03/01/1982.

[54] FDC for the Australian pioneer life. Stamp affixed: Water pump (10c). Australia, **533**, 11/15/1972.

[55] SS for the Traditional Water Carrier. Returning Macau to China. Macao, **982a**, 04/28/1999.

[56] Hong Kong Water Supply, 150th Anniv., $5, Beakers, chemical symbols. Hong Kong, China, **933**, 03/18/2001.

[57] Sea Water Distillation Plant at Balashi, Aruba. Nederlands Antillen, **261**, 10/16/1959.

[58] FDC for the Water Resource Protection. Taiwan, ($5) **3111** ($19) **3112**, 03/22/1997.

第三部 生命化學
（Chemistry of Life）

17 生命之泉 (Blood)

[1] Blood Donation. Taiwan, **2044**, 05/05/1977. Paul Ehrlich (Nobel laureate in medicine, 1908), the character in German Mark pioneered hematology and chemotherapy.

[2] Perfin **RBC** for erythrocytes (red blood cells).

[3] Karl Landsteiner, Nobel laureate in medicine, 1930. St. Vincent, **2224**, 10/02/1995.

[4] Paul Ehrlich, Nobel Prize Recipient, 1908, medicine. Ghana, **1827**, 10/02/1995.

[5] FDC for Joseph Priestley by Pugh Cachets with hand-drawing lung and heart. USA, **2038**, 04/13/1983.

[6] Man and Heart, physical health, cardiac care. Taiwan, **2077**, 11/12/1977.

[7] Perfin **WBC** for leukocytes (white blood cells).

[8] Cascade of Blood Coagulation. Stamp affixed: Waterfall painting by Madame Chiang Kei-Shek. Taiwan, **2040**, 03/31/1977 (The waterfall/cascade of blood coagulation) (Own work).

[9] Cache bears a calcium cancel of Calcium, NY. Stamps affixed: **(a)** UL, Francis Parkman American Historian. USA, **1281**, 1965–78; **(b)** UR, ACS Cent. USA, **1685**, 04/06/1976; **(c)** LL, Dutch Ship in New Amsterdam Harbor, 300th Anniv. of New York City. USA **1027**, 11/20/1953; **(d)**

[9] LR, ACS, 75th Anniv. USA, **1002**, 09/04/1951.

[10] Purification of heparin by Erik Jorpes. Finland–Aland Islands, **83**, 05/05/1994.

[11] FDC for Charles R. Drew, USA, **1865**, 06/03/1981(Issue date on the FDC).

[12] Laboratory, League of Red Cross Societies, 50th Anniversary. Burundi, **CB9**, 06/26/1969.

[13] Cache for Karl Landsteiner. Stamps affixed: **(a)** Transportation Issue. Electric Auto 1917, USA, **1906**, 1981–1984. **(b)** Blood Donor Issue. Giving Blood Saves Lives. USA, **1425**, 03/12/1971.

[14] Major ABO blood typing system (From *ASBMB,* with permission)

[15] Karl Landsteiner, Germany DDR, **1025**, 07/17/1968.

[16] Karl Landsteiner, Blood Transfusions. Guyana, **2677d**, 07/26/1993.

[17] Karl Landsteiner (1868–1943), discoverer of blood groups. Romania, **4316**, 09/24/1999.

[18] Blood Research (microscope, slides). Finland, **B195**, 10/25/1972.

[19] Discovery of Human Blood Types, Cent. Austria, **1822**, 06/16/2000.

[20] Karl Landsteiner. South Africa–Transkei, **108**, 10/12/1984.

[21] Transfusion Bottle, Globe, Doves. Intl. Red Cross Blood Donations Year. Japan, **1174**, 07/01/1974.

[22] Clara Barton, Founder of the American Red Cross (1882). USA, **967**, 09/07/1948.

[23] Girl and Heart. Hungary, **1535**, 07/27/1963.

[24] International Red Cross Centenary. Yugoslavia, **RA28**, 05/05/1963.

[25] WHO Emblem and Medical Apparatus. Thailand, **517**, 09/01/1968.

[26] Perfin **HVC** refers to Hepatitis Virus type-C. Used by H. V. Christensen & Co. (Copenhagen). Denmark, **H87**, 05/1896–01/1927.

[27] Gujarati State AIDS Control Society (Hindi). Meghdoot Postcard. 2006. (www.aidsonstamp.com/meghdoot. htm)

[28] FDC of a Pre-stamped Envelope for the 75th Anniv. of Commonwealth Serum Laboratories (Melbourne, Australia). Australia, 04/11/1991.

18 化學大師 (Linus Pauling)

[1] The Nobel Prize Centenary. Joint issue of Sweden and the USA. Stamp affixed: (Upper) USA, **3504**, 03/22/2001. (Lower) Sweden **2415a**, 03/22/2001 (The design of the stamps is identical in both countries. The first-day cancels are different).

[2] Svante Arrhenius. Sweden, **548**, 12/10/1959.

[3] Chemistry Nobel Prize winners. Svante Arrhenius, Theory of Electrolytic Dissociation. Sweden, **1480**, 11/22/1983.

[4] FDC, Linus Pauling. Helix with the space-filling model showing the actual space each atom occupied. USA, **4225**, 03/06/2008.

[5] Perfin hydrogen bonds (Own work).

[6] SS, DNA Fingerprint and: (**a**) 1p, Guanine, (**b**) 2p, Cytosine, (**c**) 3p, Adenine, (**d**) 4p, Thymine. Macao, **1076**, 10/09/2001.

[7] Resonance Structure of Benzene.

[8] Perfin showing the plane structure of peptide bond (Own work).

[9] FDC, Linus Pauling. Helix with color-coded stick model showing the conventional use of color in chemistry: black for carbon, white for hydrogen, red for oxygen, blue for nitrogen, and yellow for sulfur atoms. USA, **4225**, 03/06/2008.

[10] Nobel Prize Winner, Arne Tiselius, chemistry 1948. Togo, **1659g**, 08/21/1995.

[11] Arne Tiselius, Electrophoresis Studies. Sweden, **1478**, 11/22/1983.

[12] FDC, Linus Pauling. A blackboard full of names for recall after memory loss in the late age of Pauling. USA, **4225**, 03/06/2008.

[13] Linus Pauling, USA, **4225**, 03/06/2008 (First-day cancel at the birthplace of Linus Pauling).

[14] Charles Darwin (1809–1882) naturalist. Serbia, **479**, 06/22/2009.

[15] Perfin Hemoglobin types, HgA, Adult; HgF, Fetus; HgS, Sickel cell (Own work).

[16] The overlapping distribution of malaria and sickle cell anemia trait.

[17] FDC, 7th International Congress of Biochemistry, Tokyo. Mitochondria and Protein Model. Japan, **927**, 08/19/1967.

[18] Albert Szent-Györgyi (1893–1986) Nobel laureate in medicine, 1937. Hungary, **3157**, 11/30/1988.

[19] Vitamin C structure, orange segment; honors Walter Norman Haworth, British Nobel laureate in chemistry, 1937. GB, **807**, 03/02/1977.

[20] Linus Pauling. Mozambique, **1599f**, 09/30/2002.

[21] Peace Maker: (**a**) Linus Pauling, (**b**) A Protest Against Nuclear Weapons. Micronesia, **379g**, **379h**, 03/28/2000.

[22] Linus Pauling, Nobel laureate in peace, 1962. Zambia, **965f**, 02/11/2002.

[23] James Watson, and Francis Crick, with Maurice Wilkin, DNA double helix. Nobel laureate in medicine, 1962. Sweden, **1773**, 11/24/1989.

[24] FDC, The Nobel Prize Cent. Duo laureates, Linus Pauling, USA. Stamps affixed: (**a**) USA, **3504**, 03/22/2001. (**b**) Peace Symbol. USA, **3188m**, 09/17/1999.

[25] American Chemical Society Centenary. USA, **1685**, 04/06/1976 (Pauling's autograph copy).

[26] Linus C. Pauling. Upper Volta (Burkina Faso), **443**, 09/22/1977 (Pauling's autograph copy).

19 分子木馬 (Artemisinin)

[1] (**a**) Artemisinin and hemoglobin. Hemoglobin stamp. Portugal, **3632**, 07/21/2014. (**b**) Homer-inspired artworks: 4D, The Wooden Horse. Greece, **1474**, 12/19/1983. (**c**) Chemical structure of the anti-malaria drug: Artemisinin. (**d**) Art is a world-known abbreviation for Artemisinin.

[2] Song appraisal of the discovery of artemisinin by Tu Youyou (Own work).

[3] National Campaign Against Malaria, Malaria victim. St. Thomas & Prince Islands, **764**, 09/30/1984.

[4] Malarde Medical Research Institute, 50th Anniv. French Polynesia, **763**, 09/27/1999.

[5] Microscope, map of Solomon Islands, Malaria Eradication Program Emblem. Solomon Islands, **354**, 07/27/1977.

[6] Malaria Control (60c+15c), the surtax was for hospital building fund. Nicaragua, **CB8**, 09/25/1973.

[7] World Health Organization Campaign to Eradicate Malaria. Magnified specimen of the parasite protozoa, microscope. Cuba, **757**, 12/14/1962.

[8] FDC for Malaria Eradication Programme. Stamps affixed: (**a**) Mosquito and Malaria Eradication Emblem (10p). (**b**) Dagger pointing at mosquito (13p). Pakistan, (**a**) **160**, (**b**) **161**, 04/07/1962.

[9] FDC for Health Research in Prolongs Life. Stamps affixed: (**a**) Lab Equipment, USA, **2087**, 05/17/1984; (**b**) World Health Organization's drive to eradicate malaria. Great Seal of U.S. and WHO symbol. USA, **1194**, 03/30/1962.

[10] Agricultural training. Sierra Leone, **581**, 03/14/1983.

[11] Insecticide, Spraying. Germany, DDR. **638**, 02/06/1963.

[12] WHO 20th Anniv. (**a**) WHO Emblem, Children, and Nurse. Jamaica, **276**, 05/30/1969.

[13] *Ibid*, (**b**) Malaria eradication. Jamaica, **277**, 05/30/1969.

[14] *Ibid*, (**c**) Student nurses. Jamaica, **278**, 05/30/1969.

[15] WHO drive to eradicate malaria. (**a**) Malaria Larvae. Nigeria, **128**, 04/07/1962.

[16] *Ibid*, (**b**) Emblem and Man with a spray gun. Nigeria, **129**, 04/07/1962.

[17] *Ibid*, (**c**) Plane spraying insecticide. Nigeria, **130**, 04/07/1962.

[18] *Ibid*, (**d**) Microscope, retort, and patient. Nigeria, **131**, 04/07/1962.

[19] Eradication of Malaria, spraying mosquitoes. Afghanistan, (4p) **674B**, 03/15/1964. (Imperforated).

[20] *Ibid*, Afghanistan, (5af) **674E**, 03/15/1964 (Green imperforated).

[21] *Ibid*, Afghanistan, (5af) **674E**, 03/15/1964 (Brown imperforated).

[22] *Ibid*, Afghanistan, (5af) **674E**, 03/15/1964 (Perforated).

[23] Anti-Malaria issue, *Anopheles gambiae*, DDT (16Db). St. Thomas & Prince Islands, **765**, 09/30/1984.

[24] *Ibid,* Exterminator (30Db). **766**. 09/30/1984.

[25] Mosquito. Iran, **1156**, 04/07/1960.

[26] Man with a spray gun. Iran, **1157**, 04/07/1960.

[27] Mosquito on water. Iran, **1158**, 04/07/1960.

[28] Anti-Malaria Campaign, Herm Island. Guernsey, 1962 (For stamp identification *cf. Molecular Troy, Note* 2).

[29] Anti-Malaria Work. UNICEF 10th anniversary. Turkey, **B85**, 12/11/1961.

[30] Microscope, Mosquito, and Globe. Mexico, **920**, 04/07/1962.

[31] Man Spraying House, Anopheles Mosquito. Solomon Islands, **352**, 07/27/1977.

[32] The bark and flowers of cinchona. Wills's Cigarettes Card (Bristol & London).

[33] Pierre J. Pelletier and Joseph B. Caventou. Rwanda, **372**, 10/27/1970.

[34] Quinine powder and pharmacological vessels, Rwanda, **368**, 10/27/1970.

[35] MC for the discovery of quinine 150th Anniv. Statue figure and first-day cancel of Pierre J. Pelletier and Joseph B. Caventou, Structure of Quinine. France, **1268**, 03/21/1970.

[36] Structures of the synthesized malaria drugs, Chloroquine and Primaquine, and cinchona plant. Cuba, **759**, 12/14/1962.

[37] Tu Youyou with plant *Artemisia annus*. Niger, 2015 (NA).

[38] Gehong's original formula for malaria treatment.

[39] Chemical structures of Artemisinin and its derivative Artenimol.

[40] Intl. Year of Crystallography, Hemoglobin. Portugal, **3632**, 07/21/2014.

[41] National Defense Medical Center Cent. Doctors, new medical school building. Taiwan, **3397**, 11/23/2001.

[42] National Defense Medical Center Cent. Medical students, old medical school building. Taiwan, **3396**, 11/23/2001.

20 智取胰島 (Insulin)

[1] Danish Diabetes Assoc. 50th Anniv. Insulin Crystal. Denmark, **B75**, 08/30/1990.

[2] Perfin Insulin. The mature insulin molecule is constructed by perfin

stamps. The amino acid residues are represented by their standard single-letter abbreviation perfins. The intrachain and interchain disulfide linkages are marked in yellow (Own work).

[3] Great Medical Pioneers, Aretaeus. South Africa–Transkei, **235**, 03/29/1990.

[4] *Ibid*, Claude Bernard. South Africa–Transkei, **236**, 03/29/1990.

[5] Oskar Minkowski (1858–1931), Diabetes Researcher. Lithuania, **984**, 10/20/2012.

[6] Canadian $100 Bank Note. The First Canadian Polymer Bank Bill. Launch date 11/14/2011 (Insulin bottle shown under the microscope).

[7] SS for Nobel Prizes Cent. (in 2001), John J. R. MacLeod, Medicine 1923. Guyana, **3701**, 02/25/2002.

[8] FDC, Frederick Banting (1891–1941), co-discoverer of insulin. Canada, **1304**, 03/15/1991.

[9] An unhappy physiology lab at the University of Toronto, 1921. Stamp affixed: Discovery of Insulin Cent. Canada, **3287**, 04/15/2021. Shown on the stamp are the original Banting's notes and the vial containing purified insulin of Collip at the University of Toronto (Own work).

[10] Frederick Banting. Switzerland, **539**, 09/23/1971.

[11] Frederick Banting. Guyana, **3699d**, 02/25/2002.

[12] Frederick Banting. South Africa–Transkei, **238**, 03/29/1990.

[13] Frederick Banting, co-discoverer of insulin, syringe, and dog. Canada, **1822a**, 1/17/2000.

[14] FDC for Diabetes Awareness. USA, **3503**, 03/16/2001.

[15] FDC for 50th Anniv. of the discovery of insulin, Retort, and WHO Emblem. Uruguay, **C385**, 02/22/1972.

[16] FDC for Europa, Inventions, and Discoveries. Stamp affixed: (**a**) Diagram showing transmission of von Willebrand's Disease, discovered by E. A. von Willebrand (2.30m). (**b**) Purification of heparin by Erik Jorpes (2.90m). Finland–Aland Islands, (**a**) **82**, (**b**) **83**, 05/05/1994.

[17] European Diabetes Association, 41st Meeting. Greece, **2181**, 04/05/2005.

[18] Nicolae C. Paulescu. Romania, **4317**, 09/24/1999.

[19] FDC for the Patent Office, Berlin-Kreuzberg, Cent. of Germany patent laws. Germany, **9N408**, 07/13/1977.

[20] FDC for the laboratory equipment used for insulin discovery. Canada, **533**, 03/03/1971.

[21] FDC for the 50th Anniv. of the discovery of insulin. Showing insulin molecular diagram and test tubes for blood sugar analysis. Belgium, **811**, 08/07/1971.

[22] Frederick Sanger, Nobel laureates, 1958 and 1980. Guyana, **3698c**, 02/25/2002.

[23] Nobel Prize Cent. Christian Anfinsen, Chemistry, 1972. Gabon, **803e**, 10/18/1995.

[24] Nobel Prize Cent. Vincent du Vigneaud, Chemistry, 1955. Antigua, **2517c**, 11/29/2001.

[25] European Diabetes Association Congress. Hungary, **3813a**, 08/23/2002.

[26] Insulin Structure. Blue, A chain; Grey, B chain; Disulfide bonds in yellow.

[27] The strategy taken by Chinese scientists on the chemical total synthesis of insulin (Own work).

[28] Synthetic crystalline bovine insulin, 50th Anniv. China, **4319**, 09/17/2015.

[29] Commemorate fulfillment of 4th Five-year Plan, 1.8 Å Crystal Structure of Insulin. China, **1266**, 06/12/1976.

[30] Commemorate 30th Year Anniv. of the Nation, Atom symbol. China, **1509**, 10/01/1979.

[31] Dorothy Hodgkin. Sierra Leone, **1844f**, 12/29/1995.

[32] Robert Bruce Merrifield developed a solid-phase peptide synthesis method. Guine-Bissau, 2005 (NA).

[33] WWII series, Burma Road, 717-mile lifeline to China. USA, **2559a**, 09/03/1991.

[34] A personalized envelope with an academic prize complex cartoon. Stamp affixed: Transportation Issue, Coil Stamp Engraved. USA, **2261**, 1987–1988.

21 管制固醇 (Sterol)

[1] PC for Steroids conformational analysis, Derek Barton, Nobel Prize (1969). GB, **806**, 03/02/1977.

[2] A slogan meter "*common sense/uncommon chemistry*" from Midland (Michigan, USA, 01/14/1983) is quite suitable here for cholesterol.

[3] Heart and WHO Emblem. "Your heart is your health," World Health Month. Nepal, **261**, 11/06/1972.

[4] European Society for Cardiovascular Surgery, 54th Congress. Greece, **2182**, 04/05/2005.

[5] Perfin lipoproteins, Various serum lipoprotein fractions with different protein/lipid compositions are the diagnosis basis for physicians (own work).

[6] AIDS prevention, testing blood samples. Swaziland, **721**, 03/09/2004.

[7] Theodor Svedberg, Nobel laureate in chemistry (1926), Colloid Studies. Sweden, **1481**, 11/22/1983.

[8] Theodor Svedberg, Nobel laureate, chemistry (1926). Guyana, **3698d**, 02/25/2002.

[9] FDC for the Steroids conformational analysis, Derek Barton, Nobel Prize (1969). GB, **806**, 03/02/1977 (with Barton's autograph).

[10] *Ibid*, Barton's autograph copies.

[11] Barton's autographed envelope when visiting Michigan State University from Texas A&M University. Stamps affixed: (**a**) Honoring American chemists, in conjunction with the ACS Cent. USA, **1685**, 04/06/1976. (**b**) Pharmacy Issue: Mortar & Pestle, Bowl of Hygeia, 19th Century Medicine Bottles, 120th Anniv. American Pharmaceutical Association. USA, **1473**, 11/10/1972.

[12] Nobel Prizes Cent., Feodor Lynen, medicine (1964). Guyana, **3007i**, 12/20/1995.

[13] Perfin **Acetyl-CoA** (Own work), the building block of cholesterol and fatty acids. This is the activated form of acetate. The energy-rich thioester linkage between the acetyl group and the sulfhydryl group of coenzyme A is shown in a wave.

[14] Perfin **Isoprene** (Own work). A common precursor for cholesterol and many fat-soluble vitamins in

animal and plant hormones, rubber in Kingdom Plantae. Stamp affixed: Model of isoprene monomer; tapped rubber tree. Malaysia, **53**, 08/29/1968.

[15] Perfin **Cholesterol** (Own work). The steroid backbone ring structure and the only hydrophilic hydroxyl groups are highlighted in red.

[16] George De Hevesy. Radioactive isotope tracers. Nobel laureate in chemistry (1943). Sweden, **1479**, 11/22/1983.

[17] SS, Nobel Prizes Cent., Konrad Bloch, medicine (1964). Maldive Islands, **2122**, 12/28/1995.

[18] Perfin **ABC** for ATP Binding Cassette.

[19] Perfin **&H/MG CoA** for HMG-CoA reductase.

[20] Perfin **ACP/C♀** for Acyl Carrier Protein, the **C**entral actor **key** in acyl group transfer.

[21] Perfin **FAS** for Fatty Acid Synthase.

[22] A local pharmacy advertising poster stamp, Merck means quality.

[23] Chemical Structure of some Statins. The FDA-approved statin drugs.

[24] Edmond Fischer, Nobel laureate in medicine (1992). Guinea, 2008 (NA).

[25] SS for Carl Djerassi, Chemist, and Novelist. Austria, **1990**, 03/08/2005 (The face in the background of the Djerassi is made up of numerous microscopic chemical formulators of the contraceptive drug).

[26] *Ibid*, Djerassi's autograph copy.

[27] Heinrich Wieland, Nobel laureate in chemistry (1927). Sierra Leone, **1846e**, 12/29/1995.

[28] SS, Adolf Windaus (1876–1959) Nobel laureate in chemistry (1928). St. Vincent, **2221**, 10/02/1995.

[29] Adolf Butenandt, Nobel laureate in chemistry (1939). Gambia, **1635b**, 08/01/1995.

[30] Croatian Nobel Laureates, Lavoslav (Leopold) Ruzicka, Chemistry (1939). Croatia, **474**, 12/05/2001.

[31] Nobel Prize Connections with Cholesterol (Own work).

[32] George de Hevesy. Hungary, **3156**, 11/30/1988.

22 麻醉故事 (Anesthesia)

[1] PC. Scraping away the poison from the bone (medicinal bleeding). Taiwan, **3422**, 04/04/2002.

[2] Writing medical treatise. China, **642**, 12/01/1962.

[3] Hua Tuo (3rd century A.D.) physician and surgeon. Taiwan, **1647**, 03/17/1970.

[4] Hua Tuo. Wearing brown robe, holding bowl of cannabis boil powder. China, **4746**, 08/19/2020.

[5] Avicenna, al-Biruni, Farabi. Iran, **2057**, 06/11/1980.

[6] FDC for Crawford W. Long, Famous Americans Series, Scientist Group. USA, **875**, 04/08/1940 (This FDC reveals the issue date).

[7] *Ibid*, FDC by Stephen Anderson.

[8] Ultrasonic Imaging. GB, **1577**, 09/27/1994.

[9] Dr. Ignaz Philipp Semmelweis discoverer of the cause of puerperal fever and introduced antisepsis into obstetrics. Hungary, **1694**, 08/20/1965.

[10] Ignaz Semmelweis. Germany DDR, **1028**, 07/17/1968.

[11] "First Caesarean Section" by Grau, issued to publicize the 6th Congress of

Colombia Surgeons, Bogota, Sept. 25. Colombia, **C493**, 09/07/1967.

[12] Louis Pasteur, French chemist and bacteriologist. Monaco, **854**, 12/04/1972 (Color proofs).

[13] Joseph Lister & phenol structure. Introduction of antiseptic surgery by Joseph Lister, Cent. GB, **427**, 09/01/1965.

[14] Queen Victoria, 6p. New Zealand, **65**, 1893 (With dentists' advertisement printed on the back).

[15] *Ibid*. 2p. New Zealand, **62**, 1893 (With chemist's advertisement printed on the back).

[16] Perfin Laugh Gas (nitrous oxide) (Own work).

[17] William T. G. Morton, *The Shapers of America Series*, 1987. The stamps on the cover: (**a**) American Dental Association Cent. USA, **1135**, 09/14/1959. (**b**) Statue of Liberty Cent. USA, **2224**, 07/04/1986.

[18] General anesthesia postal cancel on the stamp of the Romanian Academy, 125th Anniv. Romania, **3687**, 09/17/1991.

23 萬病之王 (Cancer)

[1] Lauterbur autographed an envelope when visiting Michigan State University to deliver a Max T. Rogers Lecture. Stamps affixed: (**a**) American Chemical Society Cent. USA, **1685**, 04/06/1976. (**b**) Science and Industry. USA, **2031**, 01/19/1983.

[2] Hippocrates. San Marino, **1029**, 04/21/1982.

[3] Zodiac Signs. Cancer, $12. Taiwan, **3340**, 11/08/2001.

[4] National Cancer Association, 50th Anniv. South Africa, **552**, 07/10/1981 (Showing the standard Carl-Zeiss Gfl microscope).

[5] Cancer Prevention, Carl-Zeiss Gfl microscope. Brazil, **1848**, 04/18/1983.

[6] Microscope and Crab (2c+3), the surtax was for cancer research. Netherlands, **B281**, 08/15/1955.

[7] *Ibid* (5c+3). Netherlands, **B282**, 08/15/1955.

[8] *Ibid* (7c+5). Netherlands, **B283**, 08/15/1955.

[9] *Ibid* (10+5c). Netherlands, **B284**, 08/15/1955.

[10] *Ibid* (25+8c). Netherlands, **B285**, 08/15/1955.

[11] Romania Aerogram for the 6th Natl. Congress of Radiology held at Bucharest, 09/03/1987.

[12] Breast Cancer Research, semi-postal stamp. USA, **B1** SP1, 07/29/1998.

[13] Romania Aerogram, Bucharest Oncology Institute. Breast tumor self-examination with Roentgen cancellation at Bucharest, 03/27/1995.

[14] Prevention and resistance of cancer. China, **2212**, 04/07/1989.

[15] *Ibid*, woman's thermogram. China, **2213**, 04/07/1989.

[16] FDC for Crawford W. Long, Famous Americans Series, Scientist Group. USA, **875**, 04/08/1940.

[17] Prostate Cancer, GB canceling meter. 03/15/2014.

[18] Wilhelm C. Roentgen. Germany DDR, **753**, 03/24/1965.

[19] Wilhelm Roentgen, 50th Anniv. of the awarding of the Nobel Prize in physics. Germany, **686**, 12/10/1951.

[20] Wilhelm C. Roentgen, physicist, discoverer of X-ray. Cuba, **3490**, 03/03/1993.

[21] Radiology, Cent. (in 1995) Panama, **833**, 10/24/1996.

[22] European Congress of Radiologists. Austria, **1545**, 09/13/1991.

[23] Wilhelm Roentgen, Discovery of the X-Ray Cent. Cape Verde, **678**, 03/31/1995.

[24] Discovery of the X-Ray, Cent. Italy, **2036**, 06/02/1995.

[25] Wilhelm Roentgen, Discovery of the X-Ray Cent. Brasil, **2553**, 09/30/1995.

[26] Wilhelm Roentgen, Discovery of the X-Ray, Cent. Mexico, **1912**, 05/08/1995.

[27] Science transport telecommunications. Early X-ray vs. Modern X-ray. Sharjah, **81,82** (printed se-tenant), 04/26/1965.

[28] Canceling Meter, X-Ray discovery 75 Anniv., Chicago, USA, 06/03/1970.

[29] MC for Henri Becquerel. Raise funds for the struggle against cancer, for the 50th Anniv. of the discovery of radioactivity by Henri Becquerel. France, **B202**, 02/04/1946.

[30] Pierre & Marie Curie win the Nobel Prize. Chad, **807h**, 09/10/1999.

[31] Discovery of Radium, Cent., ZOE Reactor, 50th Anniv. France, **2690**, 12/15/1998.

[32] Marie Curie and Pierre Curie on 500 Francs Bank Note, France, **92** (Bank Note Number, In use 1994–2000).

[33] Nobel Prize Fund Cent., Irene Joliot-Curie. Sierra Leone, **1844b**, 12/29/1995.

[34] Frederic Joliot-Curie. China, **420**, 07/25/1959.

[35] Frederic and Irene Curie, Radiation Diagrams. France, **1838**, 06/26/1982 (specimen).

[36] Marie Curie, Bowl Glowing with Radium. France, **1195**, 10/23/1967.

[37] Marie Curie Statue at Warsaw. Poland, **1519**, 08/01/1967.

[38] Marie Curie and Patient Receiving Radiation. India, **476**, 11/06/1968.

[39] Marie Curie on 20000 Zloty Bank Note, Poland, **152**, 02/01/1989 (In use 1989–1996).

[40] FDC for George Papanicolaou's PAP test. USA, **1754**, 05/18/1978.

[41] Computed Tomography, GB, **1580**, 09/27/1994.

[42] Magnetic Resonance Imaging, MRI image of the brain. GB, **1579**, 09/27/1994.

[43] Stop Smoking. Taiwan, **2672**, 04/07/1989.

[44] Radon Action Week Meter in New York. Stamp affixed: Flower. USA, **2527b**, 04/05/1992.

[45] Rectifying Tower. Government alcohol monopoly. Japan, **416**, 09/14/1948.

[46] Cancer Prevention, Head and Dao Cancer Fund Emblem. Taiwan, ($2) **2102**, 06/15/1978.

[47] *Ibid* Taiwan, ($10) **2103**, 06/15/1978.

[48] FDC for the Queen Wilhelmina Fund, 40th Anniv, (**a**) 7 Symptoms of cancer (30c), (**b**) Radiation treatment (60c), (**c**) Fund emblem, healthy person (80c). Printed se-tenant with inscribed labels. Netherlands Antilles, **616-618**, 11/07/1989.

[49] Aerogram for Roentgen 100 Anniv. Russia, 06/03/1995.

[50] Cobalt Cancer Therapy, introduced by Dr. Harold Johns and Atomic Energy of Canada, Ltd., in 1951. Canada, **1209**, 06/17/1988.

[51] 15th International Congress of Radiology, Brussels. Belgium, **B1003**, 04/06/1981.

[52] FDC to publicize the "Crusade Against Cancer" and stress the importance of early diagnosis. (**a**) Microscope and Stethoscope, USA, **1263**, 04/01/1965. (**b**) PAP Test. USA, **1754**, 05/18/1978.

[53] Yellapragada Subbarow, Biochemist. India, **1546**, 12/19/1995.

[54] Microscope and Cells, with selvage of Fight Cancer and Save Life. Israel, **333**, 12/14/1966.

[55] The 13th Intl. Chemotherapy Congress, Vienna. Penicillin test on cancer. Austria, **1250**, 08/26/1983.

[56] The 15th Intl. Chemotherapy Congress, Istanbul. Turkey, **B222**, 07/19/1987.

[57] Health research, Lab equipment. FDC by Gill Craft for the Sloan-Kettering Institute Cent. USA, **2087**, 05/17/1984.

[58] Otto Warburg. Germany, **1400**, 08/11/1983.

[59] Ubiquitin special cancel. Stamp affixed: Hyacinth. Israel, **1355**, 02/01/1999.

[60] Intl. Year of Chemistry. Chemical model of ubiquitin, protein destroyer. Israel, **1868**, 01/04/2011.

[61] Proteasome structure model (Own work).

[62] 20th Century Science and Medicine Advances. Harold E. Varmus and J. Michael Bishop, 1989 Nobel laureates. Palau, **559d**, 05/10/2000.

[63] Perfin **SRC** for Oncogene Src.

24 阿茲海默 (Alzheimer)

[1] World Neurochemistry Congress: (**a**) Bolivar and Bello Lover (3b). (**b**) Structure of dopamine and retinal neurons (4.25b). Venezuela, **1387a**, 05/08/1987.

[2] Millennium 2000, **Luigi Galvani experiments with electricity on nerves and muscles**. Maldives, **2421q**, 02/01/2000.

[3] Alessandro Volta, Voltaic Pile. Italy **1873**, 03/26/1992.

[4] Nobel Prize winners for medicine from Spain. (Upper panel) Joint publication of Sweden and Spain, issues of Sweden: (**a**) Santiago Ramon y Cajal (1906), (**b**) Severo Ochoa (1959). Sweden, **2460,** 03/20/2003.

(Lower panel) *ibid*, issues from Spain: (**a**) (Left) Severo Ochoa (1959), (**b**) (Right) Santiago Ramon y Cajal (1906). Spain, **3204,** 03/20/2003.

[5] Camillo Golgi. Nobel laureate in medicine (1906). Italy, **1976**, 05/02/1994.

[6] Nobel Prize Winner: Henri Moissan, Camillo Golgi, and Ramon Y. Cajal. Sweden, **711**, 12/10/1966.

[7] Henri Moissan, $H_2 + F_2 \rightarrow 2\ HF$. France, **B576**, 02/22/1986.

[8] Caduceus, Formulas for Water and Fluoride. III Intl. Congress of Odontology. Brasil, **1516**, 07/15/1977.

[9] FDC, Symbols of biochemistry, Intl. Union of Biochemistry 5th Congress at Moscow. Russia, **2508**, 07/31/1961.

[10] Norayr Sisakyan (1907–1966), biochemist. Armenia, **766**, 10/26/2007.

[11] FDC, Otto Loewi (1873–1961). Austria, **942**, 06/04/1973.

[12] Nobel Prize in medicine, 1970, nerve cell storage and release. Julius Axelrod, Bernard Katz & Ulf von Euler. Sweden, **1523**, 11/29/1984.

[13] Mitochondria and protein model, IUB 7th Intl. Congress of Biochemistry, Tokyo. Japan, **927**, 08/19/1967.

[14] Nobel Prize in medicine, 1963, nerve cell activation. John Eccles, Alan Hodgkin & Andrew Huxley. Sweden, **1522**, 11/29/1984.

[15] Nobel chemistry laureate, 1997: Jens C. Skou. Ghana, **2282b**, 01/09/2002.

[16] *Ibid*, John E. Walker. Ghana, **2282a**, 01/09/2002.

[17] *Ibid*, Paul D. Boyer. Ghana, **2283e**, 01/09/2002.

[18] FDC for Josiah Williard Gibbs (1839–1903), Thermodynamicist. USA, **3907**, 05/04/2005.

[19] G protein embedded in cell membrane lipid bilayer. Mali, 2013 (NA).

[20] Perfin **CF** for Cystic Fibrosis.

[21] Perfin **CFTR** for **C**ystic **F**ibrosis **T**ransmembrane Conductance **R**egulator.

[22] Perfin **CL** for Chloride Ion.

[23] Special cover for the chloride element. Stamps affixed: (**a**) Mary Lyon. USA, **2169**. 1986–1994. (**b**) ACS Cent. USA, **1685**, 04/06/1976. (**c**) ACS 75th Anniv. USA, **1002**, 09/04/1951. (**d**) Arizona Statehood 50th Anniv. Giant Saguaro Cactus. USA, **1192**, 02/14/1962.

[24] Nobel Prize Winners in Medicine: David Hubel, Torsten Wiesel, 1981, Visual information processing. Sweden, **1525**, 11/29/1984.

[25] Nobel Prize Winners in Medicine: Roger Sperry, 1981, brain halves. Sweden, **1524**, 11/29/1984.

[26] The Lovers, by Pal Szinyei Merse. Hungary. **1823**, 06/22/1967.

[27] Cent. of X-Ray, CAT scan machine. Malaysia, **547**, 05/29/1995.

[28] Nobel laureate in chemistry, 1982, Aaron Klug, South Africa, Electron Microscopy. Sweden, **1711**, 11/29/1988.

[29] Scanning Electron Microscopy. GB, **1578**, 09/27/1994.

[30] Chemical structure of GV-971 (From Geng Meiyu et al. *Ref.* 4, Fig. **3a**).

[31] Human Body and Chemical Structure of the New Drug GV-971 to Treat Alzheimer's Disease. China, **4681**, 11/01/2019.

索引

◆ 中文部分

國家圖書館出版品預行編目 (CIP) 資料

化郵故事：一張張化學與人文交織的歷史 / 張固剛作 .
-- 第一版 . -- 新北市：商鼎數位出版有限公司，
2024.01
　面；　公分
ISBN 978-986-144-253-2(平裝)

1.CST: 集郵　2.CST: 化學

557.647　　　　　　　　　　　　　112022529

一張張化學與人文交織的歷史

化郵故事

作　　　者　張固剛

發　行　人　王秋鴻
出 版 單 位　商鼎數位出版有限公司
　　　　　　地址：235新北市中和區中山路三段136巷10弄17號
　　　　　　TEL：(02)22289070　FAX：(02)22289076
　　　　　　客服信箱：scbkservice@gmail.com

編 輯 經 理　甯開遠
獨立出版總監　黃麗珍
執 行 編 輯　尤家瑋、廖信凱
編 排 設 計　商鼎數位出版設計部

商鼎官網

🅕 來出書吧！

2024年1月23日出版　第一版